Kaiserin Eugenie

Kaiserin Eugenie

Der Weg zum Thron

Historischer Roman

von

Heinrich Vollrat Schumacher

Voltmedia

ISBN 3-937229-43-4

© Voltmedia GmbH, Paderborn

Das Werk einschließlich aller seiner Teile ist urheberrechtlich geschützt. Jede Verwertung außerhalb der engen Grenzen des Urheberrechtsgesetzes ist ohne Zustimmung des Verlages unzulässig und strafbar. Das gilt insbesondere für Vervielfältigungen, Übersetzungen, Mikroverfilmungen und die Einspeicherung und Verarbeitung in elektronischen Systemen.

Gesamtherstellung: Oldenbourg Taschenbuch GmbH, Kirchheim

Einbandgestaltung: agilmedien, Köln

Erstes Kapitel

Schwestern waren Ines und Ilda, liebten beide den jungen Don José. Er aber schwankte zwischen ihnen, kam zu keinem Entschluß.

Lange brannte der geheime Zwiespalt, bis Ines sich ein Herz faßte und Ilda einen Wettkampf vorschlug. Jede sollte alle Macht ihrer Schönheit und Verführungskunst aufbieten, den Mann für sich zu gewinnen, das Los über den Vortritt entscheiden. Und welche ihn dahin brächte, daß er sie küßte, der sollte er gehören, die andere schweigend zurücktreten.

Ilda willigte ein. Das Los bestimmte, daß Ines begann. Und es gelang ihr, Don José zu entflammen. Ihre Kälte stachelte seine Eitelkeit; ihre Schönheit, die sie in wechselndem Spiel bald zeigte, bald verbarg, setzte seine Sinne in Glut. Unter dem gleichzeitig zurückstoßenden und vorwärtspeitschenden Reiz verlor er die Besinnung, riß die Verführerische in seine Arme, suchte mit begehrenden Lippen ihren Mund.

Süße Wonne war in Ines, da der Atem des Geliebten sie berührte, stolzer Triumph über den Sieg. Dennoch - was war es, das sich plötzlich gegen das Selbstgewollte in ihr aufbäumte? Ekel erfaßte sie vor dem eigenen Tun, vor dem sinnlichlüsternen Spiel zwischen Weib und Mann. Gemein erschien ihr die fiebrige Glut seiner Augen, entehrend der gierige Griff seiner Hände, unerträglich der Herrenwille, der nehmen wollte, ehe gegeben wurde. Jäh stieß sie ihn von sich. Und da er lustentbrannt sie aufs neue bedrängte, schlug sie ihn.

Er fuhr zurück, starrte sie fassungslos an, stand wie betäubt. Und als Ilda hereinkam, brach er in ein krampfhaftes Schluchzen der Scham aus, wollte entfliehen. Ilda aber hielt ihn zurück. Aus demütigen Augen zu ihm aufsehend, strich sie mit lindem Finger das rote Mal auf seiner Wange. Lächelte ihm zu, bot ihm ihre weichen, rosigen Lippen ...

Er küßte sie ...

Um ein paar Verse hatte Eugenie den Freund gebeten, mit denen sie an Isabellas Namenstage der königlichen Gespielin Glück wünschen wollte. Mérimée aber hatte ein vollständiges kleines Lustspiel geschrieben und sich hinter Eugenies Mutter gesteckt, daß diese bei der Königinmutter die Aufführung anrege. Und Maria Christina - sei es, daß sie dem berühmten Dichter der "Colomba" eine Gunst zu erweisen wünschte, sei es, daß sie Isabellas grüblerischen Sinn zu erheitern hoffte - war lebhaft darauf eingegangen, hatte die Bühne von Zarzuela herrichten lassen, die Würdenträger des Hofes, der Regierung, der Armee, die Mitglieder der Cortes, die Spitzen der Gesellschaft zu der Aufführung geladen, aus dem Einfall einer Stunde ein Ereignis voll offiziellen Glanzes, höfischen Prunkes gemacht. Auch die Mitwirkenden hatte sie selbst bestimmt. Eugenie sollte die Ines, Pacca die Ilda, Herzog Alba den Don José spielen.

Über Paccas Wahl war Eugenie entzückt. Hatte sie vor der zarten Schönheit der Schwester nicht schon immer auf den Knien gelegen? Nur recht und natürlich war es, wenn diese Ilda im Liebeswettkampf über jede Ines triumphierte.

Aber Alba ... Leidenschaftlich widersprach Eugenie, als Mérimée ihn nannte.

Wie hatte er diese Wahl nur zulassen können? Hatte er denn nicht gemerkt, daß der Herzog ihr den Hof machte? Die Gastfreiheit der Mutter nutzend, kam Alba täglich ins Palais Liria, belagerte sie mit schmachtenden Blicken, erwies ihr tausend Aufmerksamkeiten, die sie, ohne aufzufallen, nicht zurückweisen konnte. Sie aber - nie empfing sie ihn allein, sorgte stets, daß Pacca oder die Mutter zugegen waren. Weibisch erschien ihr die gerühmte Schönheit seines Gesichts, unerträglich der süßliche Geruch blühender Kastanien, den er ausströmte. Und seine vielbewunderten, edelgeformten Hände ...

Einmal, bei einer Reitpartie des Hofes, als ihrem Pferde der Sattelgurt gerissen war, so daß sie notgedrungen hatte absteigen müssen ... nach gebessertem Schaden hatte Alba schnell das Knie vor ihr gebeugt, ihr seine verschlungenen Hände geboten ...

Ein festes Herz hatte sie, Nerven, durch jahrelang geübten Sport gestählt. Damals aber, als ihr Fuß diese Hände berührte ...

Ein unbeschreibliches Gefühl war in ihr aufgezuckt,

hatte sie kraftlos, fast ohnmächtig gemacht. Als trete sie jäh auf den glatten, glitschigen Leib einer Schlange.

Und diese Berührung sollte sie abermals über sich ergehen lassen? Mit diesem Menschen schöntun, flirten, liebeln? Selbst in nichtigem Theaterspiel war es unmöglich!

Heftig sprudelte sie es vor Mérimée heraus mit ihrer gewohnten, rückhaltlosen Offenheit. Hatte sie als Kind nicht auf seinen Knien gespielt, seitdem alle ihre Gedanken und Empfindungen mit ihm geteilt? Mehr als ein Freund war er ihr, mehr als ein Vater. Nie hatte sie sich durch sein Skeptikerlächeln täuschen lassen. Hinter ihm verbarg der Ungläubige, Ungetaufte seine Trauer über die Zwecklosigkeit allen Lebens um ihn her. Seine Waffe war es, sein Schutz. Eine sanfte, leiderfahrene Seele hatte er, die alles verstand, alles zum besten erklärte, alles verzieh ...

Aufmerksam hatte er ihr zugehört. Nun nickte er vor sich hin. Fing an, ein wenig zu spotten, ein wenig zu schelten.

Der arme Herzog! Die allgemeinen Lobpreisungen seiner Schönheit hatten ihn wohl eitel, leichte Siege über unterwerfungslustige Herzen wohl selbstbewußt gemacht. Im Grunde aber war er ein guter, harmloser Junge, den man nicht zu ernst nehmen durfte. Und sie, Eugenie - war sie auf ihren weiten Reisen mit der Mutter in Spanien, England, Frankreich, Deutschland denn immer noch nicht Weltdame genug geworden, um im Verkehr mit Männern kühl und gelassen zu bleiben? Mit ihren achtzehn Jahren steckte sie wahrhaftig noch in der naivsentimentalen Romantik des kleinen Pensionsmädchens vom Sacré Cœur, hatte sich aus diesem hilflos verliebten Herzog einen mörderischen Don Juan zurechtgemacht, einen schleichenden Oger, blutdürstigen Vampir! Aber sie war wie alle Frauen. Im innersten Kern ihres Wesens unsicher und ängstlich, übertrieben sie alles, bauschten alles auf. Von einem geliebten Manne ließen sie sich mit Füßen treten, um bei ihm nicht in den Verdacht der Kälte zu geraten, die Liebe eines Gleichgültigen mißhandelten sie, als sei Liebe nicht in jedem Falle ein kostbares, das kostbarste Geschenk der Götter. Ging es ihr nicht so mit Alba? Sie wußte, er liebte sie. Vor dieser Liebe fürchtete sie sich, vor dem Peinlichen der Abweisung. Und darum haßte sie ihn. Denn sie haßte ihn doch, nicht wahr, sie haßte ihn? Oder - redete sie sich diesen Haß nur ein? Kehrte sie ihn instinktiv nur hervor, um ihre Schwäche hinter ihm zu verbergen?

Ihre Schwäche? Zornig fuhr Eugenie auf. Hatte er selbst sie nicht denken gelehrt? Sie wußte, was sie tat, was sie fühlte. Keine Spur von Liebe zu Alba war in ihr. Mit Freuden würde sie jede Gelegenheit ergreifen, sich von seinen lästigen Huldigungen zu befreien!

Mérimée lächelte. Diese Gelegenheit - hier war sie! Mit einer einzigen Handbewegung würde sie dem Herzog ihre Abneigung klarmachen. Nur die Ines brauchte sie zu spielen. Ines schlug den Don José. Niemals aber, nicht einmal im Spiel, würde eine Frau den Mann schlagen, den sie liebte!

Erstaunt blickte Eugenie auf.

Niemals?

Ines liebte doch den Don José!

Wieder lächelte Mérimée.

Liebte sie ihn wirklich? Oder hatte sie sich diese Liebe nur eingebildet? Als sie ihn schlug, wußte sie es plötzlich, daß sie ihn nicht liebte. Die versteckte Pointe des Stückes war es ...

Nun lächelte auch Eugenie. An ihrer Abneigung gegen Alba zweifelte er?

Nun denn, sie würde die Ines spielen ...

Mérimée selbst studierte das Stück ein. Mit einer Sorgfalt, als habe er nur seinetwegen die umständliche Reise von Paris nach Madrid gemacht. Und als warteten nicht in den Klosterbibliotheken und Geheimarchiven die Quellen für seine Geschichte Pedros I. auf ihn, die ihm Eugenies Mutter nur durch ihren Einfluß als erste Kammerfrau der Königinmutter erschlossen hatte.

Unaufhörlich änderte und feilte er bei den Proben, machte am Abend der Aufführung selbst den Souffleur. Und während er mit den Spielern in der Kulisse auf das Erscheinen der Königinnen wartete, lief er unstet hin und her, zuckte bei jedem Geräusch zusammen, das aus dem menschengefüllten Saale heraufdrang. Wurde blaß, als Marforis, des diensttuenden Kammerherrn, Stab das Zeichen gab.

Eugenie drückte ihm die Hand, ließ Pacca und den Herzog in der Kulisse, trat auf die Bühne.

Vor ihr rauschte der Vorhang auseinander. Ruhig wartete sie, bis lautlose Stille herrschte. Begann den Prolog, Frankreichs Glückwunsch für Spaniens junge Königin.

Und in gallischer Anmut, althellenischer Klarheit ergossen Mérimées Verse ihre kristallene Flut ...

Keinen Hauch von Furcht verspürte sie. So sicher fühlte sie sich, daß sie während des Sprechens ihre Augen umherschweifen ließ, die Gesichter der Zuschauer musterte, den Gedanken nachging, die der Rundblick in ihr wachrief.

Um zwei Jahrhunderte schien die Zeit zurückgewichen - zu den Tagen Philipps IV., dem in diesem selben Saale altspanische Zarzuelas ein müdes Lachen entlockt hatten. Ein glänzender Königshof füllte den Raum, schwere Goldstickerei gleißte von den Gewändern der Frauen, feierlicher Ernst stieg aus der dunklen Tracht kastilischer Granden. Schwarzgekleidete Hellebardiere bewachten die Türen. In steinerner Bewegungslosigkeit, groß und düster, schienen sie bestimmt, mit blinkendem Blutbeil dem Andrang der gemeinen Menge zu wehren.

Aber heute fiel das Licht der Kerzen auch auf die trotzigen Gestalten geladener Cortesmitglieder, von dieser einst verachteten Menge entsandt, den Herrengeist des Mittelalters unter das Volksgesetz der neuen Zeit zu beugen. Und sonnenbeglänzter Meereswoge gleich floß durch den Raum die Sprache Frankreichs, das jenen Geist für immer hinweggeschwemmt hatte.

Der Bühne gegenüber in der Königsloge saß Isabella. Steif aufgereckt, den Fächer wie ein Zepter in der Hand, suchte sie die Unrast ihrer vierzehn Jahre in eine starre Bewegungslosigkeit zu bannen, die sie für königlich hielt und seit ihrer Mündigkeitserklärung im Vorjahr der Öffentlichkeit gegenüber angenommen hatte.

Aufmerksam schien sie Mérimées Versen zu lauschen. Aber in verstohlenem Suchen glitten ihre neugierigen Augen durch den Saal, musterten die Reihen des Parketts, tauchten in die dunklen Öffnungen der Logen. Blickten mißmutig, enttäuscht, wenn sie sich Eugenie wieder zuwandten.

Neben ihr, zurückgelehnt, aus halbgeschlossenen Augen ins Leere blickend, saß ihre königliche Mutter, Maria Christina. Eine Bourbon, Enkelin Maria Carolinas von Neapel, Urenkelin der großen Maria Theresia. Blutrot brannte in ihrem bleichen Gesicht der üppige Mund, das Erbteil der Frauen lothringischen Stammes. Seltsame Geschichten erzählte von ihm das Volk in den Gassen. Nannte laut die Namen der Männer, denen er sündige Küsse geschenkt haben sollte. Höhnte voll Ingrimm das lustzitternde Wort, mit dem er Fernando Muñoz vom gemeinen Soldaten zum Kammerherrn und Grafen erhoben hatte.

Wußte Maria Christina, wie man über sie sprach? Dieselbe starre Bewegungslosigkeit zeigte sie, nach der Isabellas Jugend noch vergebens rang, schien von alledem, was um sie war und flüsterte, nichts zu sehen, nichts zu hören.

In der Seitenwand des Saales öffnete sich eine Tür. Ein verspäteter Gast kam herein, ein General. Seinen Säbel hochhaltend ging er auf den Fußspitzen quer durch den Saal, gesellte sich zu einer Gruppe jüngerer Offiziere gegenüber der Königsloge. Wie um Entschuldigung bittend blickte er zu den Königinnen auf.

Serraño ...

Unwillkürlich sah Eugenie zu Isabella hinüber.

Dunkle Glut bedeckte das junge Gesicht. Ein heißes Flirren in den Augen, starrte sie auf den General. Und da sein Blick sie traf, beugte ihre Gestalt sich vor, drängte sich ihm entgegen, während ihr schwellender Mund ihm Küsse zuzuwerfen schien.

Aus Maria Christinas Augen zuckte ein schräger Blick zu Isabella hinüber wie eine Flamme, heftig bewegte sie den Fächer. Erschreckt fuhr Isabella zusammen, sank zurück, suchte die frühere Reglosigkeit wiederzugewinnen.

Peinlich berührt blickte Eugenie fort. Und nun sah sie die Mutter. Im Hintergrund der Königsloge, halb verdeckt von der Portiere, saß sie, die Gute, Liebe,

Starke. Inmitten der Verderbnis des Hofes die einzige Makellose.

Wärme, Rührung, Stolz erfüllten Eugenie. All das Häßliche, Niedrige umher versank in nichts. Unwillkürlich nickte sie ihr zu, sah sie unverwandt an, hob die Stimme. Und die Mutter schien zu verstehen. Lächelnd nickte sie zurück, winkte verstohlen, wiegte den Scheitel im graziösen Rhythmus der Verse. Glück strahlte von ihrem Gesicht.

Wie mit liebenden Armen griff es zu Eugenie herüber. Ein Strom von Kraft rann durch ihre Adern.

Nur für die Erhabene wollte sie sprechen; ihr, der Würdigen, allein sollte der Kranz des Gedichts gewunden sein.

Erstaunt lauschte sie dem Schwung der eigenen Stimme. Mérimées Strophen, die den Prolog in eine Huldigung für Maria Christina als mütterliches Vorbild der jungen Königin ausklingen ließen, kamen ihr wie verwandelt vor. Blumenknospen sprangen in jedem Worte auf, wanden sich zu duftenden Girlanden, breiteten sich als farbenprangender Blütenteppich weich unter den Fuß der Gefeierten.

Maria Christinas? Was war die Ränkevolle, Unkeusche gegenüber der Edlen, Reinen! Dort im Winkel der Loge saß die wahre Königin, dort die wahre Mutter!

Der von Maria Christina selbst entfachte Beifall rief Eugenie hervor. Sie dankte kaum. Blickte nur zu dem geliebten Antlitz hinüber, empfing von ihm das strahlende Lächeln.

Drei-, viermal war es so. Aber dann, beim nächsten Male ... Nun begegnete sie dem grüßenden Auge nicht mehr. Zurückgelehnt saß die Mutter in ihrem Sessel, sah zu einem Herrn auf, der sich über sie beugte, mit ihr sprach ... Muñoz?

Ein jäher Schreck durchfuhr Eugenie. Gleich würde etwas geschehen. Mit einer stolzen Handbewegung würde die Mutter den Frechen hinwegweisen, ihm verachtungsvoll den Rücken kehren.

Atemlos starrte sie hin. Aber die Mutter ...

Warum verbarg sie ihr Gesicht hinter dem Fächer? Schenkte sie dem Schmachbedeckten vielleicht dasselbe Lächeln, mit dem sie eben ihr Kind gegrüßt hatte?

Der zufallende Vorhang wischte das Bild hinweg.

Im Saale rauschte der Beifall weiter. Aber Eugenie folgte ihm nicht mehr. Verwirrt, grübelnd kehrte sie zu den anderen in die Kulisse zurück.

Mit stummem Danke drückte Mérimée ihr die Hand, zärtlich hängte sich Pacca an ihren Arm; Alba aber verneigte sich tief vor ihr, mit glühendem Blick.

"Meine Bewunderung, Komtesse! Welch ein Temperament voll Glut und Blut! Wahrhaftig, Don José fängt an, vor Doña Ines zu zittern. Darf er um eine milde Hand bitten?"

Scherzend rieb er sich die Wange, machte ein komisch-klägliches Gesicht.

Sie sah ihn an. Sah die Koketterie, mit der er die spanische Bauerntracht trug, die die breite Wölbung seiner Brust hervortreten ließ, die kraftvolle Linie seines Beins zeigte. Und der künstlich niedergehaltene Widerwille stieg wieder in ihr auf. Jäh strömte alles Blut zum Herzen; ein Gefühl hatte sie, als wiche der Boden unter ihr hinweg.

"Mir ist schlecht!" stammelte sie, Paccas Arm umklammernd. "Ich kann dies nicht spielen, Mérimée! Ich sagte Ihnen ja, es ist unmöglich!"

Erschreckt eilte Mérimée herbei, aber der Herzog kam ihm zuvor. "Komtesse fürchten sich vor der peinlichen Exekution? Ich kenne ein Mittel, sie zu vermeiden. Wenn Komtesse sich nachher schwach fühlen, bitte ich nur um einen Wink. Ich werde dann jene Ohrfeigen der Zirkusclowns nachahmen, die das Publikum für echt hält, während sie nur klatschen, nicht weh tun!"

Spottete sein Blick? Lächelnd schlug er die Hände zusammen.

Wie betäubt starrte sie auf die schlanken Finger mit den sorgfältig gepflegten Nägeln. Plötzlich warf sie den Kopf zurück, zog Pacca mit sich fort auf die Bühne, begann das Spiel ...

Das Zwiegespräch mit der Schwester, der Vorschlag des Liebeswettkampfes - alles gelang ihr. Nun ertönte draußen das Lied des nahenden Don José.

Ilda ging, Ines war allein.

Komtesse Eugenie de Montijo
(Kaiserin Eugenie) im Jahre 1852
Nach einer photographischen Aufnahme von Pierson, Paris

Jetzt sollte sie zum Spiegel eilen, das Haar lösen und kämmen, sich stellen, als werde sie von dem Eintretenden überrascht.

Sie aber - was war ihr nur? Regungslos blieb sie in der Mitte der Szene stehen, unfähig eines Gedankens. Eine dumpfe Leere war in ihrem Kopfe, jede Erinnerung an das Gelernte geschwunden.

Eine schreckliche Stille herrschte, wälzte sich über sie mit atemraubendem Druck. Ein fernes, unverständliches Murmeln war Mérimées soufflierende Stimme ...

Nun sah sie den Herzog in der Kulisse, bereit zum Auftreten. Brennende Furcht überfiel sie. Instinktiv wandte sie sich nach der entgegengesetzten Seite. Fing an zu laufen ...

Mérimées erregtes Gesicht erschien vor ihr, plötzlich verstand sie ihn. Den Monolog überschlagend gab er ihr Don Josés Stichworte ...

Entflammen will ich ihn, entflammen!
Der Banderilla gleich
Soll meines Stolzes eis'ge Kälte
Sein träges Herz zu hellem Brande stacheln!

Sich zusammenraffend kehrte sie zum Spiegel zurück. Und während sie heiser, keuchend die Verse nachsprach, sprang jäh der Wunsch in ihr auf, die Wirkung ihrer Schönheit auf Alba zu erforschen. Mit einem

Ruck entfesselte sie ihr Haar. Rötliche Funken sprühend, rauschte die blonde Flut nieder ...

Eine tolle Lust kam über sie.

Entflammen! Entflammen!

Aber da er sie in seine Arme riß, da sein heißer Atem über ihr Gesicht fuhr, sein Mund Liebe stammelnd den ihren suchte ...

War das nur Spiel?

Und mußte sie ihn nun nicht von sich stoßen? Schlagen?

"Ich kann es nicht!" dachte sie. "Niemals werde ich es können!"

Hatte sie es laut gesagt?

"Ich liebe Sie, Komtesse!" raunte er ihr zwischen den Versen ins Ohr. "Und auch Sie - ich weiß es nun, Sie lieben mich, Eugenia, Sie lieben mich!"

Jäh riß sie ihre Hand empor ... Ein klatschendes Geräusch ertönte ...

Hatte sie es nun doch getan? Ein schreckliches, fröstelndes Zittern durchlief sie, alles um sie drehte sich in wirren, wirbelnden Kreisen. Wie durch einen Nebel sah sie Pacca hereinkommen. Sah, wie sie Albas Wange streichelte, ihm die Lippen bot. Sah, wie er sie küßte ...

Plötzlich brach sie in ein seltsames, schluchzendes Gelächter aus.

Zweites Kapitel

Nach dem letzten Fallen des Vorhangs holte der Kammerherr Marfori den Dichter und die Darsteller zu den Königinnen. Ein Abendessen, zwanglos an kleinen Tischen serviert, sollte den Tag beschließen.

Maria Christina und Isabella waren voll Dank und Anerkennung. Die Hofgesellschaft überschüttete sie mit Schmeicheleien. Man pries Mérimées feinsinnige Dichtung, Paccas zarte Anmut, Albas jugendliches Feuer. Eugenie hob man in den Himmel.

Makellos war ihre klassische Schönheit, hinreißend ihre schauspielerische Begabung. Meisterhaft hatte sie den Kampf zwischen Herzensreinheit und Liebessehnsucht dargestellt, in ihrer Ines das Ideal einer keuschen Frau verkörpert. Den Gipfel aller Kunst aber hatte sie erreicht in dem Lachen, das sie ausstieß, als Don José Ilda küßte. Dieses Lachen war in der Rolle nicht vorgeschrieben? Um so größer dann das Verdienst der Künstlerin, die es erfunden hatte! Eine Offenbarung, ein Geistesblitz des geborenen Genies!

Ach, die Blinden, Tauben! Wirklichkeit hielten sie für Spiel, den Aufschrei einer ringenden Seele für Kunst.

Aber war es nicht gut so? Niemand ahnte nun die Wahrheit.

Sie hörte das oberflächliche Gerede an, suchte heiter zu scheinen, scherzenden Tones zu erwidern. Wunderte sich, wie es ihr gelang. Das Bangen aber wich nicht von ihr, die Frage ...

Niemals würde eine Frau den Mann schlagen, den sie liebte?

Hatte sie es getan? Hatte sie es getan?

Aber wenn es geschehen war - warum dann das zärtliche, verstohlen grüßende Aufleuchten in Albas Augen jedesmal, wenn er ihr begegnete?

Wie eine Erlösung schien es ihr, als Marfori ihr die Einladung brachte, mit der Königin zu speisen. Was ihr an Isabella sonst oft lästig geworden war, ihre sprunghafte Art, in einem Atem über die verschiedensten Dinge zu schwatzen, altkluge Urteile abzugeben, kindliche Naivität mit früher Sinnlichkeit zu mischen, kam ihr heute vor wie eine Rettung vor den eigenen Gedanken.

Ruhiger würde sie werden, das Geschehene vergessen, Alba nicht mehr begegnen.

Sie erwartete, Isabella bei der Königinmutter zu finden; Marfori aber führte sie in eine kleine Loge, der großen Königsempore schräg gegenüber. Diener füllten den Vorraum, Hatschiere hüteten die Tür, schwere Portieren schlossen den Eingang.

Die Galanterien des Kammerherrn überhörend wartete Eugenie ein paar Augenblicke, dann kam die Königin herein. Sie hatte die schwere Robe der Theatervorstellung mit einem leichten, hellen Seidenkleide vertauscht, das die knabenhaft hageren Formen eng umschloß. Lebhafte Röte bedeckte das junge Gesicht, wie in mühsam verhüllter Erwartung flackerten die großen, von langen Wimpern beschatteten Augen.

Die begleitende Palastdame an der Tür verabschiedend kam sie langsam näher, ließ den Blick kühl über Marforis gekrümmten Rücken gleiten, erwiderte Eugenies Gruß mit einem zeremoniösen Neigen des Hauptes.

"Ich danke Ihnen, Doña Eugenia, daß Sie mir diesen Abend schenken!" sagte sie, während eine schnelle Bewegung ihres Fächers vor dem Kammerherrn warnte. "Haben Sie die Herren benachrichtigt, Marfori?"

Eilig kam Marfori näher.

"Majestät geruhen zu verzeihen, General Serrano war bereits von Ihrer Majestät der Königinmutter zur Tafel befohlen."

Seine Augen forschten in ihrem Gesicht. Es blieb ohne Bewegung.

"Und nach der Tafel?"

"Majestät die Königinmutter beabsichtigen ein Kartenspiel, ein Juego del tresillo, mit General Serrano und mit Seiner Hoheit dem Herrn Herzog von Valencia, Don Ramon Narvaez."

Leise knisterte der Elfenbeingriff des Fächers in Isabellas Hand.

"Und der andere Herr, den ich nannte?"

Diensteifrig beugte er sich vor.

"Er ist zu Eurer Majestät Verfügung. Wollen Majestät, daß ich ihn hole?"

Sie sah über ihn hinweg.

"Noch nicht. Ich werde es Ihnen später sagen. Es ist gut, Herr Kammerherr!"

Sie wartete, bis er die Loge verlassen hatte. Dann kam sie nach vorn an die Brüstung, drehte heimlich mit dem Fuße den Sessel und setzte sich, Maria Christinas Loge halb den Rücken kehrend. Und während sie Eugenie einen zweiten Sessel anwies, sprach sie halblaut, kaum die Lippen bewegend.

"Sahst du seinen queren Lauerblick, seine gelbe Schadenfreude? Mein Aufpasser ist er. Narvaez hat ihn sich gekauft, ihm eine seiner reichen Nichten zur Frau versprochen. Der Herr Herzog von Valencia scheint sich für den spanischen Mazarin zu halten!"

Sie lachte, aber durch den spöttischen Ton zitterte Bitterkeit. Betroffen blickte Eugenie auf.

"Narvaez sollte zu unlauteren Mitteln greifen? Ich verstehe nicht, was sie ihm hier nützen könnten. Um seine geheimen Pläne zu durchkreuzen, brauchen Majestät sich ja nur vertrauensvoll, ohne Mittelsperson, an Eurer Majestät Mutter zu wenden!"

In Isabellas Augen erschien ein düsteres Licht.

"Narvaez' Partei ist allmächtig. Er hat meine Mutter nach Spanien zurückgeführt. Kann sie ihm widerstreben?"

"Die Mutterliebe ..."

"Maria Christina war früher Königin als Mutter. Und ihre Liebe zu mir ... Erinnerst du dich, wie ich dich ausfragte, als dein Namensfest gewesen war? Wissen wollte ich, wie Mütter lieben. Nach Mérimée hattest du dich gesehnt, der in Paris war - am Morgen deines Namenstages trat er in dein Zimmer. Um ein Sträußchen deiner Lieblingsblume hattest du gebeten - ganz Carabanchel duftete an dem Tage von Parmaveilchen. Alle deine Freundinnen waren da, alle deine Freunde. Keinen deiner Wünsche hatte deine Mutter unerfüllt gelassen. Beneidet hab' ich dich ... Nun, auch Königinnen haben Mütter, auch Königinnen feiern Namensfeste. Vielleicht, dachte ich, würde auch mir eine Bitte erfüllt werden. Einmal, für eine kurze Stunde wollte ich ein Mädchen sein wie die anderen. Wollte diese Stunde mit meiner Freundin verleben, mit meinem Freunde. Und damit das Opfer für die Freundin nicht zu groß sei, wollte ich auch ihren Freund laden."
Sie lächelte, für einen Augenblick löste sich die Starrheit ihrer Haltung. Weich zurückgelehnt saß sie wie träumend. "War es nicht hübsch ausgedacht? Und konnte es Ärgernis erregen? In voller Öffentlichkeit sollte es sein, vor aller Augen, nur Lauscher wollte ich nicht. So bat ich." Sie richtete sich empor, bittere Ironie grub sich um ihren Mund. "Die Mutterliebe der Majestät - oh, sie erlaubte die Freundin und den Freund der Freundin, gab mir diese Loge, befahl Marfori zu meinem Dienst. Haha, ich wollte keinen Lauscher! Den Mann

aber, den ich mir zum Freund gewinnen wollte ..." Sie verstummte, als versage ihr die Stimme. Ihre Hände zerpflückten den Fächer. Wie ein Fieber schien der Zorn ihren Körper zu durchschüttern. "Warum starrst du mich so an?" stieß sie plötzlich zwischen den Zähnen hervor. "Soll sie merken, wovon wir sprechen? Nicht umsonst hat sie mich in diese Loge gesetzt. Hier kann sie mich beobachten."

"Sie sieht nicht her, Majestät ..."

"Um so schlimmer! Dann entgeht ihr nichts. Sie hat einen Spion im Fächer. Alles zeigt er ihr, selbst was hinter ihr ist. Lache! Tue, als wenn du mir etwas Lustiges erzähltest! Und blick' heimlich hinüber! Ich kann es nicht, ich müßte mich umwenden, und sie soll nicht merken, daß ich mich um sie kümmere. Ist er schon dort? Ist Serraño schon bei ihr?"

Eugenie gehorchte.

"Ich sehe Narvaez ... die Gesandten Frankreichs, Englands, Neapels ... die Cortespräsidenten ..."

"Ach, die! Serraño! Serraño!"

"Serraño ist nicht da, Majestät!"

"Nicht? Nicht?" Etwas wie Hoffnung zitterte im Ton ihrer Stimme. "Vielleicht tat ich ihr unrecht. Vielleicht will sie mich überraschen, schickt Serraño doch noch zu mir ... Was hast du? Warum schüttelst du den Kopf? Was siehst du?"

Eben war Serraño bei Maria Christina eingetreten.

Isabella schien die Wahrheit auf Eugenies Gesicht

zu lesen. Gegen ihre Erregung kämpfend erblaßte sie, krampfte beide Hände um den Fächer. Langsam aber, wie von einer stärkeren Gewalt gezwungen, drehte sich ihr Kopf nach jener Seite.

Drüben beugte Serraño vor Maria Christina das Knie. Küßte die Hand, die sie ihm reichte. Huldvoll lächelte Maria Christina ...

Isabellas Händen entglitt der Fächer. Ein Stöhnen kam aus ihrer Brust.

"Sie stiehlt ihn mir!" murmelte sie. "Ich liebe ihn, und meine Mutter stiehlt ihn mir!"

Eine tödliche Furcht beschlich Eugenie. Wenn Isabella hier vor der Öffentlichkeit, vor diesen feindlich gesinnten Cortesmitgliedern von einem jener Nervenkrämpfe überfallen wurde, die Maria Carolina von Neapel auf ihre Nachkommen vererbt hatte ...

Hastig hob sie den Fächer auf, überreichte ihn Isabella mit tiefer Verbeugung.

"Wollen Eure Majestät sich beherrschen!" flüsterte sie ihr befehlend zu. "Eurer Majestät Mutter blickt herüber!"

Wie ein Peitschenhieb wirkte das Wort auf Isabella. Mit einem Ruck richtete sie sich empor.

"Weidet sie sich an meiner Freude? Auf, Töchterchen, feiere dein Fest! Alle deine Wünsche hat deine Mutter dir erfüllt. Sei lustig, Majestät, sei lustig!"

Flackernden Auges sprang sie auf, klatschte in die Hände. Und als Marfori unter der Portiere erschien, winkte sie ihm. "Wir vergehen vor Hunger. Das Essen, Herr Kammerherr! Und den Freund der Freundin!"

Fragend blickte Marfori auf.

"Majestät wollen verzeihen, ich verstehe nicht ..."

"Den Herzog von Alba meine ich natürlich! Schnell, schnell!"

Eilig ging Marfori.

Lachend fuhr die Königin zu Eugenie herum.

"Was sagst du nun, amiga? Hab' ich's recht gemacht? Den ganzen Abend werdet ihr beisammen sein, miteinander essen, trinken, plaudern. Euch verstohlene Küsse zuwerfen, heimlich unter dem Tisch die Hände drücken. So ist es doch zwischen Liebenden, nicht wahr? In den Büchern wenigstens, die ich las, steht es so beschrieben. Zum Dank bitte ich mir nur eins aus. Ihr müßt tun, als wenn ich nicht da wäre, oder nein, als wenn ich deine amiga, deine Vertraute wäre. Und auch später mußt du mir immer alles erzählen, jedes Wort, jede geringste Kleinigkeit. Alles! Hörst du? Alles! Wissen will ich endlich, was das ist: Liebe!"

Mühsam hatte Eugenie sich gefaßt.

"Eure Majestät irren!" sagte sie tonlos. "Herzog Alba ist nicht mein Geliebter!"

Schmollend verzog Isabella die Lippen.

"Bist du auch wie die anderen? Alle belügen und betrügen mich. Weil ich erst vierzehn Jahre bin, denken sie, ich habe keine Augen. Ach, wenn sie ahnten, was ich alles sehe! Vorhin, auf den ersten Blick wußte ich, worüber sich Madrid seit Monaten den Kopf zerbricht: ob Alba dir oder Pacca den Hof macht!"

Ein Gefühl schmerzhafter Überraschung machte Eugenie erbeben.

"Pacca?" stammelte sie. "Was hat Pacca mit dem Herzog zu tun?"

Halb über die Schulter zurücksprechend, den Menschen im Saale ihr lächelndes Gesicht zeigend, hatte Isabella an der Brüstung gestanden. Langsam kam sie nun zu Eugenie, sah sie mit neugierigem Blick an, in dem etwas züngelte wie grausame Lust.

"Bist du eifersüchtig, amiga? Ach ja, Pacca ist schön wie ein Engel. Aber beruhige dich, Alba schwärmt nicht für himmlische Liebe. Als ihr miteinander spieltet ... ich habe ihn beobachtet. Denselben herausfordernden Gang hat er wie Serraño, denselben feuchten Blick. Wie seine Augen dich verschlangen! Wenn Serraño mich so ansähe ... einmal ... nur ein einziges Mal."

Ein Schauer ging durch ihre Gestalt. Ihre Lippen murmelten, fiebrig bewegte sie die Finger.

Peinlich berührt wandte Eugenie sich ab.

"Nochmals - Majestät irren! Der Herzog ist mir nichts!"

Wie erwachend richtete Isabella sich auf.

"Nichts, amiga? Aber vorhin, auf der Bühne, als er mit dir rang - was ließest du dir von ihm ins Ohr flüstern? Warum schlugst du ihn nicht, wie es in der

Rolle vorgeschrieben ist? Deutlich sah ich, daß deine Hand ihn nicht berührte. Und als er Pacca küßte - weshalb lachtest du? Weil es dir geht wie mir. Wenn ich zornig bin oder Schmerz empfinde, muß ich lachen. Nun, streitest du noch? Soll ich deinen Alba fragen? ... Was fällt dir ein? Wohin willst du?"

Schweigend war Eugenie nach der Tür gegangen. Nun blieb sie stehen, sah die Königin mit blitzenden Augen an.

"Eure Majestät scheinen mich für eine Puppe zu halten, die man nach Belieben streicheln oder mißhandeln kann. Ich gestatte mir jedoch, Eurer Majestät zu bemerken, daß ich die Gräfin Montijo bin, die Tochter eines spanischen Granden, die das Recht hat, zu kommen und zu gehen wie sie will. Ich beurlaube mich von Eurer Majestät!"

Sie verneigte sich, wollte ihren Weg fortsetzen. Aber Isabella eilte ihr nach, hielt sie zurück.

"Aber, amiga, ich bitte dich ... Du weißt doch, daß ich kindisch bin. Etwas muß mir im Blute stecken, das mich zuweilen toll und unsinnig macht. Schlagen, kratzen, beißen möchte ich dann. Gerade die, die ich lieb habe. Wahrhaftig, ich glaube, mit der Ines hat dein Mérimée mich gemeint. Bringst du es wirklich übers Herz, mich zu verlassen? Ach, ich bin ein unglücklicher Mensch! Sterben werde ich, wenn du gehst, sterben ... sterben ..."

Sie schluchzte, bat. Ihre Augen standen voll Tränen.

Eine Königin war sie ohne Macht, ein Kind ohne Jugend ... Mitleidig willigte Eugenie ein, zu bleiben.

Eine Fanfare verkündete den Beginn der Tafel. Diener brachten einen gedeckten Tisch, servierten das Mahl. Von Marfori geführt kam Alba, bog vor der Königin das Knie, dankte für die Gunst der Einladung. Eugenie grüßte er wortlos, mit einem Blick.

Dann saß er ihr gegenüber; aber er sprach nur mit Isabella, schien Eugenie nicht zu beachten.

Ach, sie wußte nur zu wohl, wem das Lachen seines Mundes, das weiche Schmeicheln seiner Stimme galt, nach wem der Brand seiner Augen griff ...

Mit eisiger Höflichkeit hatte sie ihm begegnen wollen. Erkennen sollte er, daß mit dem Fallen des Vorhanges das Spiel zu Ende war. Nun aber ...

Was war es nur, das ihre Glieder entstraffte, ihren Willen in Ermattung zerrinnen ließ? Süßes Feuer goß der Wein in ihre Adern, sehnsuchtsvolle Träume die Musik in ihr Herz. Und Albas Augen ...

Zitternd tastete sie nach der Schulter, die Mantilla über die entblößte Brust zu ziehen. Aber mitten in der Bewegung - was sprang jäh in ihr auf, schritt spottend über das Erröten ihrer Seele hinweg, frohlockte über die entfesselte Pracht des weißen Leibes?

Wie einem fremden Willen gehorchend, schob ihre Hand die Mantilla noch weiter zurück. Knisternd glitt die leichte Seide nieder, öffnete auch Schultern und Nacken ... Flammen brachen aus Albas Augen.

Ihr aber lief ein Frösteln über die Haut ...

Wie aus weiter Ferne drang ihr Isabellas ausgelassenes Lachen ans Ohr.

"Friert dich, amiga? Trinke, querida, trinke! Und lache! Sagte ich dir nicht, daß wir lustig sein wollen? Spar' dein trübes Gesicht für morgen, wenn ich wieder im Kloster bin!"

Belustigt blickte Alba auf.

"Im Kloster? Majestät leben im Kloster?"

Um ihre lachenden Lippen zuckte Bitterkeit.

"Ist es nicht so? Sehen und hören darf ich nur, was den anderen gefällt, denken ist verboten. Was mir zuwider ist, wird mir aufgedrängt, was ich liebe, beseitigt. Die geringste Haremssklavin hat mehr Freiheit als ich. Und dabei nennen sie mich Königin. Königin! Ach Gott! Wenn man König ist, muß man doch ein Volk haben. Nun ja, ich habe eines. Jedes Jahr lerne ich es kennen, an meinem Namenstage, wenn ich öffentlich ausgestellt werde. Dann sehe ich jubelnde Fracks, vivatrufende Uniformen, paradierende Orden und Ehrensäbel. Das andere Volk aber, das Volk, das arbeitet, kämpft, haßt, liebt ..." Langsam nickte sie vor sich hin. "Ein Märchen ist es für mich aus Tausendundeiner Nacht, voll unerhörter Abenteuer, seltsamer Leiden, ungekannter Entzückungen. Dieses Märchen erleben - wenn auch nur wie Harun al Raschid, da er mit seinem Großwesir nachts durch die Straßen von Bagdad streifte ..."

Erstaunt hatte Alba zugehört. Nun lächelte er.

"Narvaez auf einem nächtlichen Streifzuge durch die Kneipen Madrids - welch ein Bild!"

Wieder nickte sie.

"Ein unmögliches Bild. Unser nüchternes Jahrhundert kennt keine Märchen mehr, keine Kalifen, keine Großwesire. Die Könige werden von ihren Ministern eingemauert und die Ritter - was meinen Sie, Herzog, gibt es im Vaterlande Cids und Don Quijotes noch Männer, die selbstlos zur Befreiung der Unterdrückten ausziehen würden?"

Einen halb verächtlichen, halb herausfordernden Blick über ihn hinsprühend beugte sie sich zu ihm vor. Er zuckte auf, alle Koketterie war von seinem Gesicht verschwunden.

"Ich weiß nicht, auf wen Eurer Majestät Ironie zielt!" stieß er heftig hervor. "Wenn sie jedoch mich treffen soll ..." Er stockte, wurde verlegen. "Ich bitte, mir das Weitere zu erlassen! Es wäre meiner unwürdig, eine Prahlerei!"

Sie ließ ihn nicht aus den Augen.

"Wirklich? Es gibt noch ein Rittertum? Nicht nur dies billige Salonrittertum, das wie der neugebackene Adel Don Fernando Muñoz' zu nichts verpflichtet?"

Der Vergleich mit dem verachteten Liebhaber Maria Christinas trieb alles Blut aus seinem Gesicht. Sich jäh erhebend gab er ihren Blick mit flammendem Stolz zurück.

"Genug, Majestät! Auch meiner Königin gestatte ich

keinen Zweifel an meiner Gesinnung. Wollen Eure Majestät über mich verfügen!"

"Wann und wo es sei? Unter Bürgschaft Ihrer Ehre?"

"Ich bin ein Alba. Spaniens Geschichte lehrt, daß das Wort eines Alba keiner Bürgschaft bedarf."

In ihren Augen glitzerte ein kaltes Licht. Steif emporgereckt saß sie auf ihrem Sessel wie auf einem Thron.

"Und dieses Wort ist Uns verpfändet. Von nun steht Eurer Hoheit Rittertum in Unserm Sold!" Feierlich wollte sie ihm die Hand reichen. Plötzlich aber, auf einen Blick nach Maria Christinas Loge, hielt sie inne, brach in lautes Lachen aus. "Nimm ihn für mich in Pflicht, amiga! Gib ihm den Handschlag! Schnell!"

Unwillkürlich gehorchte Eugenie.

Den Druck seiner Hand fühlte sie, den Kuß seiner Lippen ...

Wie hatte sie vor ein paar Tagen zu Mérimée gesagt? Süßlich-weibisch war die Schönheit seines Gesichts, unerträglich die Berührung seiner Hände?

Und nun - war das alles nur Täuschung, Selbstbetrug gewesen?

Drittes Kapitel

"Der Märchenritter ist also gefunden!" sagte Isabella in einem seltsam hastenden Tone. "Nun eine Aufgabe für seinen Mut! Soll er uns eine Serenade bringen, amiga?"

Eine fremde, prickelnde Lustigkeit stieg in Eugenie auf. Alles um sie her erschien ihr strahlend, heiter. Als wölbe sich über ihr ein tiefblauer Himmel, an dem sonnenbeglänzte Wölkchen neckisch miteinander spielten.

"Gehört Mut dazu, sich unter ein Fenster zu stellen und auf der Gitarre zu klimpern?"

"Also ein Spaziergang im Stil Harun al Raschids. Ein schrecklicher Gedanke, Herr Ritter, wie?"

Seine Augen flammten auf, hüllten Eugenie ganz in Glut ein.

"Für eine Nacht Kavalier der beiden schönsten Damen Spaniens sein? Ein Gedanke, um aus dem prosaischsten aller Rechner den romantischsten aller Dichter zu machen! Wollte mein Stern, Majestät überzeugten sich noch heute davon, wie phantastisch ein Mann des nüchternen Jahrhunderts zu sein vermag!"

"Noch heute? Überlegen wir ... Warum lachst du, amiga?"

"Weil das Märchen unmöglich ist. Zarzuela hat hohe Mauern, wird scharf bewacht. Der Ritter müßte eine Armee aus dem Boden stampfen, das Schloß mit Gewalt nehmen!"

Um Isabellas Lippen flog ein überlegenes Lächeln.

"Meinst du? Alte Schlösser haben verborgene Gänge, versteckte Türen. Auch Zarzuela macht keine Ausnahme."

"Aber wenn man sie nicht kennt?"

"Man kennt sie. Haben Sie schon einmal von dem Pavillon der Musen gehört, Herzog? Philipp IV. baute ihn als Quartier für die jungen Künstlerinnen, die von Madrid herüberkamen, vor ihm zu spielen, zu singen, zu tanzen. Eine kleine Pforte führte aus dem Pavillon unmittelbar auf die Straße. Niemand erfuhr, wann Philipps Musen kamen und gingen. Und mein erlauchter Ahn - aus seinen Zimmern führte wiederum ein geheimer Gang in den Pavillon - niemand erfuhr, wann Apollo kam und ging. Gang und Pforte aber sind noch heute vorhanden, und die Zimmer Philipps IV. werden augenblicklich von mir bewohnt. Nun, amiga, hältst du mein Märchen noch immer für unmöglich? Und Sie, vieledler Don Quijote, wenn Sie eines Tages die Botschaft erhalten: 'Heute, um die Stunde der Gespenster!' - Was werden Sie tun?"

Scherzend hatte sie es gesagt, als spinne sie nur aus spielerischer Lust den einmal angefangenen Faden fort. Aber wie sie sich zu Alba vorbeugte, ihn ansah ...

Furcht beschlich Eugenie. War dies nur die flüchtige Laune eines kapriziösen Mädchenkopfs?

Auch Alba schien betroffen. Auch er scherzte, aber seine Augen blickten ernst.

"Sehnsüchtig werde ich die Schönheit der Majestät

und die Majestät der Schönheit erwarten. An der Pforte der neun Musen. Um die Stunde der Gespenster."

Lächelnd lehnte Isabella sich in ihrem Sessel zurück.

"Die Botschaft aber - wie soll sie unentdeckt in die Hand des Ritters gelangen, wenn jedes Wort belauscht, jeder Brief geöffnet wird?" Suchend blickte sie umher. Dann - mit jäher Bewegung beugte sie sich vor, zog ein kleines Spitzentuch aus dem Brustausschnitt von Eugenies Kleide. "Was meinen Sie, Herr Ritter, wenn dies Tüchlein vom Herzen der holdesten, tugendhaftesten Jungfrau zu Ihnen geflattert käme - würde diese Botschaft nicht gleichzeitig süßester Minnelohn sein? Still, amiga, wenn du mich liebhast!" schnitt sie Eugenies Widerspruch ab. Und das Tuch entfaltend wehte sie dem Herzog den Duft der Parmaveilchen zu, mit dem es durchtränkt war. "Daran werden Sie unseren Boten erkennen. Berauschen Sie sich aber nicht zu sehr an ihm, damit die törichten Mädchen von Zarzuela nicht warten müssen!"

"Ich werde berauscht und doch pünktlich sein!"

Er haschte nach dem feinen Spitzengewebe, preßte es an die Lippen. Plötzlich aber entriß sie es ihm wieder, sah nach der Logentür ...

Von Marfori geleitet, auf Narvaez' Arm gestützt, gefolgt von Generälen, Ministern, den Damen ihres Hofstaats kam Maria Christina herein.

Das Tuch in der Hand zusammendrückend ging Isabella ihr entgegen, verneigte sich tief. Als seien die

Bande der Verwandtschaft zwischen ihnen gelöst, begrüßten sich die Königinnen, peinlich alle Formen beachtend, die das Zeremoniell für ihre öffentlichen Begegnungen vorschrieb.

"Ich fühle mich ermüdet und komme, mich für den Rest des Abends zu beurlauben!" sagte Maria Christina dann langsam, als wäge sie die Worte. "Darf ich Eure Majestät bitten, die Pflichten der Wirtin zu übernehmen? Gräfin Montijo, Unsere erfahrene Kammerfrau, wird die Güte haben, Eure Majestät zu unterstützen."

Etwas wie Hoffnung leuchtete in Isabellas Augen auf, hastig blickte sie zu dem Gefolge hinüber. Aber Serraño war nicht dort. Wie ein Schleier legte es sich über ihr Gesicht.

"Eure Majestät erschrecken mich. Das Befinden meiner königlichen Mutter gibt doch hoffentlich keinen Anlaß zu ernsteren Befürchtungen?"

Leiser Spott zuckte um Maria Christinas Mund.

"Eurer Majestät Sorge rührt mich. Nur eine leichte Abspannung, die durch ein paar Stunden Ruhe behoben sein wird! Und so wünsche ich meiner königlichen Tochter für den weiteren Verlauf ihres Festes den Frohsinn, nach dem ihre Jugend verlangt, und die weise Beschränkung, die ihre Würde erheischt."

Abschiednehmend hielt sie Isabella die Hand hin.

Isabella schien es nicht zu bemerken.

"Aber Marfori sagte mir doch, Eure Majestät beabsichtigten heute ein Juego del tresillo! Ich hoffte, zusehen zu dürfen. Der Herr Herzog von Valencia ist ja ein berühmter Meister. Und General Serraño ..."

Wider ihren Willen war ihr der Name entschlüpft. Verwirrt hielt sie inne.

In Maria Christinas Gesicht regte sich nichts.

"Auch General Serraño soll ein feiner Kopf sein. Ich spielte noch nicht mit ihm und bin neugierig, ob er sich mir und Valencia gegenüber als Hombre behauptet. Aber, wie gesagt, meine Ermüdung zwingt mich, für heute zu verzichten. Ein andermal vielleicht, wenn General Serraño zurück ist - ach ja, ich vergaß! Ich übernahm es, ihn bei Eurer Majestät zu entschuldigen, daß er Zarzuela ohne Abschied verlassen mußte."

Ein Zucken ging durch Isabellas Gestalt. Ihre Hände öffneten sich, ließen das Tuch fallen.

"Serraño ... ich verstehe nicht ... sah ich ihn vorhin nicht in Eurer Majestät Loge?"

Maria Christina nickte.

"Eure Majestät täuschten sich nicht." Durch einen Blick winkte sie Narvaez herbei. "Don Ramon, wollen Sie die Güte haben, Ihrer Majestät die Nachrichten aus Barcelona mitzuteilen?"

Das Gefolge wich zurück. Langsam kam der Ministerpräsident näher, verbeugte sich mit gemessener Würde vor Isabella.

"Barcelona macht Schwierigkeiten bei der Besetzung der Gemeindeämter", sagte er halblaut, kurz. "Rebellische Neigungen zeigen sich, ein Wiederaufflackern der niedergeworfenen karlistischen Bewegung ist zu befürchten. Der Ministerrat glaubte darum eine energische, Eurer Majestät ergebene Persönlichkeit an die Spitze der Provinz berufen zu müssen. Und da General Serraño sich bereits in ähnlicher Lage bewährt hat ..."

Heftig unterbrach sie ihn.

"Nach Barcelona soll er? Sie schicken ihn fort? Und das alles geschieht, ohne daß ich das mindeste erfahre? Wie nun, Herr Herzog, wenn ich anderer Meinung bin? Wenn ich der Versetzung des Generals meine Genehmigung versage?"

Narvaez tauschte einen Blick mit Maria Christina.

"Es bedarf Eurer Majestät Genehmigung nicht", sagte er kalt. "Verwaltungsmaßregeln unterstehen dem Ministerrat ohne Gegenzeichnung des Throninhabers. Wie ein Mann würden sich die Cortes und mit ihnen das ganze Land erheben, falls irgendeine Kundgebung Eurer Majestät den Anschein erwecken sollte, als sei ein Angriff auf die Verfassung geplant. Majestät wollen meinen Freimut verzeihen; in dieser schwierigen Zeit glaube ich mich zu rückhaltlosem Bekennen meiner Überzeugung verpflichtet. Auch handelt es sich nicht um eine Versetzung oder gar Verbannung des Generals, sondern nur um eine Beurlaubung, die mit der Lösung seiner Aufgabe beendet ist."

Sie hatte sich gefaßt. Ihre Erregung hinter der starren Würde der Königin verbergend, hörte sie ihm zu mit der Bewegungslosigkeit eines Steinbildes.

"So habe ich dem Ministerrat also nur zu danken. Natürlich hat General Serraño nicht gezögert, den ehrenvollen Antrag anzunehmen? Er ist sogleich abgereist?"

Scheinbar absichtslos hatte sie sich zwischen ihn und Maria Christina gestellt, so daß sein Blick diese nicht erreichen konnte. Er wurde verlegen, zögerte.

"Es sind leider noch einige Vorbereitungen zu treffen ... ein Tag dürfte noch vergehen ..."

In ihren Augen blitzte es auf.

"Hoffentlich kommt er nicht zu spät. Entrichten Sie ihm meinen Dank für seinen Eifer. Und sagen Sie ihm, daß ich mir Mühe geben werde, das Juego del tresillo, das Spiel der Diplomaten, zu erlernen. Kehrt er zurück, so will ich seine Partnerin sein, falls der Herzog von Valencia uns die Ehre schenkt, sich zu unserem Hombre zu machen."

Verstand er die Drohung, die sich hinter ihren tändelnden Worten verbarg? Die Lippen zusammenpressend trat er schweigend zurück.

Sie aber wandte sich zu Maria Christina.

"Ich verstehe nun Eurer Majestät Ermüdung. Selbst in die seltenen Stunden harmlosen Frohsinns drängt sich der Ernst der Zeit. Mir aber widerstrebt es, zu scherzen und zu lachen, während meine königliche Mutter sich sorgt. Wollen Eure Majestät mir gestatten, mich ebenfalls zurückzuziehen? Und darf Doña Eugenia mir Gesellschaft leisten?"

Maria Christina nickte.

"Meine königliche Tochter kommt meinen Wünschen entgegen. Aber es darf nicht zu lange geplaudert werden, meine Damen! Um Mitternacht muß das Licht gelöscht sein!"

Scherzhaft drohend hob sie die Hand. Eine schmale, ringlose Hand. Bläulich schimmerte durch die bleiche Haut das Geflecht der Adern. Und wie einer zärtlichen Wallung ihres Herzens gehorchend, ergriff Isabella diese Hand, beugte sich demütig, sie zu küssen.

"Ich danke meiner königlichen Mutter. Für die Liebe, mit der sie mich umgibt. Für das Gute, Schöne dieses Tages. Möge die Heilige Jungfrau es vergelten und reichen Lohn über Eure Majestät herabströmen lassen!"

Sich bekreuzend sanken die Königinnen in die Knie, schlossen die Augen, bewegten lautlos die Lippen. Seideknisternd, degenklirrend folgte ihnen der Hofstaat, durch fromme Fürbitte das Gebet zu stützen. Auf Marforis Zeichen brach die Musik ab; kichernd zerflatterten die wollüstigen Triller der Arie aus Donizettis "Liebestrank" ...

Dann stand Maria Christina auf, zog Isabella in ihre Arme, küßte ihr die Stirn. Hand in Hand mit ihr schritt sie zum Ausgang ...

Unter der Portiere wandte sie sich jäh zurück.

"Entfiel mir nicht mein Tuch? Doña Eugenia, zu Ihren Füßen liegt es. Wollen Sie es mir bringen?"

Wie eine züngelnde Schlange schoß aus ihren Augen ein Strahl zu Eugenie herüber. Eugenie fuhr zusammen; sie wollte das Tuch aufheben, aber sie vermochte es nicht. Wie gelähmt starrte sie auf Maria Christina.

Peinliche Stille herrschte.

Plötzlich lachte Isabella auf.

"Aber, mamacita, vergißt du, daß Eugenia eine Montijo ist, die stolzeste aller Spanierinnen? Und ist niemand hier, der auf den Namen eines Kavaliers Anspruch erhebt?"

Drei, vier Herren sprangen hinzu. Marfori kam ihnen zuvor, überreichte das Tuch der Königinmutter. Aufmerksam betrachtete sie es, suchte das Monogramm.

"E. M.? Es gehört nicht mir. Die Verliererin wolle sich melden."

Wieder sah sie Eugenie an, wieder lachte Isabella.

"Es gehört Eugenia. Als du uns vorhin überraschtest, ließ sie es fallen. Vor Schreck, mamacita! Denn es ist ein Geheimnis dabei, ein finsteres Geheimnis!" Sie hielt inne, weidete sich wie ein Kind an der allgemeinen Spannung. Mit sprudelnder Lustigkeit fuhr sie dann fort. "Herzog Alba hat uns nämlich ein Märchen erzählt. Schade, daß Marfori abwesend war und es dir nicht wiederholen kann. Aber vielleicht tut es Alba, wenn du nicht mehr müde bist. Wirklich, es ist reizend, wundervoll! Scheherezade fiel mir ein, die Dichterin, die dem Kalifen von Bagdad die Märchen der Tausendundeinen Nacht erzählte. Und da kam mir die Idee, einen neuen Orden zu gründen, den Märchenorden der Scheherezade. Könige haben die Pflicht, das Verdienst zu belohnen, nicht wahr? Und das Geringste, was sie geben können, ist doch ein Orden! Wir entwarfen also das Statut und beschlossen, dies kleine, veilchenduftende Spitzentuch als Abzeichen zu wählen, es jedem tüchtigen Märchenerzähler zu verleihen. Zum ersten Ritter ernannte ich dann den Herzog Alba und war im Begriff, ihn zu dekorieren, als ..." Sie unterbrach sich, machte ein weinerliches Gesicht, als erschrecke sie vor einem eben in ihr aufsteigenden Gedanken. Furchtsam näherte sie sich Narvaez. "Mein Gott, da fällt mir ein ... hinter dem Rücken des Ministerpräsidenten, ohne seine Gegenzeichnung, ohne Befragen der Cortes habe ich eine Staatshandlung vorgenommen! Ist dies ein Verfassungsbruch, Herr Herzog? Bin ich eine Verbrecherin? Werden Sie mich ins Gefängnis werfen?"

Flehend blickte sie zu ihm auf. Ihre Augen standen voll Tränen. Während aus den zuckenden Winkeln ihres Mundes heimlicher Spott seine spitzen Pfeile sandte.

Alle lächelten. Selbst über Narvaez' Stirn ging ein hellerer Schein. Nur Maria Christinas Gesicht blieb unbewegt.

"Du bist ein Kind, querida!" sagte sie und seltsam

klang das Kosewort von ihren herb verzogenen Lippen. "Aber wenn du Vergnügen an der Torheit findest ..."

Achselzuckend reichte sie ihr das Tuch hin.

Jubelnd nahm es Isabella.

"Triumph! Scheherezade hat gesiegt! Kniet nieder, Herzog Alba, empfanget den köstlichen Orden der Romantik, den duftenden Boten der Märchenwelt! Und gedenket der Satzung! Kein unheiliger Blick entweihe das Kleinod. Nur dann sei es enthüllt, wenn die Stunde ruft, die Stunde der Musen, Märchen, Gespenster! Gelobt Ihr es? Mit dem Schwur der Ritter Scheherezades?" Er hob die Hand. Schnell schlang sie ihm das Tuch um das Gelenk, warf ihm einen sprühenden Blick zu. Dann wandte sie sich zu Maria Christina, stieß einen komischen Seufzer aus. "Es ist doch nicht leicht, bei feierlichen Gelegenheiten passende Worte zu finden! Hab' ich viel Unsinn gesprochen, mamacita?"

Viertes Kapitel

Ungeduldig trieb Isabella die entkleidenden Kammerfrauen zur Eile, ließ für Eugenie noch eine Dienerin kommen, nur damit es schneller gehe. Aber sie dachte noch nicht an Schlaf. Zu sehr hatte der Tag sie erregt. Erst wollte sie noch mit Eugenie auf dem Altan sitzen, in die Sterne blicken, auf das Rauschen der Bäume horchen. Nichts beruhigte die Nerven mehr, als das leise einlullende Geflüster der vom Winde bewegten Blätter. Gegen die Nachtkühle würde die Kammerfrau ihnen dunkle Mantillas und derbe Hausschuhe geben. Vom Kopf bis zu den Füßen eingehüllt, würden sie es warm haben, von dem Wachtposten unter dem Altan nicht gesehen werden ...

Welches Nachtkleid sie wählte? Das neue schwarze. Es würde ja nicht lange mehr währen, bis man sie verheiratete. Sie hatte es wohl gemerkt, wie man um sie her Pläne schmiedete, Männer für sie in Bereitschaft hielt. Lustig war es zu beobachten, wie jeder seinen Kandidaten vorschob, bis in den Himmel lobte. Ihr aber erging es mit den Männern wie mit den Kleidern: nach eigenem Geschmack wollte sie sich anziehen und verheiraten.

Darum hatte sie sich für ihre Hochzeitsnacht ein besonderes Gewand ausgedacht und anfertigen lassen. Von schwarzer Seide war es, weil Schwarz den grauesten Teint weiß macht. Unzählige Bänder und Schleifen boten ebensoviele Hindernisse, aufgetürmt, um Neugier zur Ungeduld, Liebe zur Raserei zu stacheln.

Dies Kleid wollte sie heute anlegen. War nicht ein alter Glaube im Volke, daß der Jungfrau, die an ihrem vierzehnten Namenstag ihr Brauthemd trug, im Traume der zukünftige Mann erschien? Erproben wollte sie es in dieser Nacht, träumen ...

Ein dunkles Lachen ausstoßend schlüpfte sie in das Kleid, trieb die Kammerfrauen hinaus, verschloß die Tür. Dann blieb sie vor Eugenie stehen, sah ihr mit dem argwöhnischen Blick ihrer Mutter in die Augen.

"Wenn ich dir jetzt das Geheimnis von Zarzuela zeige - wirst du es für dich behalten? Du bist in deine Mutter verliebt, als ob sie ein Mann wäre - wirst du vor ihr schweigen? Vor ihr und jedem anderen, wer es auch sei?"

Verletzt stand Eugenie auf.

"Wenn Eure Majestät mich eines Verrates für fähig halten ..."

Ungeduldig hob Isabella die Hand.

"Wärest du dann hier? Die einzige bist du, an die ich glaube. Aber du könntest es dir gegen deinen eigenen Willen entschlüpfen lassen, durch einen Blick, ein unüberlegtes Wort. Schwörst du es mir? Bei deinem Seelenheil?"

Feierlich sprach sie ihr den Eid vor. Dann, nachdem Eugenie ihn wiederholt hatte, zog sie sie zu dem lebensgroßen Bildnis Philipps IV. neben dem Kamin, legte beide Hände auf eine Rosette des breiten Goldrahmens, stemmte sich mit dem ganzen Gewicht ihres Körpers dagegen. Ein leises Knarren ertönte, wie aus dem Räderwerk einer Uhr. Die Rosette wich zur Seite, das Bild drehte sich um eine unsichtbare Achse, legte einen schmalen Durchgang frei.

Überrascht schrie Eugenie auf.

"Es ist also wahr? Ich glaubte an einen Scherz. Aber wie haben Majestät die Entdeckung gemacht? Durch Zufall?"

"Zufall?" Ein bitteres Lächeln verzog Isabellas Mund. Schwer atmend lehnte sie sich gegen die Wand, starrte vor sich nieder, als überlege sie. Dann sah sie nach der Uhr auf dem Kamin. "Halb zwölf? Es ist also noch Zeit. Nun denn, vor vier Jahren war's, 1840. Wegen des Gesetzes über die Ayuntamientos hatte sich das Volk gegen meine Mutter erhoben. Sie fürchtete einen Angriff, hielt Madrid nicht für sicher, ging heimlich mit mir hierher. Oder vielmehr - sie brachte mich nach Zarzuela, kehrte aber sofort nach Madrid zurück. Ja, so war's! Kaum eine Stunde blieb sie, hatte mit dem Bilde nichts zu tun! Ich war also allein hier. Das heißt, im Schloß lag eine Besatzung, und bei mir war eine vertraute Kammerfrau. Niemals sollte sie mich allein lassen, hatte meine Mutter bestimmt. Nachts sollte sie in diesem Zimmer neben dem meinen schlafen, die Verbindungstür offen lassen, beim geringsten verdächtigen Geräusch die Wache rufen." Sie lachte kurz auf.

"Die gute Kammerfrau! Seit Jahren war sie Witwe, schien sich aber über den Verlust ihres Mannes noch immer nicht trösten zu können. Unaufhörlich sprach sie von ihm, pries seinen Edelmut, seine Geistesgröße, lag vor seinem Andenken auf den Knien. In einer Nacht aber, von einem knarrenden Geräusch wurde ich wach. Gleich darauf flüsterte im Nebenzimmer die fremde Stimme eines Mannes. Schnell schlüpfte ich aus dem Bett, schlich zum Türspalt. Das Zimmer war leer. Aber in der Wand mir gegenüber ... das Bild Philipps IV. ... kurz, der Durchgang stand offen! ... Ich hinein ..."

Eugenie fuhr auf.

"Majestät wagten ..."

"Ich war zehn Jahre, neugierig, wußte nichts von Gefahr! Eine schmale Treppe ging's hinab, durch eine niedere Tür in den Park. Am Ende eines Laubenganges sah ich sie. Arm in Arm gingen sie, schmiegten sich eng aneinander, küßten sich wie toll. Im Pavillon der Musen verschwanden sie. Als hätte Philipp IV. ihn eigens für sie erbaut!" Ein düsteres Feuer brannte in ihren Augen, zornvoll ballte sie die Hände. "Ich ihnen nach. Die Pavillontür hatten sie hinter sich verschlossen, das kleine Fenster an der Umfassungsmauer aber vergessen. Und da der Mond schien ..." Ein Zittern durchlief sie, ihr Gesicht wurde totenbleich. "Wie eine Krankheit brennt es in mir seitdem. Angesteckt hat sie mich, vergiftet! ... Nachher, als sie schlief - weißt du, was ich tat? Den Schlüssel zum Pavillon stahl ich ihr aus dem Kleide. Ich, eine Königin, stahl! Rächen wollte ich mich einst an ihr, den Schlüssel brauchen wie sie. Alle diese Jahre hab' ich ihn gehütet wie ein Kleinod. Versteckt hab' ich ihn, wo niemand ihn suchte." Mit einer wilden Bewegung riß sie sich das Kleid auf, entblößte ihre jungen Brüste. Zwischen ihnen hing an einer feinen Kette ein goldenes Medaillon herab. Der Deckel zeigte das Porträt Ferdinands VII., den Innenraum füllte ein Büschel seiner grauen Haare. Unter ihnen verborgen lag der Schlüssel; schlank, zierlich, ein Meisterwerk altspanischer Schlosserkunst. Triumphierend zog Isabella ihn hervor. "List, Lüge - wer hat sie mich gelehrt? Ihre Schülerin war ich. Nun aber - vorhin, als ich vor den Augen der großen Maria Christina dem Herzog das Zeichen gab, als ich den Aufpasserinnen derbe Schuhe, verhüllende Mantillas entlockte - hab' ich sie nicht fein gemeistert? ... Was starrst du mich an, amiga? Fürchtest du dich vor mir? Sei ruhig; wie ich meine Feinde hasse, so liebe ich meine Freunde. Komm, sage ich dir! Es ist Mitternacht. Alba wartet."

Die Mantilla überwerfend wandte sie sich zu dem offenen Durchlaß. Willenlos, wie betäubt, folgte ihr Eugenie ...

Aber als ihr die Stickluft des Ganges entgegenschlug, drang plötzlich die Erkenntnis auf sie ein. "Zu Serraño? Alba soll Eure Majestät zu Serraño führen?"

Isabella fuhr zu ihr herum.

"Wozu fragst du? Begreifst du denn nicht, daß ich dir die Ausrede lassen wollte, du habest es nicht gewußt? Ja denn, ja! Zu Serraño will ich. Sie soll's mit ihren Ränken nicht erreichen, daß er ohne Abschied von mir geht. Daß ich ihn vielleicht niemals wiedersehe!"

Bestürzt wich Eugenie zurück.

"Wissen Majestät nicht, daß Serraño zu den Progressisten gehört? Daß sie die Monarchie beseitigen, Spanien zur Republik machen wollen?"

Verächtlich schürzte Isabella die Lippen.

"Was kümmert mich die Politik! Ich liebe ihn. Wissen soll er, daß ich ihm gehöre, sobald er will!" Leidenschaft bebte um ihren vollen Mund. Wie in einem Vorgefühl der Wollust schloß sie die Augen. Dann lächelte sie wieder. "Und glaubst du nicht, daß das auch politisch ist? In jener Nacht von Trianon, als Mirabeau vor Marie Antoinette auf den Knien lag - hätte sie nur einen Funken Glut in den Adern gehabt -, niemals wäre Frankreich Republik geworden, niemals ihr Haupt unter der Guillotine gefallen! Siehst du nun ein, amiga, daß ich zu Serraño gehen muß? Kommst du endlich?"

Ihre Stimme schmeichelte. Wie ein bittendes Kind bewegte sie die Finger. Während Arglist von ihrer Stirn glänzte. Jenen Mädchengestalten der Pariser Salons glich sie, die jungfräulichen Leibes Lüste, Sprache, Phantasien erfahrener Buhlerinnen besaßen.

Grauen beschlich Eugenie.

"Ich glaubte an einen übermütigen Scherz; dies aber wäre ein Unrecht, schlimmer noch als ein Unrecht! Mein Gewissen erlaubt mir nicht ..."

Zornig fiel Isabella ihr ins Wort. "Phrasen! Feige bist du, das ist es. Wenn du nicht willst, gehe ich ohne dich!"

Entschlossen richtete Eugenie sich auf, durchschritt das Zimmer, wandte sich zur Tür des Vorraumes. Isabella eilte ihr nach.

"Wohin willst du? Willst du mich verraten? Hast du vergessen, was du mir schwurst?"

"Eure Majestät zwingen mich, bei anderen Hilfe zu suchen. Ich werde sagen, daß Majestät sich nicht wohl fühlen und Eurer Majestät Mutter zu sich bitten lassen." Sie legte die Hand auf die Türklinke, sah mit strengem Blick zurück. "Oder haben Majestät sich eines Bessern besonnen?"

Die Lippen beißend ging Isabella mit geballten Händen hin und her.

"Seit Monaten habe ich an der Erfüllung gearbeitet!" stieß sie heiseren Tones heraus. "Und nun soll ich es um lächerlicher Hirngespinste willen aufgeben? Glaubst du, daß ich dir das jemals vergesse? Eine Königin bin ich, eine Königin! - Genug, Señorita!" flammte sie hochmütig auf, als Eugenie erwidern wollte. "Ihre Sentimentalitäten langweilen mich! Wenn es nicht Aufsehen erregte, würde ich Sie bitten, mich zu verlassen. Morgen früh jedoch werden Sie gehen. Stören Sie mich nicht länger! Ich wünsche Ruhe!"

Eugenie schroff den Rücken kehrend, schob sie das Bild Philipps IV. wieder an seine Stelle. Warf sich auf ihr Bett. Löschte das Licht.

Im Dunkeln tastete sich Eugenie zu ihrem Lager ...

Niedergeworfen lag sie, unter den gespenstigen Schrecken der Nacht. Blutlos waren ihre Adern, ihre Pulse ohne Schlag. Aber das Herz in ihr brannte, zerrte, stach. Endlos wuchs es in ihr, füllte sie aus, suchte den Leib zu sprengen. Zuckende Schauer liefen über sie hin, wechselnd in erstarrender Kälte, peitschender Glut ...

Schrecklich war das düstere Schweigen des Waldes, schrecklich die grinsende Fratze des Mondes!

Nein, nicht ein Wald war es, in dem sie lag. Ein unermeßliches Getürm schwarzer Wolken, aus denen unaufhörlich glitzernde Eiskristalle niederrieselten. Glühenden Nadelspitzen gleich drangen sie in sie ein ...

Und dieses Mondgesicht, das lächelnd herabblickte, sich an ihrer Nacktheit weidete - kam es nicht näher und näher? Flammen wurden seine Augen, betäubender Duft entströmte seinem Munde, Hände wuchsen unter ihm hervor ... bleiche, edelgeformte Hände, die nach ihr griffen ... Alba?

Aber da er ihren Leib berührte, stieß sie einen gellenden Schrei aus. Jagte empor. Stürzte sich aus dem Bette. Keuchend stand sie, starrte aus entsetzten Augen um sich.

Weich schmiegte sich unter ihre Füße das Seidengeflock des Teppichs. Rosig schimmerte der Morgen durch die Vorhänge der Fenster. Weiß türmte sich zwischen ihnen der Spitzenbau des Königsbettes, in dem Isabella schlief.

Geträumt hatte sie, geträumt ...

Seltsam, daß Isabella von dem Schrei nicht erwacht war! Regungslos lag sie in ihrem schwarzen Nachtgewande inmitten der weißen Kissen. Kein Atemzug drang von ihr herüber.

Unheimlich erschien Eugenie das lange Schweigen. Vorsichtig schlich sie hin, beugte sich vor ...

Eine Mantilla lag auf den Kissen, das Bett war leer.

Tödliche Angst schoß in ihr auf. Mit ein paar Schritten war sie im Ankleideraum. Das Bild Philipps IV. ...

An seiner Stelle klaffte der offene Spalt des Durchgangs.

In fieberhafter Eile warf sie die Mantilla über. Durch den geheimen Gang ... die Treppe hinab ... in den Park ...

Unter dem Altan das dumpfe Schrittegeräusch des Wachtpostens. Aus der Tiefe der Bosketts das Schnauben von Maultieren, das Rauschen niederfallenden Wassers. Gärtner schienen dort Bäume und Gesträuch zu tränken ...

Nun stand sie am Pavillon. Die Tür war verschlossen. Aber diese girrende Stimme, die herausdrang ... eine andere Stimme antwortete ...

Albas Stimme?

Hatte nicht Isabella von einem Fenster neben der Umfassungsmauer gesprochen?

Dort war es. Nur auf die Fußspitzen brauchte sie sich zu stellen, um hineinblicken zu können ...

Und sie sah es. Über ein Ruhebett hingeworfen lag Isabella. Bedeckte Albas Mund mit wilden Küssen ...

Fünftes Kapitel

Fort mußte sie, fort! Unmöglich war es, Isabella noch einmal zu begegnen!

Wie gehetzt floh sie ins Schloß zurück, begann sich umzukleiden. Plötzlich kam Isabella herein. Eugenie erblickend fuhr sie zusammen, blieb neben dem offenen Durchgang stehen.

"Du?" stammelte sie verlegen. "Ich glaubte dich noch schlafend. Als es hell wurde ... ich dachte, daß ich noch nie einen Sonnenaufgang sah ..."

Hohn wallte in Eugenie auf.

"Ja, er war sehr schön. Auch ich sah ihn. Vom Pavillon der Musen aus!"

Die Königin wurde blaß, wollte etwas sagen. Aber unter Eugenies festem Blick verstummte sie. Mechanisch rückte sie das Bild Philipps IV. wieder zurecht, warf sich in einen Sessel, ordnete sich das verwirrte Haar.

"Ich weiß nicht, was du willst!" stieß sie jäh heraus. "Du selbst hast mir fünf-, sechsmal versichert, er sei dir gleichgültig. Wie kannst du mir also zürnen? Ich habe ihn dir ja nicht fortgenommen!"

Tiefe Traurigkeit ergriff Eugenie.

"Zürnen? Majestät scheinen nicht zu ahnen, was mir das Herz schwer macht. Ganz Spanien sieht in seiner Königin ein Symbol ..."

"Ach, die Tugend!" fiel Isabella ihr ins Wort. Sie

stand auf, ging hin und her, mit trägen Gliedern, wie ermattet von der genossenen Lust. "Deine Marmorseele ist ja gar nicht imstande, dies zu verstehen. Du glaubst vielleicht, ich hatte es von vornherein auf Alba abgesehen? Aber ganz anders war es, ein Traum, ein Wunder! Als er mir zum Abschied die Hand küßte ... sein Mund war so warm! Und seine Augen - plötzlich war er nicht mehr Alba. Serraño war er, Serraño ..."

Jener girrende Ton kam aus ihrer Brust. Die Augen schließend, glitt sie auf den Teppich nieder, verschränkte die Arme unter dem Kopfe, dehnte den Leib. Wie ein Tier im wärmenden Strahl der Sonne.

Und ihre feuchtroten Lippen murmelten ... die Geschichte dieser Nacht ...

Pünktlich war Alba erschienen. Mit seinen englischen Vollblutrennern, einem geschlossenen Wagen, zwei vertrauten Dienern. Aber Eugenies Nichtkommen hatte ihn enttäuscht. Mit Mühe nur war es Isabella gelungen, ihn zur Abfahrt zu bestimmen.

Auch in Madrid hatte er sich anfangs geweigert, sie zu Serraño zu führen. Erst als sie ihn an das verpfändete Wort mahnte, war er gegangen, den General zu benachrichtigen.

Während sie vor dem Hause zurückgeblieben war. Im Dunkel des Wagens. Voll Ungeduld die jagenden Schläge ihres Herzens zählend.

Endlich war Serraño gekommen.

Aber im Hause herrschte das Durcheinander der

*Isabella II., Königin von Spanien
im Alter von 20 Jahren*
Nach einem Porträt aus dem Jahre 1850

Abreise; keinen Augenblick war man vor Entdeckung sicher. So hatte Serraño sie in den Garten geleitet. Unter den dichten Bäumen würde man ungestört sein ...

Was sie miteinander gesprochen hatten - sie wußte es nicht mehr. Träumend war sie neben ihm hergeschritten, hatte seiner Stimme gelauscht, unter seiner Berührung gezittert, mit allen Sinnen den Duft seines starken Körpers eingeatmet. Diesen Duft, den auch Alba ausstrahlte ...

Aber Serraño ...

Ahnte er nicht, was sie zu ihm drängte, aus dem Klopfen ihrer Pulse nach ihm griff? Hinderte ihn Albas Gegenwart? Ehrfurchtsvoll hatte er sie wieder zu dem wartenden Wagen geleitet, erst beim Abschied für einen kurzen Augenblick ihre Hand mit seinen Lippen berührt ...

Einen glühenden Schauer hatte der Kuß durch ihren Leib gejagt. Und voll unlöschbaren Durstes hatte sie während der Rückfahrt den Mund auf die Stelle gepreßt. Serraños Flammenzeichen brannte dort. In ihm küßte sie den Geliebten, gab sich ihm, trank seinen Atem, seine Kraft.

Die Jungfrau war sie, die ihr Brauthemd anlegte, den Mann im Traum zu sehen. Und der Traum war Wirklichkeit geworden. Neben dem Geliebten saß sie, fuhr Mund an Mund mit ihm dahin. Liebe streute die Sonne auf ihren Weg, Erfüllung winkte Zarzuela ...

So war es geschehen.

Die Augen öffnend erhob sie sich. Lächelte.

"Wer im Traum, ohne Vorsatz, ohne Bewußtsein einen Menschen tötet, ist der ein Mörder? Serraño war es für mich, nicht Alba! Und da ich Serraño liebe, war es nicht mein Recht, mich ihm zu geben? Komm mir nicht wieder mit deiner Moral! Eine prüde Katharina hätte Rußland niemals groß gemacht. Für das Volk mag Tugend gut sein, moralische Könige aber sind dumm, ohne Menschenkenntnis. Natürlich darf der Nimbus nicht gestört werden. Und dafür ist in meinem Falle gesorgt." Sie nickte schlau, rieb sich die Hände. "Wer weiß es außer mir? Nur du und Alba. Du bist durch deinen Eid gebunden und Alba - käme es heraus, so würde alle Welt ihn den Verführer eines unschuldigen Kindes nennen. Er wird also nicht plaudern. Und wenn ich ein Kind bekäme? Mein Gott, warum nicht! Narvaez wäre der erste, der es verheimlichte. Mamacita würde ich durch eine einzige Handbewegung zum Schweigen bringen. Durch wen sind sie denn etwas in Spanien? Nur durch mich, stieße mir etwas zu, wäre es mit ihrer Herrlichkeit vorbei. Ach, und die Weiber des Hofes? Ich kenne ihre Heimlichkeiten. Sie selbst tragen sie mir zu, eine sucht die andere bei mir anzuschwärzen. Bei allen Heiligen, da ist keine, die es wagt, einen Stein gegen mich aufzuheben!"

Sie lachte, wiegte sich in den Hüften, sah Eugenie mit züngelndem Blick an. Etwas wie Triumph blitzte in ihm. Als läge in dem dunklen Wort eine Vergeltung für das beleidigende Grauen, mit dem Eugenie ihr zugehört hatte. Unwillkürlich wich Eugenie zurück.

"Keine?" wiederholte sie atemlos. "Keine?"

"Keine!"

"Und meine Mutter? Wagen Majestät es, auch meine Mutter zu beschuldigen?"

In aufflammendem Zorn schrie sie es hinaus, der Königin ins Gesicht. Trotzig warf Isabella den Kopf zurück. Ein schnelles Wort schien ihr auf der Lippe zu schweben, aber dann besann sie sich.

"Du bist langweilig, amiga. Alles nimmst du wörtlich. Von deiner Mutter ist keine Rede. Ebensowenig wie von der meinigen. Bist du nun zufrieden? Dann hilf mir, daß ich aus meinem Brauthemd herauskomme!"

Ungeduldig, mit zerrendem Finger begann sie die Spangen zu lösen.

Aber in diesem Augenblick klopfte es an der Tür zum Vorraume. Maria Christina war draußen, begehrte Einlaß.

Ein Zucken ging über Isabellas Gesicht. Die Zähne zusammenbeißend setzte sie sich in einen Sessel. Winkte Eugenie, zu öffnen.

Das Haar ungeordnet, das Kleid nachlässig übergeworfen, trat Maria Christina ein, als habe sie das Bett in Eile verlassen. Aber nichts an ihr verriet Erregung. Unbefangen erwiderte sie Isabellas Gruß, nahm Eugenies Verneigung entgegen, plauderte heiter von den Erlebnissen des vergangenen Tages. Plötzlich aber, einen angefangenen Satz unvollendet lassend, wandte sie sich zu Eugenie, als falle ihr etwas ein.

"Übrigens, liebes Kind, ehe ich es vergesse - ich möchte Sie warnen. In unserem Klima können Spaziergänge durch die kühle Morgenluft leicht gefährlich werden. Besonders wenn man nur leichtbekleidet ist!" Sie schüttelte den Kopf, drohte lächelnd mit dem Finger. "Es ist doch so? Sie waren doch im Park? Ein Wachtposten will Sie gesehen haben, wie Sie vom Pavillon der Musen nach dem Schloß zurückkehrten."

Eugenie fühlte, daß sie blaß geworden war. Aber da sie Maria Christinas bohrendem Blick begegnete, richtete sie sich auf.

"Es ist so. Ich war im Park."

Maria Christina nickte.

"Ja, das Hofleben! Nichts bleibt verborgen. Heute morgen zum Beispiel - ein Gärtner begießt die Palmen draußen an der Umfassungsmauer, hört auf der Straße das Schnauben von Pferden. Neugierig blickt er hinab und sieht, wie ein Kavalier aus dem Pavillon der Musen stürzt, in einen Wagen springt, in der Richtung nach Madrid davonjagt. Der Gärtner kennt den Kavalier nicht, weiß nur zu sagen, daß jener ein auffallend schöner Mann war. Das Geheimnis ist also gewahrt, glauben Sie, nicht wahr? Mein Gott, liebes Kind, Sie sind jung und darum Optimistin. Während der Nacht war Ihre Mutter für mich in Madrid. Auf der Rückfahrt nach Zarzuela kommt ihr ein Wagen entgegen. Was erblickt sie? Vor dem Wagen Albas berühmte Engländer, im Fond Albas berühmten Adoniskopf. Seltsam, nicht wahr? Das dachte ich auch, als sie es mir erzählte. War vielleicht Alba jener Kavalier des Gärtners gewesen? Die Vermutung liegt nahe, woher aber den Beweis nehmen? Da fiel mir Ihr Morgenspaziergang ein. War es nicht möglich, daß Sie dem schönen Herzog unversehens begegnet waren? Ich weiß nicht, ob Sie mich verstehen. Wenn Sie Ihr Gedächtnis ein wenig anstrengten? Nun?"

Alles in Eugenie bäumte sich gegen die nervenpeitschende Marter dieser Ironie. Unwillkürlich warf sie einen hilfesuchenden Blick zur Königin hinüber. Aber Isabella lag zusammengekauert in ihrem Sessel, mit gleichgültigem Gesicht, als gehe das alles sie nichts an. Zorn stieg in Eugenie auf.

"Ich habe Eure Majestät verstanden. Ich sah den Herzog."

Maria Christina lächelte.

"Und haben Sie ihn vielleicht auch gesprochen?"

Sie ließ ihre Stimme in einem sanften, zuredenden Ton verklingen. Beugte sich mit weicher Bewegung vor. Sah Eugenie erwartungsvoll an.

Eugenie preßte die Lippen zusammen. Wenn sie antwortete, würden neue Fragen folgen. Und am Ende stand die Entdeckung, der Verrat.

Sie schwieg.

Plötzlich stand Maria Christina auf, kam mit schnellen Schritten zu ihr, starrte ihr in die Augen.

"Sie antworten nicht, Señorita? Nun denn, ich werde Ihnen eine andere Frage vorlegen. Eine Frage, auf die Antwort zu verlangen ich ein heiliges Recht habe! Als ich Ihnen erlaubte, bei Isabella zu bleiben, vertraute ich Ihnen die Ehre und Sicherheit der Königin von Spanien an! Die Kammerfrauen in den Vorzimmern, die Wachen in den Gängen, niemand hat Sie bemerkt. Dennoch waren Sie im Park. Wie sind Sie dorthin gekommen? Auf welchem Wege? Antworten Sie! Ich befehle es Ihnen. Oder, bei der Jungfrau, Sie sollen erkennen, daß meine Langmut Grenzen hat!"

Sie hob die Hand wie zum Schlage. Unwillkürlich bog Eugenie sich zusammen. Furcht durchrieselte sie. Jene Furcht vor körperlicher Berührung, die ihr Stolz immer als entehrende Strafe empfunden hatte.

Dennoch schwieg sie.

Mit keuchender Brust wandte Maria Christina sich ab.

"Um Ihrer Mutter willen wollte ich Sie schonen. Nun aber zwingen Sie mich, die Sache vor den Staatsrat zu bringen. Gehen Sie!"

Mit wankenden Knien ging Eugenie zur Tür.

Noch immer lag Isabella zusammengekauert in ihrem Sessel. Träge bog sie nun den Kopf zurück, sah ihre Mutter von unten herauf an.

"Aber, mamacita, ist es denn wirklich nötig, daß du

das alles weißt? Und daß du die arme amiga quälst? Warum hast du mich nicht gefragt? Ich würde es dir gleich gesagt haben. Es ist ganz einfach. Ich habe ihr den Weg in den Park gezeigt. Durch einen romantischen Zufall entdeckte ich ihn. Vor vier Jahren. Erinnerst du dich? Ich schlief dort nebenan, während hier in diesem Zimmer ... Aber wozu eine lange Geschichte erzählen! Darf ich es dir zeigen?"

Sie erhob sich. Schleppenden Schrittes ging sie zu dem Bilde Philipps IV. Wandte den Kopf über die Schulter zurück, winkte ihrer Mutter lächelnd zu, ein kaltes Glitzern in den Augen.

Aber da sie die Hände auf den Rahmen legen wollte, stürzte Maria Christina zu ihr hin, riß sie hinweg.

"Isabella!"

Einen Augenblick standen sie sich gegenüber, starrten einander an. Totenbleich wich Maria Christina dann zurück, ließ sich in einen Sessel sinken ...

Ruhig kam Isabella zu Eugenie, beugte sich zu ihrem Ohr.

"Auch über dieses, rate ich dir, nicht zu sprechen. Und wenn deine Mutter dich fragt, einen Stein gegen dich aufheben will, so nenne ihr nur ein paar Namen! Ossuna! Lagrené! Viel-Castel! Mérimée! Hebe sie auf gegen sie. Steine sind sie, sage ich dir, schwere Steine!"

In ein schrilles Lachen ausbrechend, stieß sie Eugenie von sich, schloß hinter ihr die Tür ...

Sechstes Kapitel

Im Vorzimmer flüsterten Kammerfrauen, Diener, Hofbeamte. Bei Eugenies Eintritt fuhren sie auseinander, lächelten einander zu. Ihre Erregung bezwingend, ging sie an ihnen vorüber, geflissentlich langsam, über sie hinwegsehend.

Aber draußen, als der lange, dunkle Korridor vor ihr lag, fing sie plötzlich an zu laufen. Eine namenlose Angst peitschte sie. Noch immer tönte ihr Isabellas höhnende Stimme in den Ohren, wie sie jene Namen genannt hatte ... Steine? Schwere Steine?

Am Ende des Ganges kam ihr Marfori entgegen. Wie scherzend stellte er sich ihr in den Weg, durchwühlte ihr Gesicht mit frechen Augen.

"Sie wollen zu Ihrer Mutter, Komtesse? Sie ist mit Narvaez und Muñoz in Maria Christinas Schlafzimmer. Es soll eine Konferenz stattfinden. Aber ich fürchte ... die Störung kam etwas unerwartet ... Sie begreifen, der Graf ist noch nicht in Toilette." Er blinzelte ihr zu, lächelte über ihre Betroffenheit. "Sie sind erstaunt, daß dieser Herr es wagt, sich vor der Gräfin Teba y Montijo im Negligé zu zeigen? Ach, Komtesse, auch die illegitime Liebe einer Königin schafft dem Empfänger Privilegien, die ihn dafür entschädigen, daß diese Königin eigentlich bereits jenseits der Liebe steht. Wie gesagt, die Diener haben Befehl, niemanden einzulassen. Nur ich habe Zutritt: Und ich - nun ja, unter Umständen würde ich eine Anfrage für Komtesse wagen. Aber wenn Komtesse sich so zu mir stellen ... Komtesse müßten mich in Zukunft etwas liebenswürdiger behandeln!"

Widerwärtig war er ihr, seit sie ihn zum erstenmal gesehen. Und sein süßlicher, gewundener Ton brachte sie noch mehr gegen ihn auf.

"Ich kenne Sie nicht, Herr Kammerherr, und bin mir keiner Unfreundlichkeit gegen Sie bewußt!" sagte sie kalt, abweisend. "Für besondere Liebenswürdigkeit wüßte ich keinen Grund!"

Geschmeidig verbeugte er sich, hob wie beteuernd die Hand.

"Besondere Liebenswürdigkeit? Komtesse verkennen mich. Ich bin nicht der Mann, mir fremden Besitz zu erschleichen. Trotzdem ... darf ich offen sprechen? Was ich Ihnen sagen will, muß allerdings strengstes Geheimnis bleiben. Es handelt sich um das Interesse der Königin! Die Geschichte dieser Nacht ... nun denn, mißtrauisch gemacht durch das Märchen von dem Spitzentuch, befahl mir Maria Christina, Alba zu beobachten. Sollte ich mich weigern? Sie hätte dann einen anderen beauftragt, dem Isabellas Glück vielleicht gleichgültig war. Ich gehorchte also. Als die Königin aus dem Pavillon kam, mit dem Herzog in den Wagen stieg, lag ich der Pforte gegenüber unter einem dichten Gebüsch. Hinter mir, an einen Baum gebunden, stand der schnellste Araber aus Maria Christinas

Stall. Komtesse als leidenschaftliche Reiterin werden mir das Vergnügen dieses Wettrittes nachfühlen. Nun, der Araber bewies, daß er seinen Nachkommen immer noch überlegen ist. Die Fahrt nach Madrid, die Zusammenkunft mit Serraño - nichts blieb mir verborgen!"

"Und dann?" stieß Eugenie in atemloser Erregung heraus. "Und dann?"

"Komtesse meinen, ob ich es der Königinmutter meldete?" Er zögerte, schien zu überlegen. "Ehe ich antworte - wollen Komtesse sich einmal in meine Lage versetzen? Als armer Hidalgo bin ich auf Maria Christina angewiesen. Läßt sie mich fallen, so bin ich verloren. Denn Isabella ist gegen mich voreingenommen, hält mich für einen Spion ihrer Mutter. Bis zu einem gewissen Grade hat sie recht, ich gestehe es ein. Auf der anderen Seite - Maria Christina ist alt, Isabella jung. Wird ein vernünftiger Mensch um eine bescheidene Gegenwart alle Hoffnungen auf eine bessere Zukunft aufgeben?"

"Sie sagten der Königinmutter nichts?"

Er lächelte schlau.

"Nichts? Hätte Maria Christina mich dann nicht für einen unbrauchbaren Menschen gehalten? Nein, ich berichtete ihr der Wahrheit gemäß; aber ich sagte ihr nicht die ganze Wahrheit. Ich habe die Dame, die bei Alba war, nicht erkannt! Sie war so dicht verschleiert, daß ich ihr Gesicht nicht sehen konnte! Bei einem solchen Abenteuer ganz natürlich, nicht wahr?"

Sie nickte, suchte ruhig zu erscheinen während in ihr nichts als Aufruhr war.

Nun erst sah sie die Gefahr, in der sie schwebte. Für immer war ihr guter Ruf vernichtet, wenn die Wahrheit verborgen blieb. Niemals würde Isabella sie eingestehen. Hatte sie nicht das Opfer selbst durch den geforderten Eid wehrlos gemacht? Ihm endlich in teuflischer List noch jene Namen zugeflüstert?

Steine, mit denen Eugenie ihre letzte Hilfe erschlagen sollte, wenn es der Mutter etwa einfiele, zu forschen?

Nun aber - auch Marfori kannte die Wahrheit.

"Sie sind sehr klug, Herr Kammerherr!" brachte sie mühsam heraus. "Beide Parteien haben Sie sich zu Dank verpflichtet. Maria Christina, da Sie etwas sahen und es anzeigten; Isabella, da Sie nicht alles anzeigten. Ich habe Sie doch recht verstanden? Maria Christina weiß nicht, wer Albas Dame war?"

Eifrig beugte er sich zu ihr vor.

"Darum, Komtesse, erlaubte ich mir ja, Sie hier anzusprechen. Beruhigen Sie die Königin, teilen Sie ihr alles mit. Sie kann alles ableugnen, ohne sich in Widersprüche zu verwickeln. Sagen Sie ihr auch, daß ich im geheimen auf ihrer Seite stehe, ihr in jeder Weise zu dienen bereit bin ..."

Sie zwang sich zu einem Lachen.

"Gemach, Herr Kammerherr! Bleiben wir noch einen Augenblick bei dieser Sache! Können Sie sich nicht geirrt haben? Kann nicht eine andere Albas Begleiterin gewesen sein?"

Ruhig schüttelte er den Kopf.

"Da ist kein Zweifel möglich. Es war die Königin. Aber wie kommen Sie darauf, Komtesse? Hat die Königin eine andere vorgeschoben?"

Ein Wort wollte ihr über die Lippen. Aber sie schrak vor ihm zurück. Drohend erhob sich vor ihr der geleistete Eid.

"Sie hat niemand genannt. Ich fragte nur, um mich über Ihre Gesinnung gegen die Königin zu vergewissern. Es könnte ja sein, daß eine andere beschuldigt würde, Sie um Hilfe bäte."

Er zuckte die Achseln.

"Sie würde damit nur ihre Naivität beweisen."

"Aber wenn sie Klage erhebt, Sie als Zeugen vorlädt?"

"Kein Gericht nimmt eine solche Klage an."

"Oder in der Öffentlichkeit, durch Zeitungen, durch Broschüren ihren Ruf verteidigt?"

"Verleumdung!"

"Verleumdung? Wenn sie die Namen nennt? Serraño? Alba? Sie?"

Sein ganzes Wesen hatte sich verändert. Sein Gesicht war hart geworden, seine Stirn eisern. Argwöhnisch sah er sie an.

"Ich würde mir meine Antwort von der Königin in die Feder diktieren lassen. Serraño, als Politiker, würde den Wisch in den Papierkorb werfen. Der einzige, der ihr vielleicht zu Hilfe käme, wäre Alba. Besonders, wenn sie seinem Herzen nahestände. Ist dies so, Komtesse? Verzeihen Sie, wenn ich vielleicht unzart frage. Aber da ich wohl annehmen darf, daß der Verdacht bereits auf jene andere gefallen ist ... Ich würde ihr raten, den Gedanken an Verteidigung aufzugeben. Schuldig oder nicht, kompromittiert ist sie auf jeden Fall. Mein Gott, dagegen gibt es ja Mittel. Ein Beirat stellt den ramponiertesten Ruf wieder her. Alba ist in sie verliebt, mit ihm ist sie kompromittiert, warum sollte er sie nicht heiraten?"

Alba ... Längst war ihre Selbstbeherrschung dahin. Reue erfüllte sie, daß sie sich mit diesem Menschen eingelassen, ihn nicht sofort in seine niederen Schranken zurückgewiesen hatte. Nun las sie in seinen verschmitzten Schurkenaugen, daß er alles erriet, über ihre Ratlosigkeit spottete, sich an ihrer Verzweiflung ergötzte.

Denn er hatte recht. Wehrlos war sie dem Gerede der Leute preisgegeben.

Nun denn, alles war zu Ende. Sie konnte gehen.

Langsam schritt sie über den Korridor zurück ... weiter ... weiter ... Wie blind war sie, sah nichts von dem, was um sie war ...

Plötzlich rief Marfori sie an. Er war ihr gefolgt. Etwas wie Furcht malte sich auf seinem gelben Gesicht.

"Um aller Heiligen willen, Komtesse, was ist Ihnen?

Sie wollten vorhin zu Ihrer Mutter. Kommen Sie mit mir, ich bitte Sie! Ich werde Sie hinführen, die Gräfin herausbitten ..."

Steine, schwere Steine ...

Unaufhaltsam ging sie weiter ... die Treppe hinab ... zum Portal ...

"Ich will nicht zu meiner Mutter!" schrie sie über die Schulter zurück. "Ich will nach Haus! Einen Wagen, Lakai!"

Wie einen Faustschlag schleuderte sie ihm das Wort ins Gesicht. Er erbleichte, fuhr zurück. Dann lächelte er krampfhaft, stürzte davon.

Dieser Mensch war feige. Er fürchtete wohl einen Skandal, wenn sie noch länger blieb ...

Am Fuße der Treppe wartete sie, bis er mit dem Wagen kam. Den Hut in der Hand öffnete er ihr den Schlag. Sie stieg ein, ihr Kleid zusammenraffend, daß es ihn nicht berühre.

Zitternd stand er, geduckt. Wie ein gepeitschter Hund.

Als die Equipage am Palais Siria vorfuhr, trat Antonio aus dem Portal.

"Frau Gräfin sind nicht mitgekommen?" fragte er mit der Vertraulichkeit des alten Kammerdieners, während er Eugenie im Vestibül die Mantille abnahm. "Herr Mérimée erkundigte sich bereits ein paarmal nach ihr."

Sie antwortete nicht gleich. Vor dem Spiegel stehend strich sie sich das Haar aus der Stirn, prüfte aufmerksam ihr Gesicht. Es erschien ihr ruhig, ohne merkbare Spur der Aufregung, die ihr Herz zu ungestümen Schlägen trieb.

"Meine Mutter ist noch in Zarzuela!" sagte sie dann, sich abwendend, um die Treppe zu ihrem Zimmern emporzusteigen. "Ich glaube jedoch, daß sie bald hier sein wird. Hat Herr Mérimée einen Wunsch geäußert, Antonio?"

Die Mantilla tragend folgte er ihr, respektvoll, stets eine Stufe hinter ihr zurückbleibend.

"Herr Mérimée hat Briefe aus Paris erhalten. Er sprach, als müsse er abreisen."

"Abreisen?"

Sie fuhr zu ihm herum, sah ihn betroffen an.

Abreisen wollte Mérimée? Jetzt? Wo sie mit ihm sprechen wollte, ihn fragen? Einen Plan hatte sie sich während der Fahrt zurechtgelegt, wie sie sich ihm nähern, ihn ausholen wollte. Mit leisem Tasten, daß er ihre Absicht nicht merke. Nun aber, wenn ihr zu alledem keine Zeit blieb ...

Die mühsam zurückgedrängte Unruhe brach aufs neue hervor, machte ihre Hände zittern.

Antonio nickte.

"Er hat schon die Bücher eingepackt, die ihm Frau Gräfin aus dem Königlichen Archiv verschafft haben. Er meinte, es bleibe ihm nun nichts übrig, als sie mitzunehmen. Augenblicklich schreibt er in seinem Zimmer

Abschiedsbriefe. Soll ich ihm Komtesses Rückkehr mitteilen?"

"Nein, nein!" Ohne zu überlegen, stieß sie es heraus. Furcht stieg plötzlich in ihr auf. Vor Mérimées Klugheit. Vor seinen klaren Augen, mit denen er in den unwillkürlichen Bewegungen der Hand, in dem leichten Zucken des Mundes zu lesen verstand. "Sagen Sie es ihm wenigstens jetzt noch nicht, Antonio. Ich bin müde, muß erst ein wenig ruhen. Und Pacca? Wo ist Pacca?"

"Komtesse Pacca sind noch zu Bett. Miß Flower schläft bei ihr im Zimmer auf dem Diwan. Komtesse fühlten sich nicht wohl, als sie mit Herrn Mérimée und Miß Flower von Zarzuela zurückkamen. Und heute morgen sagte Miß Flower, Komtesse Pacca habe während der ganzen Nacht im Traum gesprochen. Sie bestand darauf, daß Dr. Coba schon in aller Frühe geholt wurde!"

Unwillkürlich mußte Eugenie lächeln. Die gute Miß Flower! Noch immer konnte sie sich nicht dareinfinden, daß Pacca und Eugenie nicht mehr die kleinen Mädchen waren, über die das ängstliche englische Gouvernantenauge zu wachen hatte.

"Und was hat Dr. Coba gesagt, Antonio? Hat er Pacca wieder eines seiner gepriesenen Hahnemannschen Mittelchen verschrieben, mit denen er den Teufel durch Beelzebub austreibt?"

Der Kammerdiener blieb ernst.

"Dr. Coba schien besorgt, Komtesse. Es sei Fieber vorhanden, auch scheine Komtesse Pacca unter einer Gemütserregung zu leiden. Herr Mérimée wollte sofort einen Boten nach Zarzuela zur Frau Gräfin senden, aber Dr. Coba verbot es. Komtesse Paccas Unruhe dürfe durch nichts vermehrt werden. Am besten sei es, sie schlafe lange und ungestört. Er hat ihr eine beruhigende Arznei verordnet und sie ihr selbst eingegeben. Gegen Abend will er wieder vorsprechen."

Seine Sorge steckte sie an. Immer war Pacca sehr zart gewesen, hatte vor jeder Unebenheit ängstlich behütet werden müssen. Und heute noch erschien sie Eugenie als das weiche, graziöse Wesen der Kinderjahre, über das selbst in den Zeiten jugendlichen Frohsinns sich ein Schleier von Trauer und Entsagung breitete.

Ein Strom von Zärtlichkeit wallte in ihr auf. Hingehen wollte sie, die Schlafende wenigstens von weitem sehen ...

Im nächsten Augenblick aber blieb sie wieder stehen. Grübelte. Hatte sie eben nicht etwas vorgehabt? Sie wußte es nicht mehr, alles in ihr war wie ausgelöscht.

Sie ging in ihr Zimmer. Antonio folgte ihr, machte sich um sie zu schaffen.

Wartete er auf etwas?

Auf was? Auf was?

Plötzlich wußte sie es.

Prosper Mérimée
Nach einer photographischen Aufnahme von Reutlinger, Paris

"Gehen Sie zu Herrn Mérimée, Antonio. Bitten Sie ihn zu mir. Aber gleich! Hören Sie? Gleich!"

Es war ihr, als habe ein fremder Mund, ein fremder Wille aus ihr gesprochen. Regungslos sah sie zu, wie Antonio ging.

Aber war es nicht gut, wenn Mérimée kam? Fragen mußte sie ihn, ehe er abreiste. Heute noch, sofort. Diese Gedanken, diese Zweifel im Herzen - unmöglich war es, der Mutter in die Augen zu sehen!"

Aber da sie Mérimées Schritt draußen hörte ...

Sie stürzte zum Schreibtisch. Ergriff, was ihr in die Hand kam. Ein Buch ... ein Heft ...

Nichts durfte er von einer Absicht merken. Behutsam mußte sie vorgehen. Mit leisem Tasten, Vorausfühlen. Wie ein Mensch im Dunklen ...

Sie schlug das Heft auf, versuchte zu lesen. Aber die Buchstaben verwirrten sich vor ihren Augen, alles lief durcheinander. Ein grelles Klingen war in ihren Ohren. Wie von straffgespannten Saiten, gegen die in gehetzten Stößen ein harter, stählerner Hammer schlug ...

Siebentes Kapitel

Beim ersten Ton von Mérimées Stimme hörte das peinvolle Geräusch ihrer schwingenden Nerven auf, Ruhe kam über sie. Klar glaubte sie den Weg vor sich zu sehen.

Mérimée erkundigte sich nach ihrem Ergehen, beruhigte sie über Pacca, sprach von seiner Abreise. Man hatte ihm aus Paris seine Ernennung zum Mitglied der Akademie mitgeteilt. Er gab nicht viel auf äußere Ehren und Auszeichnungen, belächelte das Prunken mit Titeln und Orden, die er auf dieselbe Stufe stellte mit Reklameplakaten und Aushängeschildern. Aber die Mitgliedschaft der Akademie gehörte zum guten Ton, und er war Philosoph genug, sich mit beherrschter Miene auch einmal mit dem Lituus in der Trabea des Haruspex zu zeigen. Würde man sich weigern, bei einem solennen Diner im Frack zu erscheinen? Man zog ihn an, man zog ihn aus. Das war alles.

"Unglücklicherweise muß ich an der Sitzung teilnehmen, in der ich eingeführt werde!" scherzte er. "Sie ist für die nächste Woche angesetzt. Ich komme also nur zurecht, wenn ich gleich reise. Ach ja, der Weg zur Unsterblichkeit geht über Dornen und Mühsal!"

Er machte ein komisches Gesicht, seufzte. Aber in seinen Augen glaubte Eugenie Unruhe, geheimes Forschen zu entdecken.

Als warte er auf etwas, das sie ihm sagen sollte.

"Und Ihre Studien zur Geschichte Pedros?" fragte sie, ihn betrachtend. "Antonio sagte, Sie wollen das Material mit nach Paris nehmen. Aber werden die Archive wertvolle Dokumente aus der Hand geben?"

Er machte eine Bewegung der Ungeduld.

"Das trifft mich weniger, hat Zeit, bis ich zurückkomme. Trotzdem - nun ja, ich gehe ungern." Er stockte, wie vor etwas zurückschreckend, das ihm entschlüpfen wollte. "Übrigens hab' ich meine Zeit hier doch nicht ganz verloren. Hab' ich nicht eine richtige Theaterpremiere gehabt, mit allen Reizen und Aufregungen?"

Er lachte gezwungen, deutete auf das Heft in ihrer Hand. Verwirrt betrachtete sie es genauer. Las die Aufschrift.

"Ines und Ilda? Das Manuskript unseres Lustspiels?"

"Ich bat Antonio, es Ihnen auf den Tisch zu legen. Allerdings müssen Sie es mir noch einmal zurückgeben, damit ich in Paris eine Abschrift für den Druck machen lasse. Nachher erhalten Sie es sofort wieder. Vorausgesetzt, daß Sie es annehmen und mir erlauben, den Namen meiner Muse mit auf das Titelblatt zu setzen."

"Mir wollen Sie es widmen? Mir?"

"Ist es nicht für Sie geschrieben?" Er zögerte, sah sie mit einem Blicke an, als wolle er in das Innerste ihres Herzens dringen. "Hoffentlich sind auch Sie mit dem Erfolg zufrieden. Nicht nur mit dem Theatererfolg. Auch mit ... mit dem anderen!"

"Mit dem anderen?"

Sie fuhr zusammen, stand auf. Was sie schon dunkel geahnt hatte, wurde ihr plötzlich klar. Alba war Don José, sie selbst war Ines. Darum hatte Mérimée darauf bestanden, daß sie die Rolle behielt. Um sie mit Alba zusammenzubringen.

Ein Intrigant war dieser Dichter, wie die anderen! Und nun wollte er wissen, ob sein fein ausgeklügelter Plan gelungen war. Darum belauerte er sie mit seinen Blicken, suchte ihre Bewegungen zu deuten ...

Etwas würgte ihr die Kehle.

Hastig wandte sie sich ab, schlug die Hände vors Gesicht, lehnte sich haltlos gegen die Mauer. Das ganze Elend dieser Nacht stand vor ihr auf.

Erschreckt kam Mérimée zu ihr.

"Eugenie, Kind! Was ist Ihnen? Zürnen Sie mir? Verstehen Sie mich doch, verstehen Sie mich! Ich sah, wie Sie nach Klarheit rangen. Über Alba, über sich selbst. Wie Sie sich innerlich verzehrten."

"Und da stießen Sie mich noch tiefer in den Kampf! Rissen mir das Herz auf, daß alle sahen, was in mir war!"

Er war bei ihr, suchte ihr die Hände zu lösen, einen Blick von ihr zu erhaschen.

"Gestern, als ich Sie mit dem Herzog in der Loge der Königin sah ... Sie waren so heiter ... ich glaubte schon an das Glück, das ich für Sie gehofft hatte! Und nun - was ist geschehen? Hat jemand Sie verletzt, beleidigt? Alba?"

Sie ließ die Hände sinken. Zeigte ihm ihr Gesicht. Sie wußte, daß es nun wieder ruhig, undurchdringlich war. Nur in den Augen, fühlte sie, flackerte noch der Schmerz. Starr blickte sie über Mérimée hinweg ins Leere.

"Alba? Er ist mir nichts. Wird mir niemals etwas sein."

"Aber dann - warum dann Ihre Erregung? Müßten Sie nicht froh sein, die Gewißheit erlangt zu haben, daß Sie ihn nicht lieben?"

Spott über sich selbst stieg in ihr auf. Warum sprach sie nicht aus, was in ihr war? Vor wem scheute sie sich? Gleichgültig war ja nun, was andere von ihr dachten.

"Daß ich ihn nicht liebe?" wiederholte sie langsam, jedes Wort betonend. "Aber ich liebe ihn ja, Mérimée. Ich weiß nun, daß ich ihn liebe."

Erstaunt, betroffen beugte er sich zu ihr vor.

"Und eben sagten Sie, daß er Ihnen nichts ist? Wie soll ich das verstehen? Er liebt Sie, denkt nur an Sie. Ein Blick von Ihnen, und er erklärt sich! Sie aber quälen ihn und sich selbst. Hindert Sie Ihr Stolz? Kann ich Ihnen helfen? Darf ich dem Herzog einen Wink geben?"

Er schien sehr erregt. Seine Stimme bat, leidenschaftliche Zärtlichkeit war in seinen Augen.

Steine, schwere Steine?

Sie betrachtete ihn mit einer wägenden Kälte, unter der sie selbst erschauerte.

Vor ihr lag der Weg. Offen war die Pforte. Nur einzutreten brauchte sie ...

Entschlossen richtete sie sich auf.

"Sagen Sie mir, Mérimée, warum drängen Sie mich eigentlich? Haben Sie ein - Interesse daran, daß ich den Herzog heirate?"

Die Schärfe des Wortes zu mildern, suchte sie nach einem wie scherzenden Lächeln. Mérimée stutzte. Dann lächelte auch er.

"Allerdings. Das Interesse, meine kleine Eugenie glücklich zu sehen!"

Meine kleine Eugenie ... Etwas zuckte in ihr. Ihm ihr Gesicht zu verbergen, ging sie zu dem Sofa im dunkelsten Winkel des Zimmers, setzte sich dort.

"Glücklich? Mit Alba?"

Lebhaft kam er ihr nach.

"Mit ihm oder mit einem anderen, gleichviel! Wenn Sie nur lieben!"

"Nur - lieben?"

Forschend blickte er auf sie nieder.

"Werden Sie mir zürnen, wenn ich gewisse Dinge berühre? Immer haben wir uns rückhaltlos ausgesprochen. Über alles, was es auch war. Mensch zu Mensch. Weil wir einander kannten. Weil jeder wußte, daß niemals im Herzen des anderen ein trüber Gedanke aufkommen konnte. Und weil Sie, Eugenie, niemals das waren, was ich Durchschnittsfrau nenne!" Er setzte sich zu ihr, ergriff ihre Hand, behielt sie in der seinen, streichelte sie. Mit einer leisen, scheuen Zärtlichkeit, als wolle er für seine Worte im voraus um Verzeihung bitten. "Ist es nicht so, Eugenie? Waren Sie nicht immer anders als die anderen? Einmal schrieben Sie mir: 'Die jungen Mädchen hier reden nur von Toiletten oder von Klatsch. Zum Ekel sind sie mir. Wo ich kann, gehe ich ihnen aus dem Wege, und muß ich ihnen einmal einen Besuch machen, so tue ich den Mund nur auf, um Adieu zu sagen.' Ich habe es gut behalten, nicht wahr? Ach, ich weiß fast alle Ihre Briefe auswendig! ... Und haben Sie jemals mit Puppen gespielt? Jemals, ausgenommen mit Pacca, eine dieser zärtlichen Mädchenfreundschaften unterhalten? Aber auch Pacca gegenüber waren Sie weniger Freundin als Beschützerin. Eine etwas herrische Beschützerin! Und Isabella - wirklich, ich glaube, Sie lieben sie weniger, als daß Sie sich von ihr lieben lassen!"

Betroffen richtete sie sich auf. Worauf wollte er hinaus? Suchte er sie geflissentlich von dem Wege abzulenken, auf dem sie eben den ersten Schritt getan? Eine neue Unruhe kam über sie.

Aber reizvoll war es doch, ihm zuzusehen, wie er mit seiner Künstlerhand Strich um Strich ihr Bild vor ihre Augen hinzeichnete.

"Es ist wahr", sagte sie sinnend, "Ähnliches dachte

ich selbst schon. Pacca mit ihrer zarten Gesundheit flößte mir Mitleid ein. Und Isabellas Schwärmerei - eigentlich erschien sie mir weibisch, stieß mich ab. Aber ich ließ sie mir gefallen. Die Schwärmerei einer - Königin!" Bitter nickte sie vor sich hin. "Ich glaube, ich bin sehr eitel."

Mérimée lächelte.

"Nur selbstbewußt, Eugenie! Immer waren Sie stolz auf Ihre Kraft, immer darauf aus, sie zu mehren. Reiten, Fechten, Jagen waren Ihre Leidenschaft. Kein größeres Vergnügen gab es für Sie, als im Sturme schwimmen, auf dem Meere fahren. Und wie Sie rauchten! Zigarren riesigsten Kalibers, schwerste Kuba. Verächtlich sahen Sie auf meine leichten Zigaretten herab. Niemals lasen Sie einen Roman, eine Liebesgeschichte. Nur immer Berichte von wilden Abenteuern, Entdeckungsreisen, Bergbesteigungen. Beyle, unser armer Beyle - gewannen Sie ihn nicht lieb hauptsächlich deshalb, weil er Soldat gewesen war, Ihnen die Feldzüge des großen Napoleon erzählte? Abend für Abend mußte er kommen. Seine Geschichten hörten Sie nicht, Sie verschlangen sie. Jedesmal, wenn Sie zu Bett sollten, gab es einen Kampf. Nachts träumten Sie von Heldentaten, Siegen, Eroberungen. Napoleons Gefangenschaft und Tod entlockte Ihnen laute Verwünschungen gegen seine Henker, dieselben Engländer, denen Sie durch Ihre Mutter stammesverwandt sind. Und als Beyle Ihnen eines Tages die Zeichnungen und Kupferstiche unserer Schlachten brachte - ein Paroxysmus ergriff Sie. Sie nahmen sie ihm fort, gaben sie nicht eher heraus, als bis er Ihnen das schönste Blatt schenkte." Er deutete auf ein Bild über dem Schreibtisch. "Die Schlacht von Austerlitz! Wie sorgsam Sie es aufbewahrt haben! Und diese Begeisterung war keine mädchenhafte Laune, kein Strohfeuer. Ein ganzes Jahr später fragte Beyle Sie in meiner Gegenwart, was Sie werden wollten. Wissen Sie, was Sie antworteten? Ein neuer Napoleon, der Rächer des ersten! In Ihrer Vorstellung waren Sie so ganz Mann, daß selbst Beyle, trotz seiner Napoleon-Anbetung, stutzig wurde. Ich sehe ihn noch, wie er die Augen zusammenzog, den Mund kniff. Und Sie von sich stieß: 'Ach was! Wenn du groß bist, wirst du den Marquis von Santa-Cruz heiraten! Und ich werde mir keine Sorge mehr um dich machen!' Sie waren noch sehr jung, Eugenie. Aber schon damals zeigten Sie einen leidenschaftlichen, fast wilden Ehrgeiz. Und sagen Sie selbst, war es der Ehrgeiz eines Mädchens, das Verlobung und Hochzeit spielt?"

Sie hatte sich in die dunkle Ecke zurückgelehnt, ihm ihre Hand entzogen, damit er die Verwirrung auf ihrem Gesicht, den ungestümen Schlag ihrer Pulse nicht merke. Schon oft hatte sie versucht, sich selbst zu beobachten, das Seltsame in ihr, das man Seele nannte, zu belauschen, zu deuten. Niemals war sie zu einem sicheren Urteil gekommen. Immer wieder hatten neu aufsteigende Regungen, plötzlich hervorbrechende Wallungen das Bild verändert, von Grund aus gewandelt. Unaufhörlich schien alles zu fließen, sich in geheimnisvollem Wechsel zu vollziehen, ohne ihr Zutun, nach eigenen, unbekannten Gesetzen. Nun aber, da vor ihr emporstieg, was Mérimée in ihr erschaut haben wollte ... Mérimée, der Beobachter, Denker, seherisch begabter Dichter ...

Ein Frösteln rann ihr über den Leib, als säße sie entkleidet vor ihm, hüllenlos seinen prüfenden Blicken preisgegeben.

"Nach Ihrer Meinung bin ich also ein Weib mit den Leidenschaften eines Mannes. Oder besser, ein Mann, dessen Seele durch ein bizarres Spiel der Natur in den Körper einer Frau gelangte." Sie versuchte zu lachen. "Wahrhaftig, Mérimée, Sie machen mich neugierig, was aus mir werden wird! Ein Studienobjekt für unsere gelehrten Anthropologen? Eine Attraktion für Mr. Barnums Kuriositäten-Museum in New York?"

Er stimmte nicht in ihr Lachen ein.

"Sie scherzen, Eugenie. Aber im Ernst, glauben Sie wirklich, daß die Natur überall die Geschlechter streng voneinander geschieden hat? Bei den Tieren und Pflanzen gibt es Mischbildungen, Übergangsformen. Warum nicht auch bei den Menschen? Ich bin davon überzeugt. Wir erkennen sie nur noch nicht. Die Wissenschaft tappt noch im Dunkel. Weil Gesetz und Humanität das Experiment am Lebenden verbieten."

"Und für eine solche Mischbildung oder Übergangsform halten Sie mich?"

Er stand auf, ging im Zimmer hin und her, schlang die Hände ineinander, öffnete sie wieder.

"Wüßte ich nicht, wie stark Ihr Geist ist, so würde ich Ihnen nicht antworten. Hätte ich dieses Gespräch überhaupt nicht angefangen. So aber - nein, Eugenie, ich glaube nicht, daß Sie eine Ausnahmestellung in Ihrem Geschlechte einnehmen. Nun, da Sie mir bekannt haben, daß Sie Alba lieben, glaube ich es nicht mehr. Diese Liebe ist der Beweis Ihres Frauentums. Früher - ja, ich war in Sorge um Sie. Ich sah Ihre seltsame Entwicklung, das Emporwuchern männlicher Charaktereigenschaften auf Kosten der weiblichen. Kurz, ich fürchtete, daß die Natur Ihnen die Fähigkeit zu lieben versagt habe. Es gibt solche Frauen; ihr Schicksal ist hart. Innerhalb unserer Gesellschaftsordnung ist für sie kein Raum, überall stoßen sie an, verbittern endlich bis auf den Grund ihrer Seele. Weil sie unbewußt fühlen, daß ihnen das Letzte, Höchste versagt ist: schrankenlose Hingabe in selbstgewählter Liebe!"

Er hatte sich heiß gesprochen, aus weitgeöffneten Augen starrte er ins Leere. Als erblicke er dort einen Kampf des Entsetzens und unabwendbaren Unterliegens. Und auf seinem durchgeistigten Gesicht malte sich die Blässe eines großen, herzbewegenden Mitleids.

Wieder empfand Eugenie, wie verschieden sie war

von allen Frauen, die sie kannte. In Tränen wären diese ausgebrochen, hätten sich voll Grauen von dem düsteren Bilde abgewandt. Sie aber - keine Regung von Mitgefühl war in ihrer Seele, eher die peitschende Bitterkeit eines wilden Spottes.

"Und das alles fürchteten Sie für mich, weil ich Weiberklatsch verabscheue und für Napoleon schwärme? Welch ein Gespensterseher Sie sind, Mérimée! Wie ein Astrologe des Mittelalters stellen Sie mir aus ein paar belanglosen Zufälligkeiten ein Horoskop voll Kampf und Untergang!"

Der leichtbewegliche Franzose lächelte schon wieder.

"Astrologe? Sie behandeln mich also ein wenig als Ihren Hofnarren, Eugenie? Um so besser! 'Grau, Freund, ist alle Theorie!' hat schon der deutsche Goethe gesagt. Trotzdem - so ganz belanglos waren meine Zufälligkeiten doch nicht. Es gibt zum Beispiel Rassen, die sich schlecht miteinander mischen. Das neue Geschlecht zeigt oft glänzende geistige Fähigkeiten, während eine andere, halb körperliche, halb seelische geschwächt ist: die Fähigkeit zu lieben. Wie nun, wenn sich hieraus Ihre Antipathie gegen die Liebe erklärte? Ihr Vater war spanisch-italienischer, Ihre Mutter holländisch-schottischer Abstammung. Und ... aber wahrhaftig, ich bin schon wieder im dicksten Nebel der Theorie! Jagen Sie mich fort, Eugenie! Ein pessimistischer Hofnarr gehört nicht ins Boudoir einer lebensdurstigen Schönheitskönigin!"

Scherzend machte er Miene zu gehen. Scherzend

hielt sie ihn zurück. Aber unter ihrer Heiterkeit brannte aufs neue jene Frage. Aus der letzten Wendung des Gesprächs war sie wieder vor ihr aufgesprungen. Nur die Hand brauchte sie nach ihr auszustrecken ...

"Nein, maître Bruisquet, gehen Sie nicht fort in dem Augenblick, da Sie interessant werden! Ich habe in England berühmte Züchter über die Vermischung der Rassen sprechen hören. Bei den Tieren, wenigstens bei den Haustieren, ist es ja leicht, die Rassen zu nennen, aus denen ein neues Geschlecht hervorgeht. Weil man sie abgesperrt halten, kontrollieren kann. Bei den Menschen aber - bleiben wir einmal bei meiner interessanten Person! Ich bin die Tochter meiner Eltern, sagen Sie. Aber können Sie es beweisen? Das holländisch-schottische Blut meiner Mutter ist auch in mir, gewiß! Aber das spanisch-italienische meines Vaters? Ist es noch nie vorgekommen, daß eine verheiratete Frau heimliche Liebhaber hatte? Kann es bei meiner Mutter nicht ebenso gewesen sein?"

Leicht, tändelnd hatte sie die Frage hingeworfen. Wie absichtslos war sie dabei vor einen Spiegel getreten, um sich das Haar zu ordnen, das ihr in die Stirne gefallen war. Und durch das Glas sah sie, wie Mérimée zusammenfuhr, mit unruhigen Augen zu ihr herüberblickte.

"Um Gottes willen, wie kommen Sie darauf?" stieß er fassungslos hervor. "Wie können Sie etwas Derartiges von Ihrer Mutter sagen, ja, auch nur denken?"

Warum bejahte er nicht ohne weiteres, wie es im Rahmen des theoretischen Wortgefechts natürlich gewesen wäre? War es sein wundes Gewissen, das bei der ersten, leisen Berührung sich regte, Verdacht schöpfte?

Furcht, Grauen vor dem nächsten Wort schnürten ihr das Herz zusammen. Dennoch - unmöglich war es, daß sie nun noch zurückwich. Vorwärts! Weiter, weiter!

"Ich? Ich habe meine Mutter lieb, bete sie an. Aber ein anderer sagte es ... nannte Namen ..."

Er machte eine Bewegung, als wolle er zu ihr hinstürzen.

"Wer? Wer war es? Namen? Welche Namen?"

Dieses Gesicht im Spiegel, das wilde Anstrengungen machte, kalt und beherrscht zu erscheinen, und sich zu einer Grimasse bleichen Schreckens verzerrte - sie vermochte es nicht länger anzusehen.

Zitternd wandte sie sich ab. Setzte sich an den Schreibtisch. Ließ den Kopf in die aufgestützten Hände fallen.

"Wer es mir sagte? Ist es nicht gleichgültig?"

"Die Namen! Eugenie, die Namen!"

"Lagrené ... Viel-Castel ... Ossuna ... und ..." Sie verstummte.

"Und? Und?" Er schrie, als rase in ihm ein Meer von Wut.

"Und Mérimée, nicht wahr? Warum. antworten Sie nicht? Sind Sie feige geworden? Und Mérimée?"

Sie richtete sich auf. Nickte.

"Und Mérimée!"

Etwas zog über seine Stirn wie der Schatten einer Wolke. Langsam wich er zurück, ging mit unruhigen Schritten hin und her. Grübelnd hatte er den Kopf gesenkt, die Augenbrauen zusammengezogen. Suchte er, womit er sie täuschen könne? Seltsam, was in ihr vorging! Keine Spur mehr war in ihr von dem Schmerz, der eben noch ihr Herz durchwühlt hatte. Nur Neugier. Etwas von jener grausamen Neugier verhörender Richter auf die Winkelzüge und Ausreden des Angeklagten.

Plötzlich blieb Mérimée vor ihr stehen.

"Wenn Sie in mein Herz sehen könnten, Eugenie ... es ist mir weh um Ihre Jugend, daß Sie dies durchmachen müssen. Wenn Sie glauben, was man Ihnen gesagt hat ... mir graut, wenn ich all die Folgen für Sie denke. Aber es ist ja unmöglich, daß Sie es glauben! Unmöglich, nicht wahr, unmöglich?"

Sein weicher Ton bewegte nichts in ihr. Kühl gab sie seinen Blick zurück, sah ihn unverwandt an, daß nichts an ihm ihrem Prüfen entgehe. Und während sie antwortete, überlegte sie peinlich jedes Wort. Für immer würde sie sich verachten müssen, wenn sie in diesem Augenblick der Entscheidung zu einer jener verschleiernden, konventionellen Lügen gegriffen hätte.

"Ich weiß nicht, ob ich es glaube!" sagte sie langsam. "Ich will es nicht wissen. Weil ich nicht wünsche, es glauben zu müssen."

Er nickte. Als habe er nichts anderes erwartet.

"Sie sind wie Ihre Mutter. Von allen Frauen, die ich kenne, ist sie die einzige, die rücksichtslos wahr ist, auch gegen sich selbst. Aber gerade darum, Eugenie, sollten Sie ihr Gerechtigkeit widerfahren lassen. Haben Sie jemals eine Spur von Verstellung an ihr bemerkt? Ist sie nicht stets offen, schnell, impulsiv gewesen?"

Sie dachte nach, ließ das ganze Leben der Mutter, wie sie es kannte, an sich vorüberziehen.

"Es ist wahr, so habe ich sie gefunden. Aber wieweit kann ich urteilen? Nur die Mutter in ihr habe ich kennengelernt, nicht die Frau. Ich weiß nicht, wie es ist, wenn man liebt. Sagt man nicht, daß Liebe den Charakter der Frau von Grund auf verändert?"

Lebhaft hob Mérimée den Kopf.

"Ein Leben in unerlaubter Liebe ist ein Leben in steter Furcht vor Entdeckung, in ununterbrochener Lüge und Heuchelei. Ihre Mutter wäre in einem solchen Leben zugrunde gegangen. Oder sie hätte sich durch einen offenen Bruch mit ihrem Manne von der unerträglichen Last befreit. Und Lagrené, Viel-Castel, Ossuna - sie waren Freunde Ihres Vaters, Eugenie, haben vertraut mit ihm verkehrt. Keiner von ihnen ist imstande, das Heiligtum eines gastlichen Hauses ehrlos zu entweihen.

Ich? Sie kennen mich ein wenig. Halten Sie mich einer Gemeinheit für fähig? Muß ich Ihnen beteuern, daß alles, was man Ihnen über mich gesagt hat, Klatsch, Verleumdung ist?"

Er beugte sich zu ihr vor, mit blassem Gesicht, verdunkelten Augen. Etwas in ihr wurde warm.

"Hören Sie auf, Mérimée! Ich glaube Ihnen, ich glaube Ihnen!" Sie wollte aufstehen, die Pein beenden. Aber sie sah etwas um seine Lippen zucken. Lächelte er in seinem Herzen über ihre Leichtgläubigkeit? Starr sah sie ihn an. "Und doch - wenn das, was Sie Verleumdung nennen, wahr wäre, würden Sie es eingestehen? Würden Sie es nicht leugnen? Für die Lüge nicht Ihre Ehre einsetzen?"

Er wich zurück. Ließ den Kopf auf die Brust sinken. Wandte sich ab. Schwieg ...

Plötzlich kam er zurück.

"Sie haben recht. Es gibt keinen Beweis. Das ist das Tödliche dieser Art Verleumdung, daß ihre Lügenhaftigkeit nicht aufgedeckt werden kann. Nur eines bleibt: den Verleumder zur Rechenschaft ziehen. Seinen Namen, Eugenie! Seinen Namen!"

Etwas kam über sie wie das Bewußtsein einer Schuld. Verlegen wich sie seinem Blick aus.

"Verlangen Sie dies nicht von mir, Mérimée, ich bitte Sie! Ich kann den Namen nicht nennen!"

"Das ist nicht Ihr Ernst! Wie dürfen Sie eine Anklage erheben, wenn Sie die Verteidigung abschneiden wollen?"

Sie nickte, ratlos, verzweifelt.

"Ich durfte es Ihnen nicht sagen! Das ist die Schuld, die ich auf mich geladen habe. Dennoch kann ich den

Namen nicht nennen. Geschworen habe ich! Einen heiligen Eid, Mérimée! Bei meinem Seelenheil! Bei Gott!"

Wütend lachte er auf.

"Ach, der Aberglaube! Es gibt keine Seele, kein Heil, keinen Gott! Und ..."

"Sprechen Sie nicht weiter, Mérimée! Sie sind Atheist, Heide, ich aber glaube an Gott, an die heilige Kirche. Wenn Sie lästern, zwingen Sie mich fortzugehen. Wie schmerzlich es mir auch wäre, ich würde es tun, Mérimée. Auf immer würde ich von Ihnen fortgehen. Sehen Sie nicht, wie ich unter dem Zwiespalt leide? Wie ich meine Unüberlegtheit bereue? Ich kann Ihnen nicht mehr sagen, ich darf es nicht!"

"Auch Ihrer Mutter nicht?"

"Auch meiner Mutter nicht!"

"Aber dann - soll ich tatenlos zusehen, wie Sie sich in Zweifel verzehren? Wie er zwischen Ihnen und Ihrer Mutter eine Kluft aufreißt, über die es später keine Brücke mehr gibt?"

Grübelnd schüttelte sie den Kopf.

"Ich glaube, Sie kennen mich doch nicht ganz. Ich bin vielleicht übertrieben stolz, aber ich kann auch lieben. Und was an Liebe in mir ist, gehört meiner Mutter. Auch dann würde es ihr gehören, wenn sie wäre, was man mir von ihr gesagt hat. Niemals soll sie etwas merken, niemals von diesem Häßlichen erfahren! Denn Sie, Mérimée, nicht wahr, Sie werden nicht denselben

Fehler begehen wie ich und meine Mutter in einen Zwiespalt stürzen, aus dem es keinen Ausweg gibt? Darum ist es gut, daß Sie reisen. Die Trennung wird uns ruhiger machen. Und wenn wir uns dann wiedersehen, werden wir nicht mehr davon sprechen, nicht mehr daran denken. Soll es so sein, Mérimée? Soll es so sein?"

Bittend hielt sie ihm die Hand hin. Er schlug ein.

"Und wollen wir nun Abschied voneinander nehmen, Mérimée? Wir werden kaum noch allein miteinander sein. Wollen Sie ohne Groll an mich denken? Sich immer daran erinnern, daß niemals ein Mißton, eine Unaufrichtigkeit zwischen uns war? Und wenn Sie Schlechtes über mich hören, wollen Sie nicht gleich daran glauben? Nicht eher, als bis ich selbst es Ihnen sage?"

Sie dachte an den Kampf, der ihr bevorstand, an das Gerede, dem sie preisgegeben sein würde. Und für einen Augenblick kam eine seltsam düstere Angst über sie. Als werde sie dieses zärtliche Lächeln, diese guten Augen niemals wiedersehen. Würde einer von ihnen sterben, während sie voneinander getrennt waren?

Sie warf sich in seine Arme, küßte ihn, machte heimlich das Zeichen des Kreuzes über ihm. Betete für ihn in ihrem Herzen.

Ein Ungläubiger war er. Wenn einer von ihnen starb, auch in jenem Leben würden sie einander nicht wiedersehen.

Und dann schämte sie sich ihrer Weichheit. Widerwille gegen seine Zärtlichkeit stieg in ihr auf. Woher seine ängstliche Sorge um sie, wenn er in ihr nicht mehr erblickte, als nur das Kind einer Freundin? Plötzlich stand es in ihr fest, daß alles war, wie Isabella es gesagt hatte. Ein Leben in Trug und Heuchelei führte die Mutter. Mérimée mit ihr. Und zu demselben Leben hatten sie ihr Kind verurteilt.

Sie riß sich von ihm los, wandte ihm den Rücken, bis er gegangen war. Langsam kehrte sie dann zum Schreibtisch zurück.

Dort lag noch das Heft. Ines und Ilda ...

Jäher Zorn überfiel sie. Dieser Dichter - für einen Edelmenschen hatte sie ihn gehalten. Er aber führte die Wahrheit nur im Munde, war in seinem Herzen ein Lügner wie die anderen.

Mit harten Händen zerriß sie das Heft. Lief zum Fenster, streute die Fetzen in die Winde. Sah zu, wie sie davonflatterten, in den Lüften verschwanden, in das Gewühl des Platzes sanken, in den Staub der Straße ...

Eine wilde Befriedigung erfüllte sie. Als habe sie in diesem Werke seines Geistes sich selbst vernichtet.

Ach, so untergehen! Dort, wo durch die Sünde der Mutter ihre Stelle war. Unter den Rädern der Wagen, den Füßen der Menschen, dem Geschrei des Pöbels. Ein Lachen des Hohnes auf den Lippen ...

Achtes Kapitel

Zwei Stunden später kam die Mutter. Sie nickte Eugenie zu, als sei sie kaum von ihr gegangen, und als liege zwischen ihnen nicht die lange, ereignisschwere Nacht. Und sogleich begann sie zu sprechen. Mit einem Schwall überstürzter Worte, ohne Eugenies Antworten abzuwarten. Wie von einer geheimen Sorge getrieben.

In der kurzen Zeit, seit sie aus Zarzuela heimgekehrt war, hatte sie sich bereits umgekleidet, von Mérimée Abschied genommen, Miß Flower gesprochen, mit Doktor Coba Pacca besucht. Und nun schien sie schon wieder zum Ausgehen bereit. Unruhig durch das Zimmer wandernd, mühte sie sich, ein Paar lange, enge Handschuhe über ihre kräftigen Finger zu ziehen.

"Pacca macht mir Sorge!" sagte sie. "Etwas muß ihre zarten Nerven irritiert haben. Sie wälzt sich im Bette, klagt über Schmerzen hier und dort, murmelt unverständliche Worte. Plötzlich fährt sie dann auf, wie aus einem Traum, blickt verwirrt um sich. Und hustet. Ach, dieser trockene Husten! Doktor Coba allerdings meint, sie habe ihn sich gestern in Zarzuela zugezogen, weil sie nicht gewöhnt sei, dekolletiert zu gehen. Eine leichte Erkältung. Und das Fieber, die Schmerzen in den Gliedern - wahrhaftig, er lachte mich fast aus. Ob ich das als junges Mädchen nicht auch gehabt habe? Nun ja, Pacca ist neunzehn, eine Spanierin. Vielleicht hat er recht. Um mich zu beruhigen, will er für die

Nacht eine gewissenhafte Krankenschwester schicken. Aber trotzdem - kann eine gemietete Person die Mutter ersetzen?"

Sie seufzte, schüttelte den Kopf, sah müde, abgehetzt aus. Befremdet blickte Eugenie auf.

"Du gehst wieder fort? Nach Zarzuela?"

"Nicht nach Zarzuela. Maria Christina will hierher zurück. Noch heute abend soll im Schloß Galatafel sein, der ganze Hof ist durch reitende Boten geladen. Und ich, als erste Kammerfrau ..."

"Aber Pacca steht dir doch näher! Schick Antonio mit ein paar Zeilen der Entschuldigung hin. Und wenn Maria Christina es dir übelnimmt - was hast du an ihr? Wirf ihr das traurige Amt vor die Füße!"

Heftig nickte die Gräfin.

"Ja, ja, das habe ich auch schon gewollt! Aber jetzt? Gerade jetzt? Sie würde es mir nie verzeihen, würde sich an mir rächen!"

Sie lief hin und her. Suchte die Handschuhe zu schließen. Runzelte, als es nicht gelingen wollte, die starken Brauen, riß an den Knöpfen, stampfte mit dem Fuße. Diese zerfahrene, wie von geheimer Unruhe gefolterte Frau - war das die sanfte, harmonisch ausgeglichene Mutter?

Oder war sie schon immer so gewesen, und merkte Eugenie es erst jetzt, da ihr der Zweifel den Blick schärfte?

"Rächen? Fürchtest du dich vor ihr, Mutter? Du,

eine Montijo, eine makellose Frau - vor einer Maria Christina?"

Jene schreckliche Frage - nun hatte sie sie doch gestellt! Atemlos starrte sie hin.

Der Handschuh zerriß. Mit einem Aufschrei warf ihn die Gräfin zu Boden, zog die Klingelschnur, befahl der eintretenden Zofe, ein neues Paar zu bringen, es ihr anzuziehen.

Geschah es, um Zeit zu gewinnen, die Antwort zu überlegen?

Als sie wieder mit Eugenie allein war, kam sie zu ihr, ruhig, lächelnd, nur in den Augen ein flirrendes Licht.

"Wovon sprachen wir doch? Ach ja! Du denkst, wie deine achtzehn Jahre denken müssen. Wir Älteren aber - der Makellose ist am leichtesten verwundbar. Weil sein Charakter ihm die vergifteten Waffen seiner Gegner verbietet. Und wenn er Kinder hat, die er liebt, für die er sorgen muß ... Gewiß, es wäre gut, wenn ich bei Pacca bleiben dürfte! Aber könnte ich ihr viel nützen? Während dort, bei Maria Christina - vergißt du, daß ich außer Pacca noch eine andere Tochter habe?"

Langsam sagte sie es, jedes Wort hervorhebend. "Es sind dort einige, die Böses sinnen. Sie flüstern, und niemand wagt, ihnen zu widersprechen. Sie haben einen Schein des Rechtes für sich ..."

Bleich stand Eugenie auf.

"Des Rechtes? Glaubst du ihnen, Mutter? Glaubst du, daß es wahr ist, was sie sagen?"

Hastig, wie erschreckt, ergriff die Gräfin Eugenies Hand, drückte sie zärtlich, beschwichtigend.

"Bleib ruhig, Kind, ich bitte dich! Ich wollte uns das Peinliche ersparen und gar nicht mit dir darüber sprechen. Ich weiß ja, es war nur Unerfahrenheit von dir, die Eingebung eines romantischen Augenblicks. Nicht wahr, nicht wahr? Aber nun kommen jene Boshaften, ziehen Nutzen aus deiner Unvorsichtigkeit ..."

"Und du glaubst ihnen? Du glaubst ihnen?"

"Von mir ist nicht die Rede, von den anderen, Kind, von den anderen! Überlege nur! Habt ihr selbst ihnen nicht die Waffen für ihre Angriffe geliefert? Du hast eingestanden, daß du im Park warst. Gleichzeitig ist Alba dort gesehen, erkannt worden. Alba, über den ganz Madrid seit Monaten im Zweifel ist, ob er um dich oder um Pacca wirbt! Alba, der dir in Isabellas Loge vor aller Augen leidenschaftlich den Hof gemacht hat! Muß man nicht annehmen, daß das Zusammentreffen im Park ein verabredetes Rendezvous war? Nach der Geschichte mit dem Spitzentuch, die wie ein heimliches Zeichen aussah, wie ein Signal?"

Forschend sah sie Eugenie an, schüttelte mit leiser Mißbilligung den Kopf. Starren Auges erwiderte Eugenie den Blick.

"Die Leute! Was kümmern mich die Leute! Aber du, Mutter - einer Ehrlosigkeit also hältst du mich für fähig! Wie jene Geschöpfe bin ich dir, die sich nachts zu ihren Liebsten auf die Gasse schleichen ..."

Sie konnte nicht weiter. Ein wildes, verzweifeltes Lachen brach aus ihrer Brust, erschütterte ihren ganzen Körper. Alles in ihr war Aufruhr, Empörung.

Und Furcht vor sich selbst. Noch einen Schritt weiter, und sie würde das Ungeheuerliche tun, würde der Mutter die Frage zuschleudern ...

Erschreckt war die Gräfin zurückgefahren. "Was für Anschauungen, Ausdrücke! Ein Mensch, der einmal, in einem Augenblick der Leidenschaft, die Besinnung verloren hat - kann man ihn ehrlos nennen, mit jenen käuflichen Geschöpfen auf eine Stufe stellen?"

In ihren Augen war etwas wie Angst und Flehen. Fühlte sie den Verdacht? Verteidigte sie sich gegen den Vorwurf?

Auch hatte Mérimée ihr wohl alles gesagt. Er, der ihr gehört hatte, ihr vielleicht noch gehörte ... Der Gedanke machte sie kalt, grausam.

"Wie du sprach auch Isabella", sagte sie langsam, mit wägendem Bedacht. "Ich aber sehe den Unterschied nicht. Rein oder unrein! Gibt es ein Drittes?"

Die Gräfin zuckte zusammen, als habe sie einen Schlag empfangen. Fahle Schatten jagten über ihr Gesicht. Ihre Lippen hatten sich geöffnet, wie um zu sprechen, zu schreien. Aber kein Wort drang hervor. Lautlos ging sie auf und nieder, wie von einem Krampf geschüttelt. Plötzlich ließ sie sich auf das Sofa fallen. Brach in Weinen aus ...

Mérimée also hatte gelogen.

Maria-Manuela Kirkpatrick, Condes de Teba y Montijo, Mutter der Kaiserin Eugenie
Nach einer photographischen Aufnahme

Sollte sie nun zu der Weinenden gehen, ihr alles abpressen? Wie Isabella es geraten hatte? Isabella ...

Es war ihr, als sehe sie das boshafte Gesicht, höre die stachelnde Stimme ...

Das zwanglose Leben der Reisen, das heitere Treiben in Carabanchel, die Zuneigung der Freunde, die Liebe der Mutter - immer hatte Isabella ihr alles geneidet. Ein Dämon der Mißgunst, ertrug sie es nicht, daß eine andere glücklicher war als sie, die Königin.

Alba hatte sie ihr schon gestohlen. Nun wollte sie ihr auch die Mutter nehmen? Durch das vergiftete Wort, das die Frage auf Eugenies Lippen drängen sollte? Die Frage, die sich dann wie eine Mauer zwischen ihnen aufrichten würde, über die hinweg es kein Wiederfinden gab?

Und lächelnd würde Isabella zusehen, wie das königliche Spiel die Sklaven aneinanderfetzte, in den Staub warf ...

Ach, und das herzzerreißende Schluchzen der Frau ...

War es nicht besser, zu ihr hinzugehen, sie in die Arme zu nehmen, von der heimlichen Furcht zu erlösen? Nur eine Lüge kostete es, eine gute Lüge ...

"Ich weiß, du weinst um mich, Mutter. Hör' auf, ich bitte dich. Was man von mir sagt, ist nicht wahr. Nichts ist geschehen, um das ich die Augen niederschlagen müßte. Nicht vor den Menschen, nicht vor Gott!"

Die Gräfin richtete sich auf.

"Aber dein Ruf, Unglückliche! Du weißt noch nicht,

was ein befleckter Ruf für eine Frau bedeutet. So sprich doch, verteidige dich doch!"

Eugenie schüttelte den Kopf.

"Ich darf es nicht. Ich will um nichtigen Klatsch keine Todsünde auf mich laden."

"Wenn du sprichst, lädst du eine Todsünde auf dich? Berate dich mit einem Priester! Hörst du? Die Kirche hat die Macht, zu binden und zu lösen. Und Alba steht nicht so hoch, daß er um jeden Preis geschont werden müßte!"

"Alba?" Hastig stand sie auf, Furcht kam über sie, sich zu verraten. "Hör' auf zu fragen, Mutter! Es ist nichts mehr zu ändern."

Die Gräfin folgte ihr.

"Du bist jung, hast keine Erfahrung. Aber ich ... willst du mich ruhig anhören, wenn ich ganz offen zu dir bin? Nicht gleich auffahren, wenn ich etwas sage, das dir unangenehm klingt? Der Herzog ..."

"Mutter ..."

Beschwichtigend, fast schüchtern strich ihr die Gräfin über den Arm.

"Höre doch erst, ich bitte dich! Als der Herzog sich uns näherte, glaube mir, es geschah nicht aus Eitelkeit, daß ich mich darüber freute. Nur an euch dachte ich, an Pacca und dich. Ihr solltet einmal nicht so um eure Stellung kämpfen müssen wie eure Mutter. Denn ich - unsere Hidalgos lassen nur einen einzigen Adel in der Welt gelten, den spanischen. Als dein Vater mich heiratete – ein Montijo die Tochter eines Weinhändlers! –; ganz Spanien stand gegen ihn auf, überhäufte ihn mit Schmähungen. Sein eigener Bruder, der Chef der Familie, sagte sich von ihm los, entzog ihm seine Apanage. Dennoch hab' ich mich durchgesetzt! Nach Schottland reiste ich, durchstöberte die Archive, warf das Geld mit vollen Händen hinaus. Bis ich die Beweise beisammen hatte. Mit ihnen ging ich nach Madrid, forderte bei Ferdinand VII. Gehör. Sie hatten ihn gegen mich eingenommen, bestimmten ihn, daß er sich weigerte, mich zu empfangen." Sie lachte. Ihre Augen glühten unter den zusammengezogenen Brauen. "Sie hohnlachten zu früh. Am Hofe war eine Frau ... ich hatte ihr einmal einen Dienst erwiesen ... eine mächtige Frau... begreifst du, daß ich Maria Christina Dank schulde? Ich sprach den König, bewies ihm aus den Urkunden, daß die Montijo ihren Adel erst im 14. Jahrhundert von Alfons XI. erhielten, während die Kirkpatrick, die alten Barone von Closeburn, in gerader Linie von Robert Bruce stammen, der sein Haus auf Fionn Mac Chumhail im dritten Jahrhundert zurückführen konnte. Ferdinand VII. zog sich mit einem Scherz aus der Verlegenheit, gratulierte dem stolzen Montijo zu der Ehre seiner Verschwägerung mit einer Enkelin Fingals, verurteilte ihn zur Anerkennung unserer Ehe, Zahlung der Apanage." Wieder lachte sie. "Die hochmütigen Granden mußten mich aufnehmen. Noch heute aber lassen sie mich die Fremde, die unebenbürtige Kaufmannstochter fühlen. Begreifst du nun, was ich empfand, als Alba, der stolzeste von allen, sich euch näherte?"

Triumph blitzte in ihren Augen, etwas wie Schadenfreude klang in ihrer Stimme.

Widerwille stieg in Eugenie auf.

"Darum also ließest du uns so oft mit dem Herzog allein. Und Mérimée - war auch er im Bunde, als er sein Lustspiel schrieb und darauf bestand, daß Alba den Don José spielte?"

Die Gräfin lächelte.

"Mein Gott, auf der Bühne kommt man leichter zueinander. Auch hoffte ich, Alba schneller zur Entscheidung zu bringen."

Mit zuckender Hand strich sich Eugenie übers Gesicht.

"Absicht also war es, Plan. Und wir jungen Leute bilden uns ein, wir handeln aus eigenem Entschluß. Wenn wir lieben, glauben wir an einen geheimnisvollen Zug des Herzens. Während fremde Hände uns nach fremdem Willen hin und her schieben, lachen und weinen lassen. Eine Welt der Marionetten. Aber glaubst du wirklich, daß eure Erfahrung nicht auch einmal täuscht? Daß Alba sich von dir leiten läßt, wohin du willst?"

Lebhaft hob die Gräfin den Kopf.

"Gestern abend jedenfalls schwankte er nicht, gehörte er dir. Und heute - wenn du mir nur sagen wolltest, was zwischen euch im Pavillon vorgegangen ist! Nur einen Wink, Eugenie, eine Andeutung!"

Im Pavillon ...

Plötzlich stieg es wieder vor Eugenie herauf, wie es gewesen war. Isabellas kicherndes Lachen ... das Geräusch der Küsse ... die rasende Verschlingung ...

"Es ist nicht wahr!" schrie sie auf. "Ich war nicht mit ihm im Pavillon! Im Park war ich, ja. Aber allein! Allein!"

Die Gräfin blickte starr, ungläubig.

"Wie ist das möglich? Man hat dich gesehen, wie du Arm in Arm mit Alba aus dem Pavillon kamst!"

Totenbleich fuhr Eugenie zurück.

"Ich - mit Alba! Wer hat das gesagt?"

"Maria Christina ..."

"Wie kann sie es gesehen haben? Sie war nicht dort!"

"Maria Christina hielt in meiner und in Isabellas Gegenwart eine Untersuchung ab. Eine Schildwache hatte dich gesehen, ein Gärtner den Herzog. Aber jeden von euch einzeln, nicht beisammen. Das war also noch kein Beweis. Erst ein anderer brachte ihn ..."

Sie zögerte.

"Wer? Den Namen, Mutter, den Namen!"

"Marfori."

Eine Welle durchlief Eugenie wie ein Krampf. Rote Lichter züngelten vor ihren Augen.

"Der schurkische Lügner!" stammelte sie. "Er ist

bei ihr gewesen, hat sich mit ihr verabredet. Und nun hatten sie die Rollen verteilt. Er log, und sie, die wußte, daß er log - saß sie nicht dabei, ohne ihn zu unterbrechen? Mit einem Gesicht, als gehe sie alles nichts an? Mit diesem steinernen Königinnengesicht, das sie ihrer Mutter abgesehen hat?"

Die Gräfin stieß einen Schrei des Schreckens aus.

"Eugenie! Was sagst du? Um Gottes willen, von wem sprichst du?"

Die laute Stimme weckte Eugenie aus ihrem Zorn. Fassungslos starrte sie die Mutter an. Las in dem verstörten Gesicht, was sie getan hatte.

Ein Weib war sie wie die anderen, schwach, erbärmlich, eine Sklavin ihrer Wallungen.

Und ihre Seele war verloren in Ewigkeit.

Ein langes, dumpfes Schweigen herrschte. Darin richtete die Gräfin sich auf.

"Ich sehe nun klar. Um Isabellas Ruf zu retten, wird der deine vernichtet. Königliche Politik, Staatsräson. Aber auch ich bin Mutter. Auch ich habe eine Königin zu schützen. Meine Tochter ist meine Königin. Nimmermehr dulde ich, daß sie schuldlos verlästert, in den Abgrund gestoßen wird. Hörst du, Eugenie? So wird deine Mutter zu der Mutter Isabellas sprechen. Und wir werden sehen, welche von beiden die stärkere ist."

Ihre Augen flammten, Entschlossenheit sprach aus ihren Bewegungen. Aber Eugenies hatte sich Mutlosigkeit bemächtigt. Alles in ihr war wie zerrissen. Sehnsucht nach Ruhe kam über sie. Müde schüttelte sie den Kopf.

"Du hast mich lieb. Ich danke dir. Aber wozu noch weiter an dies Häßliche rühren? Auch kannst du Maria Christina nicht zwingen. Sie hat die Macht. Was hat sie von uns zu fürchten?"

"Was? Einen Skandal! Und sie wird ihn um jeden Preis zu verhüten suchen. Ein öffentliches Bekenntnis der Wahrheit kann ich natürlich nicht von ihr verlangen; der Verdacht würde auf Isabella fallen. Wohl aber ein Arrangement, das die Boshaften zum Schweigen bringt." Ein Zug von List grub sich um ihren Mund, geschäftig ging sie hin und her. "Sie muß dich zur Tafel heute abend einladen und dadurch aller Welt zeigen, daß das Zusammentreffen mit Alba ein harmloser Zufall war, daß nichts Kompromittierendes vorgefallen ist. Und Isabella muß dich besonders auszeichnen, dich neben sich sitzen lassen ..."

"Eine Berührung mit ihr? O, sie würde es können, aber ich ..."

"Übertreibe nicht! Wirklich, du mußt dich endlich beherrschen lernen. Wir werden es dir ja leicht machen!" Sie lachte, schien Gefallen an der Intrige zu finden. "Wie bei einer Staatsaktion wird es sein, alles werden wir vorher genau festsetzen: was Isabella dir sagt, was du ihr antwortest, wie Alba dich begrüßt ... Warum fährst du wieder auf? Ich begreife ja, daß dir die Begegnung unangenehm ist, aber Prüderie würde in dieser Situation alles verderben. Kalten Blutes, ohne Sentimentalität müssen wir auf das Ziel losgehen!"

"Das Ziel? Welches Ziel?"

"Alba hat dich kompromittiert, also ist es seine Ehrenpflicht, dich zu rehabilitieren. Und es muß sofort geschehen. Sollte er zögern, so muß Maria Christina ihn zwingen. Schon Isabellas wegen. Alle zweideutigen Gerüchte sind widerlegt, wenn Alba um deine Hand anhält!"

Nickend, händereibend, triumphierend warf sie das Wort hin.

Eugenie überraschte es nicht, sie hatte es erwartet. Hüllenlos, durchsichtig bis auf den Grund lag nun das Wesen dieser Frau vor ihr. Stark war sie, klug, voll Tatkraft und Beharrlichkeit. Auch liebte sie ihre Kinder. Über allem aber stand ihr Ehrgeiz, alles machte sie ihren hochfliegenden Plänen dienstbar.

Aber sie, Eugenie selbst - wie lang war es denn her, daß sie ein Held, ein zweiter Napoleon werden, sich die Welt als Fußschemel ihrer Größe unterwerfen wollte? Wenn dieses maßlose Streben ihr von der Mutter vererbt war ...

Sie erschrak. Vor dem dunklen Wollen in ihr, vor dem geheimnisvollen Walten, das alles Leben, Glied an Glied, zu einer einzigen unzerreißbaren Kette zusammenzufügen schien. Wenn eine unsichtbare Hand den Zufall lenkte, hatte sie dann vorherbestimmt, daß jene Leiber einander in schmachvoller Umarmung umfingen? Nur, damit die Enkelin eines Weinkrämers Herzogin von Alba werde?

Voll Abscheu stieß sie den Gedanken von sich. All ihr Widerstand erwachte aufs neue. Kämpfen wollte sie bis zum äußersten, sich nicht besiegen lassen, lieber zugrunde gehen.

"Und dann, Mutter?" fragte sie kalt. "Angenommen, alles geschieht, wie du es planst - was wird aus mir? Kann ich die Frau dieses Menschen sein? Unrein ist er, unrein!"

"Weil er Liebschaften hatte? Wenn alle Frauen so dächten, dürfte keine heiraten."

"Dachtest du als junges Mädchen auch so?"

Ärgerlich warf die Gräfin den Kopf zurück.

"Ich war anders erzogen als du. Nicht hinter den Mauern eines Sacré Cœur. Und dein Vater war ein glänzender Offizier. Natürlich hatte er vor mir andere Frauen gekannt."

"Aber als du ihn heiratetest, wußtest du es nicht! Nicht wahr, du wußtest es nicht?"

Jene lachte. Etwas wie Zwang und Bitterkeit war in dem gepreßten Ton.

"Die Leute sprachen laut genug davon. Und dein Vater ... eine Tänzerin hatte ein schriftliches Eheversprechen von ihm, wollte ihn nicht freigeben ... es war ihr um Geld, wie allen diesen Weibern ... er sagte es mir ..."

"Und du kauftest ihn los, wurdest Gräfin Montijo.

Du bist stark, Mutter. Aber ich ... Diesem Menschen angehören? Niemals! Hassen würde ich ihn, würde ihn mit dem ersten besten betrügen! Oder an der Schmach zugrunde gehen, sterben!"

"Aber irgend etwas muß doch geschehen! So versteh doch nur! Du kannst dich ja gleich nach der Trauung von ihm trennen, kannst immer für dich leben, brauchst ihn niemals zu sehen!"

"Aber wenn dann ein anderer kommt, der mich liebt, den ich liebe - sollen wir einander niemals etwas sein dürfen? Muß ich für immer auf alles Glück verzichten? Um einen leeren Titel?"

Die Gräfin wurde blaß, biß die Lippen. Schuldbewußtsein, Ärger, Ratlosigkeit malten sich auf ihrem Gesicht.

"Dann weiß ich dir nicht zu helfen!" murmelte sie. "Dann mußt du sehen, wie du es trägst!"

Ines liebte den Don José. Aber da er sie küssen wollte, schlug sie ihn ...

Woher kam ihr plötzlich die Erinnerung? Mit ihr stieg eine Idee in ihr auf ...

Ein buntscheckiges Komödienspiel war das Leben, in dem einer den anderen zu übertölpeln suchte. Sieger aber blieb allein der Kalte, der in jedem Augenblick die Situation zu erfassen, aus ihr den richtigen Gedanken zu ziehen vermochte ...

"Der Gedanke, mich durch eine Heirat mit Alba zu retten, ist falsch!" sagte sie aus ihrem Sinnen heraus.

"Diese Heirat würde den Glauben an meine Schuld ja geradezu bestätigen. Wenn dagegen Alba mir einen Antrag macht, und ich schlage ihn aus ..."

Lebhaft sprang die Gräfin auf.

"Du hast recht! Das ist die Rettung! Niemand kann dann noch annehmen, daß zwischen euch etwas vorgegangen ist. Natürlich darf Maria Christina nicht ahnen, daß du ablehnst. Sie würde mir ihre Hilfe weigern. Und feierlich muß Alba um dich anhalten, alle Welt muß es erfahren."

Geschäftig lief sie im Zimmer hin und her.

"Es geht, es geht! Laß mich nur machen! Jetzt gleich gehe ich zu Maria Christina! Wahrhaftig, ein genialer Einfall von dir! Noch gestern hab' ich zu Mérimée gesagt, in Eugenie steckt etwas von einem Dichter. Und von einem Diplomaten. Das ist fast dasselbe. Und du hast es von mir!"

Eugenies Kopf an sich drückend, küßte sie ihr zärtlich die Stirn, die Augen, die Wangen. "Ich gehe also. Noch heute abend gebe ich dir Nachricht. Ruh' dich in der Zeit aus. Sieh auch einmal nach Pacca. Das arme Kind! Aber Doktor Coba sagt ja, es ist nichts Schlimmes. Adios, querida, adios!"

Strahlend, Eugenie mit beiden Händen zuwinkend, verschwand sie. In ihrem rauschenden Seidenkleide. Mit ihren klappernden Armbändern, Berlocken, Amuletten.

Bittere Verachtung quoll in Eugenie herauf. Gegen

die Mutter, gegen die Welt, gegen sich selbst. Niemand war um sie, den sie nicht verachtete. Niemand, den sie liebte, dem sie etwas sein konnte.

Allein war sie, für immer allein ...

Neuntes Kapitel

Und Pacca?

Noch war sie nicht verloren! Pacca blieb ihr, Pacca!

Sehnsucht ergriff sie, die guten Augen zu sehen, die sanfte Stimme zu hören. Wie gehetzt lief sie hin. An der Tür kann Miß Flower ihr entgegen, flüsterte ihr zu.

Pacca schlief. Dank einem Beruhigungsmittel Doktor Cobas. In dem Fläschchen dort auf dem Nachttisch war es, erforderte größte Vorsicht. Eine übermäßige Dosis wirkte als tödliches Gift. Miß Flower sollte es Pacca bei neuen Hustenanfällen reichen; nur sie, sie allein hatte Doktor Coba unterwiesen.

Ungern schien die Ängstliche Eugenie ihren Platz am Bette der Kranken einzuräumen, ging erst, als Eugenie versprochen hatte, sie von Paccas Erwachen sofort zu benachrichtigen. Das Fläschchen nahm sie mit.

Endlich war sie fort.

Noch immer stand Eugenie an der Tür. Ein schwüles Bangen engte ihr die Brust. Drohend im Dunkel der verhängten Fenster, türmte sich das Zimmer, schwer lastete die reglose Stille. In einem Winkel der matte Schein einer verhüllten Lampe. Dort stand das Bett.

Leise ging Eugenie hin.

Zurückgeworfen, mit gelösten Gliedern lag Pacca. Der feine Kopf breitete die braune Fülle seines Haares über das Kissen, über den Bettrand gesunken, hielt die Linke ein kleines Tuch. Weich stieg der Bau des Halses aus dem zurückgeschlagenen Nachtkleide, verlor sich abwärts in der Dämmerung der jungfräulichen Brust. Das Gesicht war dem Lichte abgekehrt, undeutlich nur zeichnete sich die edle Linie der Brauen, der dunkle Kranz der Wimpern, der zarte Bogen der halbgeöffneten Lippen, hinter dem der matte Glanz der kleinen Zähne schimmerte.

In Finsternis hüllte sich alles ringsumher, endlos schien der Raum, in dem sich die Umrisse verloren. Und in dem düsteren Schweigen lag Pacca. Wie eine weiße Blumenblüte, vom Sturm in einen stillen Winkel verweht.

War sie tot?

Jäher Schreck durchrieselte Eugenie. Hastig beugte sie sich über die Liegende, starrte auf die Lippen, horchte an der Brust ...

Aber Pacca atmete. Friedlich lag sie und schlief. Merkte nichts von dem, was um sie war. Sorgte sich um nichts. Empfand nicht Schmerz, nicht Lust, nicht Haß, nicht Liebe ...

Auch so schlafen können!

Wenn sie Miß Flower um ein paar Tropfen von Doktor Cobas Mittel bat ...

Aber die Ängstliche würde sich weigern. Und Doktor Coba ...

Was ihm sagen? Welchen Grund angeben?

Warum hatte Miß Flower das Fläschchen mitgenommen?

Hatte sie durch die Mutter von den Vorgängen in Zarzuela gehört? Und fürchtete sie nun, Eugenie könne in der Verzweiflung ...?

Dies? Eine Montijo? Die an einen ewigen Richter glaubte, an eine unsterbliche Seele, an ein heiliges Ziel für jegliches Leben? Hand an sich selbst legen hieß sich gegen Gott empören. Die einzige, in alle Ewigkeit unsühnbare Sünde.

Da saß sie nun in der Finsternis und zermarterte sich das Hirn. Weil eine lächerliche alte Gouvernante ein Fläschchen mitgenommen hatte, in dem Schlaf und Vergessen war. Vergessen ...

Aber Mérimée leugnete Gott. Alles menschliche Empfinden, Wollen, Tun entstand aus einem mechanischen Zusammenwirken von Nerven, Fibern, Muskeln. Nichts war gut, nichts böse. Religion und Gesetz schlaue Erfindungen herrschsüchtiger Priester und Könige. Das Leben nichtig und zwecklos, ein Satyrspiel der Natur, die sich an dem Ewigkeitswahn der Eintagsgeschöpfe ergötzte.

Wie Mérimée dachten viele ...

Dennoch sprach weiches Mitleid aus dem traurigen Blick seiner Augen! Dennoch hatte er ein gütiges, sanftes Herz, lebte lauter und ehrenhaft, wie der Frömmsten einer!

Während die anderen, die an einen Richter ihrer

Sünden glaubten ... Maria Christina, Isabella, die Mutter ...

Hatte Pacca sich eben bewegt?

Ihr Gesicht lag nun ganz im Schein des Lichtes. Regungslos wie weißer Marmor.

Aber der Mund war voll seltsamen Lebens. Wie schmachtend öffnete er sich, murmelte ...

Und nun - wölbte er sich nicht wie zu einem Kuß?

"Ach, das Feuer! Das rote Feuer seiner Lippen! Es brennt ... und ist doch so süß, so süß! ... Du lachst, Eugenie! Warum lachst du? Ich weiß ja, daß ich töricht bin. Er küßt mich ja nur im Spiel ... im Spiel ... nur im Spiel ..."

Ihre Stimme verging. In einem leisen, wehen Ton. Langsam sank ihr Kopf wieder in die Kissen.

Im Spiel ... nur im Spiel ... Liebte Pacca den Herzog?

Was dann? Blutendes Herz Jesu, was dann?

Unmöglich war es, die Scheue, Schamhafte zu fragen. Niemals würde sie in kalter Rede ihre Seele entkleiden.

Aber hatte Mérimée nicht einmal von der Möglichkeit erzählt, Schlafende zum Sprechen zu bringen? Wenn man vorsichtig am Handgelenk den Puls preßte, floß der Blutstrom zurück, füllte das Gehirn, weckte den Geist. Dann leise anrufen ...

Nachher, wenn sie erwachten, wußten sie nichts davon ...

Kühl war die Hand, die Haut wie zarteste Seide ...

langsam, kaum merkbar folgten einander die Schläge ...

Nun spannte sich die Ader, schwoll ... zarte Röte trat in die Wangen ...

"Pacca! ... Pacca! ..."

Wie horchend bog sich der Kopf.

"Miß Flower? Sind Sie es, Miß Flower?"

"Ja, Pacca. Hören Sie mich, Pacca? Es ist nur ... der Herzog ... Herzog Alba ..."

Ein schnelles Zucken fuhr über die geschlossenen Augenlider, als wollten sie sich heben. Unruhe kam in die antwortende Stimme.

"Ist er gekommen? Ach, er sagte es mir in Zarzuela. Rufen Sie die Mutter, Miß Flower. Er will sie um etwas bitten."

"Um was, Pacca? Um was?"

"Ich weiß es nicht. Marfori kam dazwischen, und er mußte zu Isabella. Doch ich kann mir denken, was es ist. Er will um Eugenie anhalten!"

"Herzog Alba? Er liebt doch Sie, Pacca, Sie!" Etwas unendlich Zartes, Schmerzliches rann über das feine Gesicht.

"Sie haben mich gern, Miß Flower, darum glauben Sie es. Aber als er mich küßte, im Spiel - Eugenie sah er an, Eugenie! Ach, und es ist gut so. Wenn er mich liebte - o, ich würde ihm weh tun müssen. Doktor Coba ... als ich ihn fragte ... er wandte sich gleich fort ... aber seine Augen ... sie hatten es mir schon gesagt. Ich muß bald sterben, Miß Flower, bald sterben ..."

Entsetzt ließ Eugenie die Hand fallen.

Erwachend fuhr Pacca auf. Weit geöffnet irrten ihre Augen durch das Dunkel.

Plötzlich griff sie nach ihrer Brust, preßte sich das Tuch vor den Mund. Ein schreckliches Husten quoll hervor.

Mit ein paar raschen Schritten war Eugenie an der Tür, riß an der Klingelschnur. Stürzte zu Pacca zurück. Suchte den krampfhaft sich windenden Körper zu stützen ...

Nun kam Miß Flower mit dem Fläschchen.

Umständlich füllte sie ein Glas halb mit Wasser, öffnete bedächtig das Fläschchen, ließ vorsichtig Tropfen um Tropfen in das Glas fallen.

Unwillkürlich versuchte Eugenie sie zu zählen. Aber die Angst verwirrte sie. Entsetzlich war dies hohle, keuchende Röcheln.

Endlich war Miß Flower fertig. Eugenie beiseiteschiebend nahm sie Pacca in ihre Arme, flößte ihr den Trank ein.

Linder wurde der Husten, seltener der Krampf. Nun sank Pacca in die Kissen zurück ... ihrer Hand entglitt das Tuch ...

Eugenie bückte sich, es aufzuheben. Zitternd aber ließ sie es wieder fallen. Einst, während einer Winterjagd in England ... auf der Fährte eines wunden Rehs, da hatte sie diese Zeichen gesehen ...

Rote Rosen auf weißem Schnee ...

Sie floh auf ihr Zimmer, schloß sich ein. Stunden brachte sie zu, in einen Winkel gekauert, ins Leere starrend. Immer die eine verzweifelte Frage im Herzen.

Das Furchtbare verhüten! Auf das blasse Gesicht den Schimmer der Gesundheit, das Lächeln der Freude zurückrufen!

Was konnte geschehen? Was konnte geschehen?

Und ein Bild stieg vor ihr herauf ...

Brennende Kerzen, wogender Weihrauch. Weiße Seide, weiße Blumen. Und zwischen ihnen ein stilles weißes Gesicht ...

Ringsumher ein raschelndes Kommen und Gehen. Ein Flüstern, Klagen, Schluchzen ...

Sie, Eugenie, aber - warum konnte sie nicht weinen? Warum konnte sie nicht weinen? -

Spät in der Nacht kam die Gräfin zurück.

Alles hatte Maria Christina zugestanden, nur die Bedingung gestellt, daß Eugenie und der Herzog nach ihrer Vermählung den Hof auf einige Zeit mieden. Beide Königinnen würden an den Hochzeitsfeierlichkeiten teilnehmen, Eugenie fürstlich ausstatten, dem Herzog ein angemessenes Jahresgehalt aussetzen.

Und sofort hatte sie ihn zu einer Audienz befehlen lassen. Nach zwei Stunden war er dann bei der Gräfin erschienen, hatte für den folgenden Morgen um eine Unterredung gebeten.

"Um elf wird er kommen!" schloß sie triumphierend. "Mit feierlichem Zeremoniell, wie es sich für seinen Rang gehört." Sie seufzte. "Und du? Willst du ihn wirklich abweisen? Eine so glänzende Partie! Wahrhaftig, wenn ich geahnt hätte, daß du so halsstarrig bist - ich hätte dich in Paris im Sacré Cœur gelassen und Pacca allein an den Hof gebracht. Alba hätte sich dann in sie verliebt. Vorhin noch hat er Maria Christina gestanden, daß er sich nur deswegen nicht schon längst erklärt hat, weil er zwischen dir und Pacca schwankte. Und Pacca ist nicht wie du. Sie hätte sich nicht hinter Vorurteile verschanzt!"

Etwas wie ein fernes Licht blitzte vor Eugenie auf. Hastig erhob sie sich, ging zur Gräfin, faßte ihre Hand.

"Sie liebt ihn!" stieß sie atemlos hervor. "Gestern wußte ich es noch nicht, aber heute - sie liebt ihn, Mutter, sie liebt ihn! Und wenn er um sie anhielte - glaubst du wirklich, daß sie sich darüber hinwegsetzen würde, was in Zarzuela geschehen ist?"

Erstaunt hatte die Gräfin aufgeblickt. Nun nickte sie, ging lebhaft auf den Gedanken ein.

"Sie weiß ja nichts davon! Wird es nicht erfahren, wenn wir vorsichtig sind. Und selbst, wenn sie es erführe - sie hat nicht deinen schroffen Charakter. Im ersten Augenblick würde es sie schmerzen, dann aber würde sie sich dareinfinden. Wie wir Frauen es alle müssen. Daß wir mehr dazu da sind, Liebe zu geben als zu empfangen."

Entschlossen richtete Eugenie sich auf. "Es ist gut, Mutter. Laß Antonio wecken. Er soll sogleich zu Alba."

Sie wandte sich zum Schreibtisch, riß Feder und Papier hervor, wollte sich setzen. Die Gräfin hielt sie zurück.

"An ihn schreiben willst du? Warte noch, laß uns überlegen! Wenn Alba Pacca heiratet, was wird die Welt dazu sagen?"

"Was liegt daran? Um Pacca handelt es sich! Pacca soll glücklich werden!"

"Gewiß. Aber trotzdem ... wirklich, ich glaube, es geht. Auch würde dein Ruf vor Schaden bewahrt. Du könntest das Rendezvous mit Alba im Park sogar ruhig eingestehen." Sie lächelte mit listigem Augenzwinkern. "Er hat sich eben an dich gewandt, damit du zwischen ihm und Pacca vermittelst! Verliebte lieben ja die seltsamen Schritte. Und wenn dann Maria Christina dasselbe wie beiläufig als etwas längst Bekanntes hinwirft - o, sie ist geschickt, versteht es, Legenden zu machen! Du hast recht, die Lösung ist gut. Aber daß du Alba schreiben willst - man weiß nie, welchen Zufällen ein Brief ausgesetzt ist. Ein kluger Mensch wird niemals schreiben, was er mündlich erledigen kann! Laß also für heute alles, wie es jetzt ist. Morgen kommt Alba, morgen werde ich mit ihm reden. Und alles wird gut sein. Warum zögerst du? Habe ich deine Sache heute so schlecht geführt, daß du kein Vertrauen zu mir haben kannst?" Sie seufzte, wandte sich zum Gehen, nestelte an ihrem Kleide. "Ein heißer Tag für mich! Übrigens, warst du bei Pacca? Was macht sie? Hat sie wieder gehustet? Nun, Doktor Coba sagte ja, es sei nichts Schlimmes. Und sie wird ja nun bald verheiratet sein. Dann hört es von selbst auf. Ich würde noch einmal nach ihr sehen, aber ich fürchte sie zu wecken. Und meine Füße tragen mich kaum noch. Maria Christina wollte Isabella strafen, darum setzte sie sich nicht, unterhielt sich vor der Tafel endlos lange mit dem Gesandten von Neapel, ließ uns stehen. O, sie kann boshaft sein ... boshaft ..."

Gähnend ging sie hinaus. -

Die Uhr auf dem Schreibtisch schlug elf. Gleich darauf drang das Geräusch eines rollenden Wagens von der Straße herein. Vor dem Palais verstummte es. Dann ein wirres Durcheinander von Stimmen.

Eugenie floh in den äußersten Winkel des Zimmers. Nichts sehen, nichts hören! Von nichts mehr wissen!

Übermächtig aber zog es sie zum Fenster zurück. Hingehen mußte sie, hinter dem Vorhang versteckt hinabsehen ...

Gaffer bestaunten den vergoldeten, wappengeschmückten Wagen. Reichgekleidete Lakaien umgaben ihn, hielten den Zugang frei, breiteten einen Teppich über die Steinplatten der Auffahrt. Mit dem feierlichen Prunk seiner Würde kam Alba zu den Montijo. Ein Fürst zu Fürsten.

Der Etikette gemäß hatte er sich melden lassen. Eben kehrte sein Kammerdiener aus dem Palais zurück, gefolgt von Antonio in der großen Livree eines

Haushofmeisters. Sie öffneten den Schlag, boten dem aussteigenden Herzog ihre Schultern zur Stütze, folgten ihm zu beiden Seiten des Teppichs, sich unaufhörlich verbeugend wie Sklaven.

Vor ihnen her schritt Alba. Stolz hob sich sein junges Gesicht aus der düsteren Tracht der Granden. Seine Bewegungen aber waren zierlich, sorglos tändelnd. Als tanze er. Und sein Mund lächelte, da er den ehrerbietigen Gruß der Menge erwiderte. Leichten Herzens schien er den Weg zu gehen.

Nun verschwand er unter dem Portal.

Unmöglich erschien es ihr plötzlich, daß er in den Tausch willigte. War der Name der Alba feil? Kaufmannsware, die man dem Meistbietenden zuschlug? Schmachvoll war das Ansinnen, ehrlos, wer es annahm.

Wenn er es zurückwies ... auf der Werbung um Eugenie bestand ... Was für ein erbärmliches, niedriges Herz hatte sie denn, daß es nach all dem Schimpf noch zu hoffen wagte?

Erwürgen das gemeine Tier, erwürgen!

Zeit war es nun, zu Pacca zu gehen, die Ahnungslose vorzubereiten. Wie es verabredet war.

Willigte Alba ein, so würde Antonio Pacca in den Salon bitten, Miß Flower sie begleiten. Willigte er nicht ein, so sollte Pacca nichts erfahren. Man würde Spanien verlassen, auf Reisen gehen, in der Fremde zu vergessen suchen.

Vergessen? Wer vermochte dies zu vergessen?

Pacca lag nicht mehr im Bett. Frühmorgens war Doktor Coba bereits bei ihr gewesen, hatte sie genesen erklärt, zum Aufstehen ermuntert. Hatte die Gräfin ihm Andeutungen gemacht?

Auch Miß Flower war erregt. Nichts überließ sie der Zofe, leerte selbst die Garderobenschränke, schleppte Kleider, Spitzen, Bänder herbei, Pacca zu schmücken. Schließlich wählte sie ein einfaches weißes Sommerkleid, das Paccas zarte Anmut mit dem Zauber unberührter Jungfräulichkeit umwob und durch seine rosa Schleifen einen Hauch frischen Lebens über ihre blassen Wangen breitete.

Die Träume der Nacht schienen ganz aus Paccas Gedächtnis entschwunden, willig ließ sie alles mit sich geschehen, freute sich wie ein Kind über den bunten Tand. Und wie ein Kind sah sie auch aus, als sie angekleidet war und sich im Spiegel betrachtete. Lächelnd antwortete sie auf Miß Flowers überschwengliche Bewunderungsrufe, ging ahnungslos darauf ein, als diese allerlei gemeinsame Erinnerungen hervorholte, gerührt ihren Dank für den zärtlichen Sinn stammelte, der das arme Gouvernatenleben hell und warm gemacht habe.

Erst da Miß Flower, dem Weinen nahe, sie in ihre Arme schloß, blickte sie verwundert auf.

"Aber was haben Sie denn, Miß Flower? War ich so krank, daß Sie mich schon aufgegeben hatten? Und auch du, Eugenie, du sprichst nicht und horchst fortwährend, als ob du auf etwas wartest ..."

Langsam erhob sich Eugenie von dem Stuhl neben der Tür, auf dem sie gesessen hatte.

"Und wenn du es erraten hättest?" fragte sie zurück, sich zur Ruhe zwingend. "Wenn ich wirklich ..."

Sie hielt inne. Schritte kamen draußen über den Gang, näherten sich der Tür. Nun ein Pochen ...

Antonio trat ein, mit tiefer Verbeugung, feierlicher Miene.

"Frau Gräfin ersuchen Miß Flower, Komtesse Pacca, sobald Komtesse angekleidet sind, in den großen Empfangssaal zu führen!" Sein Ernst hielt Paccas erstaunt fragendem Blick nicht stand. Lächelnd setzte er hinzu: "Seine Hoheit der Herr Herzog von Alba y Berwick sind da. Er hat Frau Gräfin seine Aufwartung gemacht ... mit Läufern und Leibtrabanten ... und ... ja, und nun wartet er im großen Empfangssaal ebenfalls auf Komtesse Pacca!"

Erschrocken, als habe er bereits zuviel gesagt, zog er sich eilig zurück.

"Alba?" stammelte Pacca, während ihre Augen zwischen Miß Flower und Eugenie hin und her wanderten. "Was bedeutet das, Miß Flower? Eugenie, ich sehe dir an, du weißt es! Warum sagst du es mir nicht?"

Ein Brausen war in Eugenies Ohren wie von stürzenden Wassern. Eingewilligt hatte er, eingewilligt!

"Kannst du es dir nicht denken?" stieß sie in einem Ton hervor, der wider ihren Willen voll schneidender Bitterkeit war. "Vorgestern, in Zarzuela - er kam nicht dazu, sich dir zu erklären. Nachher sprach er mit mir, bat mich ... Weißt du es nun, Frau Herzogin? Weißt du es nun?"

Frau Herzogin ...

Mit beiden Händen fuhr Pacca nach dem Herzen. Plötzlich brach sie in jenen schrecklichen Husten aus.

Angstvoll lief Miß Flower nach dem Fläschchen, mischte den Trank. Während Eugenie Pacca in ihre Arme nahm, ihr zusprach.

"Warum erregst du dich, Närrchen? Hast du nicht schon oft davon geträumt? Ach, und du glaubtest wohl, ich habe es nicht gemerkt? Habe Alba für mich gewollt? Niemals habe ich an ihn gedacht, in ihm immer nur den Mann gesehen, dem das Herz meiner Pacca gehört. Zweifelst du? Soll ich es dir beweisen? Nun gut, nicht nur Miß Flower soll dich zu ihm führen, auch ich werde mit dir gehen! Aus meiner Hand soll er seine Liebe empfangen!"

Sie flüsterte und flüsterte. Verstand kaum das eigene Wort. Ein brennender Drang war in ihr, eine fanatische Wut, sich selbst zu opfern, zu zerfleischen.

Pacca lächelte. Der Husten wich. Als Miß Flower die Arznei brachte, wies sie den Trank voll Abscheu zurück.

"Sie ist so widerlich bitter ... und der Geruch so stark ..."

Errötend schwieg sie. Dachte sie daran, daß der Geliebte sie küssen werde?

Mit Miß Flower geleitete Eugenie Pacca hinunter.

Und dann sah sie es. Deutlich sah sie, wie es geschah.

Werbend neigte er sich vor Pacca. Voll keuscher Scham flüchtete Pacca zur Mutter. Lächelnd führte die Mutter Pacca dem Herzog zu ...

Seine Arme umfingen die helle Gestalt ... sein Mund beugte sich zu ihrem Munde ... gab Liebe, empfing Liebe ...

Nicht lachen! Nicht lachen!

Nun kam Antonio mit dem Gesinde herein, Glück zu wünschen.

Langsam wandte sie sich, verließ den Saal. Still sein! Schlafen! Vergessen!

Wie war sie in Paccas Zimmer gekommen? Seltsamer Duft stieg aus dem Fläschchen ... Nein, was sich zu ihren Lippen hob, war nicht das Glas. Ein Mund.

Ein roter Mund. Voll lockender Geheimnisse.

Süß mußte es sein, den roten, geheimnisvollen Mund zu küssen ...

Ach! Was zerriß ihr den Leib? Was füllte ihr die Seele mit Entsetzen?

Mérimée! Merimée!

Aber er war ja nicht da ... nicht da ... Isabella?

Haha, Isabella! Herein, herein! Eure Majestät sollen eine Königin sterben sehen!

Was wollen Sie, Miß Flower?

Warum schreien Sie so?

Gehen Sie fort! Gehen Sie zu Ilda! Ilda küßt den Don José. Entflammen will sie ihn, entflammen ...

Ach, Mutter, kommst du endlich zu deinem Kind? Das Kind liegt in seinem Bettchen und wartet. Das Kind will beten.

Still, Doktor Coba! Das Kind betet.

Ave Maria ...

Zehntes Kapitel

Carabanchel, 2. Oktober 1844.
Sie, Mérimée, wünschen mir Glück zu meiner Genesung? Ist leben Glück? Wie ich darüber denke, mögen Sie aus meinem Verhalten Miß Flower gegenüber entnehmen. Ich sollte ihr für meine "Rettung" Dank wissen, nicht wahr? Statt dessen ist sie mir verhaßt. Ich gehe ihr aus dem Wege, soviel ich kann. Das ist häßlich, niedrig. Aber es ist wahr. Und da Sie wünschen, daß ich offen zu Ihnen bin ...

Warum wünschen Sie dies eigentlich? Weil Sie ein gutes Herz haben, mich einsam und freundlos glauben, mir durch Aussprache Erleichterung verschaffen wollen? Oder weil Sie einer Wiederholung des "Salto mortale" vorbeugen möchten? In dieser Hinsicht dürfen Sie sich beruhigen: Ich bin nicht albern genug, mich ein zweites Mal zu blamieren.

Denn ich habe mich blamiert. Ich hatte einen Entschluß gefaßt und habe ihn nicht ausgeführt. Ich bin gedemütigt, besiegt, lächerlich. Daß ich es nur vor mir selbst bin, ändert nichts an der beschämenden Tatsache.

In den Augen der Welt bin ich nämlich nur das bedauernswerte Opfer eines unverschuldeten "Accident". Glückstrahlend über Paccas Verlobung mit Alba, die ich seit langem protegiert hatte, stürmte ich die Treppe hinauf, um mich für das Diner umzukleiden. In meinem bekannten Ungestüm verfehlte ich dabei eine Stufe, fiel, verletzte mir das Knie. Und da derartige Verstauchungen sehr langsam heilen und unbedingte Ruhe erfordern, mußte ich vor dem Trubel der Geselligkeit hierher nach unserem Carabanchel in Sicherheit gebracht werden.

Dies ist die von der Gräfin ausgegebene Parole. Ein Märchen ohne Romantik. Aber vielleicht gerade darum überzeugend. Pacca und der Herzog wenigstens glauben daran. Vielleicht tun sie auch nur so, damit sie sich keine Gedanken über mich zu machen brauchen. Ruf und Leben sind also gerettet, und die Posse kann weitergespielt werden ...

3. Oktober.

Gestern wurde ich durch die Gräfin unterbrochen. Sie kam von Madrid, wohin sie von Maria Christina befohlen worden war, brachte mir die neueste Sensation.

Habe ich Ihnen seinerzeit von der Szene erzählt, die sich in Zarzuela zwischen den Königinnen abspielte? Maria Christina machte ihrer Tochter Vorwürfe über ihr Benehmen. Isabella kehrte den Spieß um und präsentierte auf seiner Spitze der Mutter den Namen Muñoz. Seitdem fühlte Maria Christina ihre Autorität wanken, ihre Herrschaft bedroht. Nun hat sie den Stich pariert, sich vor einer Woche in aller Stille mit ihrem ehemaligen Leibgardisten zur linken Hand trauen lassen. Narvaez und die Gräfin waren Zeugen. Gleichzeitig hat die junge Ehefrau ihren Morganatiker zum

Herzog von Rianzares erhoben und verschiedene, an abgeschiedenen Orten aufbewahrte Knaben und Mädchen zu Grafen und Komtessen ernannt.

Wird es für die legitimen Geschlechter nicht Zeit, ihre Adelsschilde zu zerschlagen, die bald mehr bunten Harlekinspritschen denn Denkmälern der Ehre gleichen?

Ehre? Wer hat Ehre? Legitim? Wer ist legitim?

Vielleicht hat Maria Christina recht, der Narrheit das klingende Glöckchen umzuhängen. Obwohl ich, wenn ich Königin wäre ...

Abends.

Wieder wurde ich unterbrochen.

Wie Sie wissen, glaubt die Gräfin an Vorherbestimmung. Vorherbestimmtes kann natürlich auch vorhergesagt werden. Im Besitz dieser geheimen Wissenschaft aber sind bekanntlich die Zigeuner als Nachkommen der alten indischen Buddhapriester. Ich war daher nicht sehr erstaunt, als Mama vorhin eine alte Gitana mit ihrer jungen Enkelin hereinbrachte, um Pacca und mir die Zukunft zu enthüllen.

Wir kennen nun unser Schicksal. Pacca wird eine reiche, vornehme Dame sein, eine lange, glückliche Ehe führen, schöne, gesunde Kinder haben. Ich ...

Es war sehr dramatisch.

Die Alte sah in meine Hand, fuhr zusammen, sank vor mir nieder, küßte den Saum meines Kleides.

"Eine Krone!" rief sie. "Die Krone einer Königin sehe ich auf dem goldenen Haar meiner Herrin! Was sage ich? Nur einer Königin? Eine Kaiserin wird die Herrin sein, mächtiger als alle Herrscher der Erde. Die Kaiserin der Welt!"

Sie erstarb in Demut. Die Gräfin war außer sich vor Entzücken. Ich selbst war ärgerlich über die Komödie, die man vor mir aufführte, um mich aus meiner Lethargie aufzurütteln. Ich beschloß, mich zu revanchieren und den Schwindel aufzudecken. Ich fragte also ...

Aber da fällt mir ein, daß Sie noch nichts von den Folgen wissen, die der "Accident" für mein Haar gehabt hat. Die "rotgoldene Pracht", wie Sie es nachsichtig zu nennen beliebten, während es wegen seiner Widerspenstigkeit der Schrecken meiner Kammerzofe war - das Imperfektum zeigt Ihnen, daß es der Vergangenheit angehört. Nichts blieb von ihm. Und Doktor Coba gibt keine Hoffnung, daß es wiederkehrt.

Beklagen Sie mich übrigens nicht! Ich finde den Verlust gesund und lehrreich. Der Anblick der schmucklosen Wirklichkeit bewahrt meine stillen Stunden vor Illusionen.

Die Gräfin dagegen war tiefunglücklich. Sie nahm Miß Flower und Doktor Coba einen feierlichen Schwur ewigen Schweigens ab und ließ mir aus den traurigen Resten eine Perücke bauen, die Haar für Haar der ehemaligen Gloriole meines Hauptes gleicht.

Die alte Gitana aber hatte von meinem goldenen

Haar gesprochen! In einer Schlinge aus diesem Haar beschloß ich sie zu fangen.

"Auf meinem Haar die Krone einer Kaiserin?" fragte ich. "Du lügst, Alte! Weißt du nicht, daß vornehme Frauen fremdes Haar tragen?"

Und damit enthüllte ich ihr die nackte Wahrheit. Sie wurde nicht einen Augenblick verlegen.

"Ich log nicht!" sagte sie ruhig. "Dies Haar wuchs auf dem Haupte der Herrin. Auch die Herrin log nicht, es gehört nicht mehr ihr. Der Böse Geist nahm es ihr. Dennoch - abermals log ich nicht. Auf ihrem eigenen Haar wird die Herrin ihre Krone tragen. Denn neues, feineres, goldigeres wird ihr der Gute Geist schenken, wenn sie ihn in ihren Dienst bannt. Eins nur ist dazu nötig. Daß sie in einer goldenen Kapsel sein Zeichen auf dem Herzen trägt."

Sie holte aus ihren Lumpen etwas hervor, küßte es, überreichte es mir auf den Knien. Ein vierblättriges Kleeblatt ...

Sie werden mir glauben, daß ich lachte. Aber sie blieb dabei, schwur einen schrecklichen Eid, das Blatt trage das Zeichen des Guten Geistes. Nur das Auge des Wissenden könne es erblicken. Und die geheimnisvolle Kraft dauere von einem Lenz zum anderen. Jedes Jahr müsse das Blatt durch ein neues ersetzt werden.

Wieder glaubte ich sie zu fangen.

"Und da ich das Zeichen nicht kenne, bin ich auf

dich angewiesen, nicht wahr? Nicht übel ausgedacht, Alte! Wieviel muß ich dir in jedem Jahre geben, damit du mir ein neues Blatt bringst?"

Sie hielt mir ihre Hand unter die Augen.

"Sieht meine Herrin die müden Finger welken? Kein neues Blatt mehr wird von ihnen gepflückt werden. Die alte Pepa stirbt. Die junge aber lebt und kennt das Zeichen!"

Sie deutete auf ihre Enkelin, zog sich das Kopftuch vors Gesicht. Es war nicht mehr aus ihr herauszubringen. Die Geschenke der Gräfin wies sie stolz zurück. Und aus der Gesindestube, in die Antonio sie brachte, verschwand sie mit ihrer Enkelin spurlos, ohne etwas mitzunehmen.

Ein hübscher Schwindel, nicht wahr? Man kennt ja die Art dieser Leute. Aber seltsam war es doch, und je länger ich darüber nachdenke ...

Ich sehe das mitleidige Lächeln Ihres Mundes und schreibe nicht weiter.

20. Oktober.

Heute will ich diesen Brief zu Ende führen und abschicken.

Ich habe das Vorhergehende wieder durchgelesen und wundere mich über meine Geschwätzigkeit. Auch fällt mir auf, daß ich fast nur von mir selbst rede. Nun ja, es macht mir Vergnügen, mich selbst zu sezieren und den Befund ohne Schönfärberei zu offenbaren.

Vielleicht ist etwas Eitelkeit dabei, wenn ich mir vorstelle, daß Sie über meinen Scharfsinn erstaunt sind und meine Objektivität bewundern. Die Hauptsache aber ist für mich ein gewisses Lustgefühl, das ich bei der Prozedur empfinde. Als kniete ich im Beichtstuhl und würfe alle meine Verfehlungen von mir. Sie, der Atheist, als Priester? Der paradoxe Gedanke stört mich nicht im geringsten. Ich sehe also, daß es gar nicht darauf ankommt, wem man beichtet. Wenn man nur die süß-schmerzliche Ekstase des Bekennens genießt. Diese Ekstase, die türkische Derwische und indische Fakire zur Selbstverstümmelung treibt.

Ich behalte den Brief also noch hier und setze ihn fort. Wenn meine Bekennerwut ausartet, brauche ich ihn ja nicht abzusenden. So kann ich mich gefahrlos an mir selbst amüsieren.

Paccas Hochzeitstag wurde heute festgesetzt. In drei Wochen ist sie Herzogin. Im Auftrag der Gräfin habe ich Ihnen eine offizielle Einladung geschickt und ein paar Worte des Dankes für Ihre Wünsche zu meiner Genesung hinzugefügt, damit Sie endlich eine Antwort erhalten.

Der Herzog kam gestern abend hier an, das Nötige zu besprechen. Ich hatte mich vor dem Wiedersehen ein wenig gefürchtet. Nun bin ich beruhigt.

Die Gräfin hatte recht; er sieht nicht übel aus und macht eine passable Figur. Seine Vermögensverhältnisse sind allerdings ziemlich derangiert, und die Gräfin wird trotz des Zuschusses von Maria Christinas Seite tüchtig in den Beutel greifen müssen. Aber das wird durch seinen vornehmen Namen aufgewogen. Und schließlich ist die Hauptsache, daß Pacca glücklich wird.

Pacca glücklich? Das ist wieder eine dieser konventionellen Phrasen, mit denen man sich selbst schönzumachen sucht. In Wirklichkeit ist mir Paccas Glück jetzt vollkommen gleichgültig. Überhaupt finde ich sie nun, in ihrer sentimentalen Bräutlichkeit, abgeschmackt, Durchschnittsware. Auch daß ich jemals für die Gräfin schwärmen konnte, ist ein Beweis dafür, daß ich früher blind gewesen sein muß. Sie genießt das Leben, wo sie kann. Mit einer geschäftigen Rührigkeit, einem krämerischen Erhaschen und Erraffen, das deutlich auf den weinhändlerischen Ursprung hinweist. Gegen Alba ist sie von einer geradezu ehrfurchtsvollen Liebenswürdigkeit. Wenn Fremde zugegen sind, spricht sie nur von ihm, von seinem alten Rang und Namen. Ein Prunkmöbel ist er für sie, mit dem sie sich brüstet. Ich aber liebe Prunkmöbel nicht, wenigstens setze ich mich nicht hinein.

Und um diese drei Menschen bin ich zu meinem "Accident" gekommen! Nun ja, ich war fanatisch eitel. Weil ich in meine Schwester verliebt war, ertrug ich es nicht, daß sie außer mir noch einen anderen liebte. Alba machte mir den Hof, also durfte er nur mir gehören. Die Gräfin war meine Mutter, folglich die tadelloseste Frau in ganz Spanien. Alles, was Eugenia di Teba y Montijo besaß, war unvergleichlich, über alles Maß erhaben. Bis das boshafte Wort einer Neiderin den Größenwahn hinwegfegte. Und da Ines niemand anders hatte, den sie schlagen konnte, schlug sie sich selbst ...

23. Oktober.

Seit der Weissagung der alten Pepa scheine ich bei der Gräfin etwas von dem Kredit zurückgewonnen zu haben, der durch den "Accident" bedenklich gelitten hatte. Sieht sie in mir schon die zukünftige Kaiserin der Welt?

Heute schenkte sie mir ein kostbares Medaillon von altmaurischer Arbeit, das ich Tag und Nacht an einer goldenen Kette auf der bloßen Brust tragen soll. Sie selbst schlang es mir um den Hals und legte mich damit gewissermaßen an die Kette ihres Ehrgeizes.

Dabei erzählte sie mir die Geschichte des Medaillons. König Abul Hassan von Granada gab es seiner Schwester Zoraïde, diese aber schenkte es wiederum einem Abencerragen, ihrem heimlich Geliebten, der so unvorsichtig mit ihm umging, daß der König die Liebschaft entdeckte. Listig lockte Abul Hassan das ganze Geschlecht des Verführers in die Alhambra und ließ es dort ermorden. Das Medaillon tauchte er in das Blut des Schänders seiner Ehre, mit der Kette aber ließ er Zoraïde erdrosseln.

Eine wundervoll romantische Geschichte, nicht

wahr? Und nach dem Glauben der Gräfin scheine ich bestimmt, eine neue Fortsetzung zu liefern. Denn für mich soll das Mordmedaillon eine Art Talisman werden. Als ich es öffnete, sah ich in ihm das Glücksblatt der alten Pepa.

Warum soll ich es nicht tragen? Es ist hübsch, apart, und ich bin neugierig, wer stärker ist, der Fluch der Abencerragen oder der Gute Geist der Gitana. Wenn ich neues Haar bekomme ...

14. November.

Morgen ist Paccas Hochzeit.

Carabanchel ist voll von Gästen. Spähende Augen ruhen auf mir, möchten in meinem Herzen lesen. Ich lächle, wie ein Soldat im Kugelregen.

Schade, daß Sie mich nicht sehen können! Aber vielleicht ist es gut so. Ihre Gegenwart würde mich vielleicht unsicher machen.

Alba sucht sich mir zu nähern. Spricht er mit mir, so klingt seine Stimme süß; schweigt er, so sprechen seine Augen. Ich kokettiere ein wenig mit ihm, er soll merken, wie gleichgültig er mir ist. So gleichgültig, daß ich ihm wegen seines Treuebruchs nicht einmal zürne.

Auch die Königinnen sind hier. Sie werden der Trauung beiwohnen und gleich darauf nach Madrid zurückkehren.

Andere Zeiten, andere Sitten! Im fünfzehnten Jahrhundert brachte man die Liebhaber der Königstöchter um, im neunzehnten verheiratet man sie und erweist ihnen königliche Ehren. Eine kulturelle Errungenschaft!

Isabella behandelte mich, als läge nichts zwischen uns. Anfangs glaubte ich, es geschehe wegen der beobachtenden Augen. Als sie aber allein mit mir war, merkte ich den wahren Grund. Sie hat außer mir niemanden, vor dem sie sich mit ihren Eskapaden brüsten kann. Und ich - warum soll ich mir ihre Vertraulichkeiten verbitten? Sie sind Beiträge zu meinen Studien der menschlichen Schönheit.

Marfori, der sie in Maria Christinas Solde überwachen soll, ist nun ganz Isabellas Kreatur. Sie kokettiert sogar mit ihm; er soll glauben, daß sie ihn eines Tages zu ihrem Muñoz machen werde. Vorderhand führt er ihr "Emotionen" zu, wie sie es nennt. Die jetzige ist ein junger Palastoffizier aus der Familie der Miraflores.

Trotzdem träumt sie immer noch von Serraño. Aber sie weiß, daß bei seiner politischen Stellung eine Liebelei mit ihm eine Staatsaktion, eine Umwälzung bedeuten würde. Und zu einem offenen Kampfe mit Maria Christina und Narvaez fühlt sie sich noch zu schwach. Sie will lieber warten, bis sie durch ihre Verheiratung selbständig geworden ist und der mütterlichen Bevormundung entschlüpfen kann. Sie wünscht sich daher einen Mann, der arm und ganz von ihr abhängig sein soll. Und möglichst auch ein Schwachkopf. Ihr Vetter

Franz d'Assisi, glaubt sie, werde diesen erhabenen, an einen Königingemahl zu stellenden Anforderungen am besten genügen.

O du mein Spanien, wie glücklich bist du zu schätzen!

Ich glaube, ich bin ungerecht gegen Isabella. An ihrer Stelle wäre ich vielleicht ebenso geworden.

Ich - eine Isabella? Nein, tausendmal nein! Auch in meinen Fehlern und Leidenschaften würde ich groß und königlich zu sein streben, mich niemals zu Roßtäuscherkniffen erniedrigen. Ich werde allerdings kaum Gelegenheit haben, dies zu beweisen. Das Zeichen des Guten Geistes ruht an meinem Herzen, der Gute Geist selbst aber bleibt mir fern. Mit ihm das versprochene Haar, mit diesem die prophezeite Krone.

Komisch, daß es gerade eine Kaiserkrone sein soll! Die alte Pepa hat dem Schicksal die Erfüllung recht schwer gemacht. Es gibt so wenig Kaiser in der Welt. Und die vorhandenen müßten, um mich besitzen zu dürfen, unendliche Schwierigkeiten überwinden. Der Österreicher müßte sein Hausgesetz umstoßen, das ihm die Ehe mit einer Unebenbürtigen verbietet; der Russe sein Volk zu einem Glaubenswechsel zwingen, da ich den meinigen niemals aufgeben würde; der Chinese die Sitten seines Landes reformieren, die die Frau in die Enge des Hauses bannen. Als einziger bliebe also der Brasilianer, aber seine Position erscheint mir recht unsicher. Schade, daß Frankreich, dieses

Land ohne Vorurteile, neuerdings ein Vorurteil gegen das Empire gefaßt hat und mit dem Königtum Louis-Philippes zufrieden ist! So wird das Fatum, um die alte Pepa nicht Lügen zu strafen, wohl einen funkelnagelneuen Kaiserthron extra für mich aus dem Boden stampfen müssen ...

15. November, 2 Uhr nachts.
Gestern abend, als ich zu Bett ging, lächelte ich über den Unsinn. Nachts im Traume setzte ich ihn fort.

Ich stand mit Alba vor dem Altar, hörte, wie er auf die Frage des Priesters antwortete. Aber als die Reihe an mir war, sah ich Isabellas hohnlachendes Gesicht, brachte das Ja nicht über die Lippen. Plötzlich umschlang mich Alba, stürzte sich mit mir auf Isabella, entriß ihr das Königinnendiadem, stieß sie vom Thron, hob mich an ihre Stelle. Dann, da er mir das Diadem aufsetzte, sah ich sein Gesicht. Ein bleiches Eroberergesicht mit herrischem Munde, glühenden Augen, eherner Stirn. Das war nicht mehr Alba; Napoleon war es, Napoleon!

Und nun sitze ich hier, mitten in der Nacht, halbnackt und schreibe. Und zittere und grüble. Als hätte ich eine Vision gehabt. Und war doch nur ein Traum. Lächerlich, nicht wahr?

Aber - die alten Mauren hatten ein Sprichwort: Träume sind Gedanken des Herzens, sagten sie. Sollte die alte Pepa mit ihrer Prophezeiung doch in mir umgehen? Ich war damals schwach, einsam, verzweifelt.

Fühlte mich nutzlos, überflüssig. Und in dieser Qual zeigte man mir plötzlich ein neues Ziel, eine ferne Fata Morgana ...

Auch fraß das Bewußtsein meiner Demütigung, meiner Ohnmacht an mir. Tödlich hatte mich Isabella beleidigt, aber sie stand so hoch über mir, daß jeder Gedanke an Rache absurd war.

Daß dieser Gedanke trotzdem noch heute in mir lebt, hat mir der Traum gezeigt. Nie werde ich das grimme Behagen vergessen, mit dem ich sie vor mir im Staube liegen sah.

Meine ganze Wildheit hat der Traum wieder in mir aufgeweckt. Aber auch meine ganze Verzweiflung, meine Verachtung gegen mich selbst. Warum finde ich nicht den Mut, vor sie hinzutreten, ihr die heuchlerische Maske vom Gesicht zu reißen? Ihr und den anderen allen?

Ach, ich kann wohl Pläne schmieden und Entschlüsse fassen, aber sie auszuführen bin ich zu feige. Es ist kein Wille, keine Kraft in mir.

10 Uhr vormittags.
Eben, als ich an Pacca meine Schwesternpflicht erfüllt und ihr ihre roten Rosen und Nelken ins Haar geflochten hatte, traf ich im Korridor mit Alba zusammen. Niemand außer uns war da. Hastig ergriff er meine Hand, stieß meinen Namen hervor. Sein Gesicht war dunkelrot, sein Atem flog, seine Augen brannten.

Ich tat, als verstehe ich ihn nicht.

"Warum so erregt, Herzog? Fürchten Sie sich vor Pacca? Unbesorgt, Sie brauchen ihr nichts zu bekennen! Ich habe ihr das Märchen von Zarzuela nicht erzählt!"

Ich lachte ihm ins Gesicht, ließ ihn stehen.

Nur ein Wort kostet es mich, und er kehrt noch vor dem Altar um, läßt Ehre und alles im Stich, um mich zu besitzen. Wenn ich dies Wort spräche ...

Oder wenn ich mich an der Gräfin rächte, eine Kokotte würde, Vermögen und Ehre der Montijo in alle Winde streute ...

Oder Serraño umstrickte, zu einer Revolution anstiftete, Isabella vom Throne stieße, als Bettlerin aus dem Lande jagte ...

Wer könnte mir einen Vorwurf machen? Als ich sterben wollte, hat man mich gezwungen, zu leben. Für nichts, was nun geschieht, bin ich verantwortlich.

Abends.

Um zwölf war die Trauung, um zwei das Diner, um drei reisten die Neuvermählten nach Paris ab, wo sie den Winter verbringen werden. Wir anderen saßen mit den Königinnen nachher noch eine Stunde bei Tisch. Isabella tat wieder sehr zärtlich. Alles an mir fand sie reizend, mein Kleid, meinen Schmuck, mein Aussehen. Und laut pries sie mein Haar, streckte die Hand aus, mit ihm zu spielen. Hatte sie etwas erfahren?

Jäher Schreck durchzuckte mich. Und anstatt mich ihr unter einem Vorwande zu entziehen, stand ich schroff auf, ging fort. Ich beherrsche meine Nerven nicht, besitze keine Geistesgegenwart, keine Willenskraft.

Beim Abschied nahm Maria Christina der Gräfin das Versprechen ab, mit mir nach Madrid zu kommen. Ich habe mich geweigert und werde standhaft bleiben. Nicht eher werde ich in die Welt zurückkehren, als bis ich meiner völlig sicher geworden bin.

Ich will nicht länger jedermanns Spielball sein!

Elftes Kapitel

Carabanchel, 14. Dezember.
Die Gräfin ist nach Madrid abgereist, ohne mich. Miß Flower hütet mich als Dueña; Antonio als Zerberus. Aber Carabanchel ist darum kein trauriges Schattenreich. Ich habe ein paar gute Pferde zum Reiten, Antonio als alter Soldat soll mit mir fechten, Fußtouren werden mich stählen. Nur an passender Lektüre fehlt es. Können Sie mir nicht etwas empfehlen, woraus ich lerne, wie man zu Willenskraft kommt?

Ich verachte das Weib in mir. Ich würde ein Königreich darum geben, wenn ich ein Mann wäre. Und würde mir dann ein neues erobern.

10. Januar 1845.
Welch ein Mißverständnis! Vor ein paar Wochen ließ ich Sie durch Pacca bitten, mir alles zu senden, dessen Sie über Napoleon habhaft werden könnten. Beyles Schilderungen waren mir in den Sinn gekommen. Wenn überhaupt, so mußte man von dem Heros der Selbstbestimmung Willenskraft lernen können. Natürlich dachte ich an den Napoleon von Lodi, Marengo, Austerlitz, Jena. Heute aber erhielt ich von Ihnen einen Stoß Zeitungsartikel, Manifeste, Prozeßberichte über den Napoleon von Straßburg und Boulogne, den Neffen des echten, König Ludwigs von Holland und der schönen Hortense Beauharnais

drittgeborenen Sohn. Den Heros der Lächerlichkeit!

Das ist er für mich. Allerdings war er es nicht immer. Es gab eine Zeit, da ich so naiv war, alles, was den Namen Napoleon trug, im Nimbus des Übermenschlichen zu sehen. Bis eines Abends ...

Erinnern Sie sich, daß wir durch Sie und Onkel Matthieu bei Madame de Laborde eingeführt waren, deren Salon in Passy den Mittelpunkt der Pariser Orléanisten bildete? An jenem Abend, Anfang Oktober 1840, waren Sie nicht da. Trotzdem fand ich es sehr amüsant. Graf Philippe de Ségur erzählte vom Russischen Feldzuge und Graf Alexandre de Girardin sekundierte ihm. Letzterer hatte seinen natürlichen Sohn Emile de Girardin, den Journalisten, mitgebracht, und dieser wieder seine Frau, die berühmte Schönheit und preisgekrönte Dichterin. Auch der Ministerpräsident Herzog de Broglie war da mit seiner Herzogin Albertine, Madame de Staëls einziger Tochter. Am meisten aber interessierte mich Herr Thiers, der Minister des Auswärtigen. Seinetwegen eigentlich war ich hingegangen. Er hatte kurz vorher die Überführung der Leiche Napoleons von St. Helena nach Paris durchgesetzt und war damals der populärste Mann in Frankreich.

Warum ich mich dieser Einzelheiten so genau erinnere? Weil während dieses ganzen Abends nur von Napoleon gesprochen wurde. Thiers ausgenommen, verdankten alle diese Leute dem Schlachtenkaiser ihren

Glanz. Auch der kleine Thiers war voll glühendster Begeisterung, die ihn sogar zu einer für einen Minister des Äußeren bedenklichen Unvorsichtigkeit hinriß. Louis-Philippe, rief er, müsse zu der Politik des Empires zurückkehren, Frankreich wieder zum Herrn der Welt machen. Der Zeitpunkt sei da, niemals habe sich eine günstigere Gelegenheit geboten, als dieser ägyptisch-türkische Konflikt.

Nutze man ihn entschlossen aus, so sei es ein leichtes, die Quadrupelallianz zu sprengen, Europa in einen allgemeinen Krieg zu verwickeln, in dem entstehenden Chaos die verlorene Rheingrenze wiederzugewinnen.

Er sprühte Blitze, sprach mit hinreißender Beredsamkeit. Und alle stimmten ihm bei. Seit der großen Revolution war für Frankreich nur eine Politik möglich, die Politik des Angriffs, die Politik Napoleons.

Napoleon! Napoleon!

Sie alle, diese Würdenträger der Orléans, lagen vor dem Andenken des Giganten auf den Knien, beteten seinen Geist an wie ein Idol. Und doch ließen sie, denen die Macht gegeben war, es zu ändern, das Ungereimte, Ungeheuerliche zu, daß die Erben des Retters von dem Boden des Vaterlandes ausgeschlossen waren, rechtlos, verhöhnt, beraubt in der Fremde irrten!

Vierzehn Jahre zählte ich, aber schon damals tat sich mir der klaffende Widerspruch auf. Empörung erfüllte mich. Am liebsten hätte ich diesen Menschen ihren Undank, ihre Feigheit ins Gesicht geschleudert. Und nun - können Sie sich denken, was ich empfand, als das Unerwartete, Märchenhafte geschah? Als, dem Geiste des Komturs in Mozarts "Don Juan" vergleichbar, der Schatten Napoleons gewissermaßen auf die Szene trat?

Plötzlich stürmte ein Herr herein, rief nach dem Herzog von Broglie, nach Thiers. Er kam aus Paris, brachte eine Nachricht ...

Angetan mit Hut und Degen seines großen Oheims hatte der legitime Erbe des Weltbezwingers sein Londoner Exil zu Schiff verlassen, in Boulogne den vaterländischen Boden betreten, die Stadt mit Proklamationen überschwemmt, die Fahne von Austerlitz entfaltet, die Garnison entflammt, die Orléans für abgesetzt erklärt, die jauchzenden Regimenter zum Marsch auf Paris in Bewegung gesetzt ...

Napoleon-Louis ...

Der Überbringer der Nachricht, Graf Louis de Viel-Castel, Direktor im Ministerium des Äußeren - damals kannte ich ihn nicht, ahnte nicht, was er für mich später bedeuten würde - schien bestürzt, außer sich. Mich aber riß seine Botschaft hin. Ich stürzte zu ihm, umklammerte seinen Arm, schrie laut:

"Ein Mann! Endlich ein Mann!"

Napoleon-Louis ein Mann! Wie gesagt, ich zählte vierzehn Jahre und brannte mit der heroischen Glut meiner Jugend darauf, das kennenzulernen, was ich mir unter einem Manne vorstellte. Das Eiserne, Gewaltige, Erdrückende. Das in Paris nicht zu finden war ...

Die Napoleon-Anbeter aber brachen in ein helles Gelächter aus. Als habe ich einen Witz gemacht.

Broglie nannte den Prinzen einen hirnlosen Plagiator, der Napoleons Elba-Expedition nachäffe, ohne Ahnung von dem Unterschied in Personen und Verhältnissen. Girardin und Ségur, diese ehemaligen Generale des Empire, riefen nach der Armee, um sie dem Usurpatur entgegenzuschicken. Thiers lachte sie aus. Die Armee? Das heiße, dem armen Burschen eine unverdiente Wichtigkeit beilegen. Ein einziger Zeitungsartikel des jungen Girardin genüge, ihn unschädlich zu machen. Man brauche dem Volke nur die Straßburger Posse in die Erinnerung zurückzurufen, um den komischen Helden der Lächerlichkeit preiszugeben, in Frankreich die sicherste Waffe, einen Gegner zu töten.

Und der kleine Boshafte diktierte dem Journalisten die wichtigsten Daten der Affäre in die Feder. Ich hatte niemals von ihr vernommen, hörte voll Spannung zu.

Fast genau wie jetzt in Boulogne war es gewesen. Angetan mit Hut und Degen seines großen Oheims hatte Prinz Napoleon am 30. Oktober 1836 das Schloß seiner Mutter zu Arenenberg in der Schweiz verlassen, in Straßburg den vaterländischen Boden betreten, die Stadt mit Proklamationen überschwemmt, die Fahne von Austerlitz entfaltet, die Garnison entflammt, die Orléans für abgesetzt erklärt, die jauchzenden Regimenter zum Marsch auf Paris in Bewegung gesetzt ...

Putschversuch des Prinzen Louis-Napoleon in der Finkmatt-
Kaserne zu Straßburg, 30. Oktober 1836
Nach einer zeitgenössischen Darstellung

So war auch damals das Gerücht gegangen. In Wahrheit aber war der Putsch von vornherein am Widerstande eines einzigen beherzten Offiziers gescheitert. Auf seine Aufforderung hatten die Truppen der Finkmattkaserne den Prätendenten ohne viel Federlesens entwaffnet und hinter Schloß und Riegel gebracht. Den komischen Kauz, der sich einbildete, Napoleons Größe stecke in einem Hut, einem Degen und einer alten Fahne.

Den Gipfel der Harlekinade aber hatte Napoleon-Louis erreicht in dem Augenblicke, da er sich als Mann seiner Tat erweisen sollte. Während sich sein Agent, der ehemalige Unteroffizier Fialin, als Koch verkleidet über die Grenze gerettet hatte, waren seine übrigen Genossen vor Gericht gestellt und zu schweren Strafen verurteilt worden. Den Prinzen selbst aber hatte der Hof der Pairs freigesprochen. Öffentlich zwar hatte er gegen die Ungerechtigkeit des Urteils protestiert, im stillen aber mit der Regierung paktiert, in seine Verbannung nach Amerika gewilligt und sich verpflichtet, in Zukunft nichts mehr gegen Louis-Philippe zu unternehmen. Und um schließlich seinem Heldentum die Krone aufzusetzen, hatte er sich bei seiner Abfahrt nach Amerika ein Geldgeschenk des Königs von 16 000 Franken in die Hand drücken lassen.

Das alles gab Thiers lachenden Mundes zum besten. Und Madame de Girardin, die Dichterin, stand lächelnd und kopfnickend dabei, sie, die als Delphine Gay der

Mutter des Verspotteten einst die Romanze "La Pèlerine" gewidmet hatte!

War es nicht wie in dem Märchen aus Tausendundeiner Nacht, in dem der Prinz durch die Wahl eines Kästchens seine Echtheit beweisen sollte, Nadel und Schere wählte und seine Schneiderseele offenbarte?

Am folgenden Tage suchte ich den Artikel in Girardins Zeitung. Aber ich fand ihn nicht. Es war nicht mehr nötig gewesen, Thiers' "Armen Burschen" lächerlich zu machen. Auch der Streich von Boulogne war mißglückt. Abermals hatten Hut, Degen und Fahne, diese Requisiten unserer Zarzuelas, versagt, wirkungslos war ein eigens zu diesem Zweck dressierter, in einem Käfig mitgebrachter Adler vor dem Erben Cäsars hergeflogen - wie die Garnison von Straßburg, so hatte auch die von Boulogne den neuen Augustus seiner Theatertoga entkleidet und ihn dem Könige zur Aburteilung zugeschickt. Nun war er auf dem Marsche nach Paris; unter der Obhut einiger Gendarmen, nicht an der Spitze jauchzender Regimenter ...

Was dann weiter geschah, wissen Sie, Mérimée. Sie selbst begleiteten die Gräfin und mich zu Madame de Delessert, deren Mann damals Polizeipräfekt von Paris war. Auf meine Bitte erlaubte sie uns, den Prinzen zu sehen, wenn er in die Präfektur eingeliefert würde.

Er kam. An dem Fenster des Souterrains vorüber, an dem wir hinter halb zugezogenen Vorhängen standen. Und ich sah den langen Oberkörper und die kurzen Beine, den kleinen Kopf mit dem martialisch aufgezwirbelten Schnurrbärtchen, das mühsame Trotzlächeln seines Mundes und das heimliche Zittern seiner Hände. Dieser Prinz ein Held? In Wahrheit nur ein armer, kleiner, dummer Junge ...

Ich glaube, ich habe Mitleid mit ihm. Weil er nun auf Lebenszeit in der Festung Ham sitzt und ein Märtyrer seiner Sache geworden ist.

Aber die Märtyrer leiden nicht immer unter ihrem Martyrium. Napoleon-Louis wenigstens soll sich in seinem Kerker sehr wohl befinden. Er hat eine Art Hofstaat um sich, empfängt Besuche, korrespondiert mit aller Welt, besitzt einen Garten, in dem er Blumen zieht, ein Pferd, auf dem er reitet, eine Wäscherin, die ihm Kinder schenkt. Dieser Napoleon, glaube ich, wird freiwillig sein Elba nicht verlassen ...

Und nun - von einer Karikatur soll ich Willenskraft lernen?

Oh, ich durchschaue Sie. Sie sandten mir die Geschichte des neuen Don Quijote, um mich von meiner Heldenverehrung und überhitzten Phantasie zu heilen. Ach, Mérimée, das Beispiel, das ich mir selbst gab, hat mich bereits kuriert. Abseits aller Romantik suche ich nur noch nach einem Willen und Weg zum Leben, wie es ist, nicht, wie es vielleicht sein sollte.

Ich fürchte, ich besitze keinen Sinn für Humor. Entschuldigen Sie mich also, wenn ich dieser Art Heroentum keinen Geschmack abzugewinnen vermag, und erlauben Sie, daß ich Ihnen den Komödienstoff ungelesen mit Dank zurücksende.

Übrigens - was meinen Sie, wenn ich ins Kloster ginge? Vielleicht bin ich zur Nonne prädestiniert. Mein Haar wenigstens würde ich nicht mehr zu opfern brauchen ...

                                        3. Februar 1845.
Letzthin schrieb ich etwas vom Ins-Kloster-Gehen. Ich war melancholisch, wie immer im Frühling, wußte nicht, wohin mit mir. Heute weiß ich es immer noch nicht; dennoch bin ich guter Dinge.

Erinnern Sie sich der Zigeunerin, die mir das Diadem einer Kaiserin und sich selbst baldigen Tod prophezeite? Dieser letzte Teil der Weissagung ist eingetroffen; die alte Pepa ist tot. Die junge brachte mir die Nachricht. Gestern nacht stand sie plötzlich vor mir, barfüßig, erhitzt, mit Staub bedeckt. Ich hatte sie nicht hereinkommen hören, erschrak aber trotzdem nicht, was mir ein gutes Zeichen für die Gesundung meiner Nerven zu sein scheint. Nur erstaunt war ich, wie sie so ohne weiteres zu mir hatte gelangen können. Sie zeigte mir den Weg. Über die Mauer in den Garten, am Weinspalier empor in das offene Fenster meines Schlafzimmers. Ein Weg für Katzen und Liebhaber.

Dann holte sie aus ihrem Brusttuch ein Stück von einer ausgehöhlten Weide, zog daraus ein sorgfältig zusammengerolltes, vierblättriges Kleeblatt hervor. Das neue Zeichen des Guten Geistes. Vor sechs Tagen hatte sie es gepflückt und halb Spanien durchwandert, um es mir zu bringen.

Ich bot ihr ein Goldstück, sie wies es zurück.

"Aber zu welchem Zweck hast du dann den weiten Weg gemacht?" fragte ich mißtrauisch, absichtlich hart. "Glaubst du, ich lasse mir einreden, daß du keinen Plan verfolgst? Ist dir mein Geschenk zu gering? Oder suchst du die Gelegenheit zum Stehlen?"

Sie sah mich an, mit einem Blick ihrer traurigen, braunen Augen, der mich in Verwirrung setzte.

"Pepa muß der Ahne gehorchen!" sagte sie schlicht, ruhig. "Ehe die Ahne starb, befahl sie Pepa, zu der schönen Herrin zu gehen. Pepa ging gern. Pepa hat die schöne Herrin lieb und wird bei ihr bleiben, bis das Wort der Ahne erfüllt ist."

Ihre Naivität brachte mich zum Lachen.

"Aber wenn ich dich nicht behalten will? Wenn ich dich fortjage?"

Sie schüttelte den Kopf.

"Die Herrin wird es nicht tun. Sie wird in die Fremde ziehen, weit fort, über Berge und Meere. Wer sollte ihr dort das Blatt des Guten Geistes suchen, wenn nicht Pepa? Auch versteht Pepa, die Zukunft zu sagen, das Fieber zu besprechen, den bösen Blick abzuwenden. Einen Trank kennt sie, der für die Herrin gewinnt, wen die Herrin liebt; einen anderen, der fortschafft, wen die Herrin haßt. Die Augen der Herrin kann Pepa strahlend machen, die Brust voll und rund, das Haar fein und leuchtend, wie gesponnenes Gold."

Die Prophezeiung der Gitana fiel mir wieder ein.

"Du lügst!" fuhr ich sie an. "Ebenso lügst du wie die Alte, als sie mir neues Haar versprach!" Demütig kam sie näher.

"Will die Herrin erlauben, daß Pepa das Haupt der Herrin sieht?"

Neugierig auf ihre Ausflüchte, nahm ich die Perücke ab. Sie beugte sich über mich, betrachtete mich lange. Plötzlich nahm sie meine Hand, führte sie leicht über meinen Kopf.

"Die Ahne log nicht, Herrin! Die Ahne sagte wahr!"

Mir stand das Herz still. Was hatte sie mit mir gemacht? Strichen meine Finger nicht über etwas wie zarten Flaum?

Ich stürzte zum Spiegel, entzündete alle Lichter.

Es war so, Mérimée! Es war so!

Wieder überfällt mich die Erregung. Ich bin nicht imstande, weiterzuschreiben ...

19. März.

Wochen habe ich gewartet, um fortfahren zu können. Ich hoffte, ruhiger zu werden, aber das Gegenteil ist eingetroffen. Jeder Tag steigert meine Unruhe, meine Spannung ...

Erinnern Sie sich des Gartenbeetes, das ich wie alle Pensionärinnen der Rue de Varennes besaß und nach eigenem Gutdünken bestellen durfte? In jedem Frühjahr besäte ich es mit Grassamen, und wenn Sie zu mir herauskamen, ruhte ich nicht, als bis Sie sich auf den Boden legten und Ihr Gesicht in die vom Gießwasser feuchte Erde drückten, um den Fortschritt der sprießenden Halme festzustellen. Ich selbst tat dies täglich unzählige Male; jede grüne Spitze kannte ich, sah im Geiste jene weiten, saftigen Parkwiesen vor mir, die in England mein Entzücken gewesen waren. Ähnlich ergeht es mir nun mit meinem Haar. Wie wird es sein? Wild und üppig wie das verlorene? Oder zart und dünn wie das junge der Malariakranken? Lang oder kurz, glatt oder kraus, stumpf oder glänzend? Besonders die Farbe macht mir Sorge. Alle Augenblicke frage ich Pepa ...

Pepa ist also noch hier. Warum sollte ich sie fortjagen? Sie ist treu und anhänglich wie ein Hund. Immer ist sie um mich; am Tage kauert sie in einem Winkel meines Zimmers oder begleitet mich auf meinen Wanderungen und Spazierritten; nachts schläft sie auf meiner Türschwelle. Nur einen Fehler fand ich bisher an ihr: eine glühende Eifersucht. Niemand außer ihr darf mich berühren.

Ihrem Bitten nachgebend, habe ich sie zu meiner Kammerzofe gemacht und bereue es nicht; sie besitzt die Geschicklichkeit einer Haremsklavin, die zärtliche Hingabe eines Liebenden, die leichte Hand einer Fee. Und sie dient mir ohne jeden Lohn. An dem Tage, der mich zur Kaiserin macht, werde ich ihr reichen Sold zahlen, sagt sie. Ein glänzendes Schloß werde ich ihr schenken und einen schönen Offizier zum Mann. So stehe es in ihrer Hand geschrieben.

Als ich sie zum ersten Male nach der Farbe meines neuen Haares gefragt hatte, verschwand sie in der nächsten Vollmondnacht aus Carabanchel. In der dritten Nacht kehrte sie zurück, blaß, erschöpft, antwortete auf keine Frage, begann in der Küche, hinter verschlossener Tür, ein geheimnisvolles Kochen und Brauen. Nachher brachte sie mir eine gelbe, stark duftende Salbe, mit der sie mir die Kopfhaut einreiben wollte. Anders als das Haar der Volksweiber müsse das Haar einer Kaiserin sein; den Schmelz des Bernsteins, den Glanz des Goldes, das Strahlen der Sonne müsse es in sich vereinen ...

Dunkle Sprüche in ihrer Sprache murmelnd, begann sie. Und ich - bin ich behext? Ich ließ sie gewähren.

Seitdem hockt sie Nacht für Nacht vor meinem Bette, singt eine jener seltsamen maurischen Weisen, die sich mit ihrer zarten Traurigkeit so in die Seele schmeicheln, daß man sie nie wieder vergißt. Immer dieselbe sehnsuchtsvolle Melodie singt sie, immer dieselben schmachtenden Worte. Den Weltenkaiser ruft sie, daß er über das Meer komme, seine Kaiserin zu holen ...

In alledem ist etwas Eindringliches, unwiderstehlich Berückendes. Wenn sie noch lange so singt, werde ich eines Tages vielleicht selbst daran glauben.

Welch ein Geschrei um ein bißchen Weiberhaar, nicht wahr? Aber meine Weltflucht, meine Scheu vor fremder Berührung, meine innere Unsicherheit - jetzt merke ich es, alles das rührte von dieser Perücke her. Eine Perücke - das ist verheimlichte Schwäche, vorgetäuschte Schönheit, erlogene Kraft. An diesem Bewußtsein meiner Unechtheit wäre ich wahrscheinlich mit der Zeit zugrunde gegangen. Wie ein feiger Soldat, der von der Furcht gelähmt wird, die Waffe in seiner Hand könne im Augenblick der Schlacht versagen.

Schrieb ich nicht einmal, ich möchte ein Mann werden? Ach, Mérimée, das war das hilflose Gestammel einer Entstellten, Besiegten. Meine sinnlose Freude an meiner zukünftigen Schönheit zeigt mir, daß ich Weib bin, immer nur Weib sein werde.

Denn ich weiß, ich werde schön sein. Und Schönheit ist das Schwert des Weibes. Wie Simson bin ich, da er das lange Haar des Kriegers auf seinem Haupte wachsen fühlte. Leidenschaft, Ungeduld, Sehnsucht nach Kampf verzehren mich ...

Bin ich phantastisch, abergläubisch? Aber nun das eine eingetroffen ist, warum sollte nicht auch das andere sich erfüllen? Das andere, daß ich Kaiserin sein werde?

Zwölftes Kapitel

5. April.

Das Wetter ist schlecht; Pepa fürchtet, eine Erkältung könne meinem jungen Haar schaden; so muß ich auf Reiten und Wandern verzichten und zu Haus bleiben.

Um die Langeweile zu vertreiben, habe ich Carabanchel vom Keller bis zum Dach durchstöbert und bei dieser Gelegenheit unter staubigem Gerümpel das aus dem Rahmen geschnittene Ölporträt einer wunderschönen Frau entdeckt. Nie zuvor hatte ich es gesehen, wußte nicht, wen es darstellte, wie es hierhergekommen war. Neugierig fragte ich Antonio; aber sei es, daß er es wirklich nicht kannte, oder daß ihm die Gräfin verboten hat, mit mir über gewisse Dinge zu sprechen - ich erhielt keine Auskunft. Dennoch habe ich es herausgebracht, durch unseren alten Dorfpfarrer, der seit nahezu 50 Jahren hier lebt. Es ist das Bild der schönen ...

Aber ich werde Ihnen ein wenig ins Dichterhandwerk pfuschen und versuchen, Sie nach allen Regeln der Kunst in Spannung zu setzen!

Unsere schöne Unbekannte also war die Tochter eines berühmten spanischen Ministers, geriet als fünfzehnjähriges Mädchen in Paris in die Trubel der Revolution von 1790, entzückte alle Welt durch ihre Schönheit und Grazie und heiratete einen alten französischen Marquis. Mit diesem flüchtete sie vor der Schreckensherrschaft nach Spanien, wurde aber in Bordeaux verhaftet und ins Gefängnis geworfen. Und nun beginnt ihre abenteuerliche Geschichte. Einer der blutigen Konventsmänner, ein Advokatenschreiber, wird als Deputierter nach Bordeaux geschickt, um entflohene Aristokraten der Guillotine zuzuführen. In der Gefangenenliste stößt er auf den Namen der Marquise, unterschreibt ohne weiteres ihr Todesurteil, läßt sie dem Henker überliefern. Plötzlich aber erfaßt ihn die Laune – oder war es ein Befehl des Schicksals? – der Exekution beizuwohnen. Er sieht sein Opfer, wird von der Schönheit und Furchtlosigkeit der Frau hingerissen, verliebt sich in sie bis zur Raserei, befreit sie, nimmt sie heimlich mit sich nach Paris. Hier entdeckt Robespierre den Betrug, läßt die Marquise aufs neue verhaften. Nun scheint keine Rettung mehr möglich. Schnell entschlossen aber verbündet sich der Liebestolle mit Robespierres Gegnern und führt im letzten Augenblick den Sturz des Gefürchteten herbei. Abermals wird die Marquise befreit; ein Machtspruch erklärt ihre Ehe mit dem Marquis für ungültig, sie selbst wird mit ihrem Retter verbunden. Während des Direktoriums ist ihr Salon der Mittelpunkt von Paris, ihr Einfluß ungeheuer. Im stillen setzt sie sich nun mit der vertriebenen Dynastie in Verbindung, kämpft für die königliche Sache, bringt ihren Mann sogar dahin, daß er in geheime Verhandlungen mit den Monarchisten zur Wiedereinsetzung der Bourbonen eintritt.

Bis hierher ist ihre Geschichte wie ein Roman, nicht wahr? Nun aber erfolgt eine Wendung, deren Motive mein alter Pfarrer mir nicht zu erklären vermochte. Packt die geborene Aristokratin im entscheidenden Augenblick der Ekel vor der Umgebung, in die das Schicksal sie geworfen hat? Gehen der Ehrgeizigen durch den Vergleich mit dem aufsteigenden Bonaparte die Augen über die innere Bedeutungslosigkeit ihres Gatten auf, und verzweifelt sie an weiterem Aufstieg? Naht der Frau zum erstenmal die Liebe, die sie bis dahin niemals oder doch nur in ihrer rohesten Gestalt kennengelernt hatte? Während der Gatte fern von ihr mit Bonaparte in Ägypten weilt, wirft sie plötzlich alles von sich, Ehe, Glanz und Einfluß, um wiederum einen Aristokraten zu heiraten. Als Fürstin Chimay ist sie dann vor zehn Jahren gestorben.

Nun habe ich den Namen doch genannt, Fürstin Chimay. Den anderen, unter dem sie die ganze Welt kennt, werden Sie längst erraten haben. Therese Cabarrus, Madame Tallien ...

Für mich war das alles neu, überraschend. Trotz Weltschliff, Sacré Cœur und Reisen bin ich von einer beschämenden Unwissenheit. Welch eine Zeit, welche Sitten, Menschen! Die Männer rücksichtslos sich für eine Idee einsetzend, verächtlich mit dem Tode spielend, im tiefsten Sturze noch nach dem Höchsten greifend; die Frauen - unbeugsamen Willen unter tändelnder Grazie verbergend, lächelnden Auges durch ein Blutmeer watend, sich wie das Tier der Wildnis nur dem Stärksten gebend. Ob derartig Abenteuerliches, Ausnahmsweises heute noch möglich wäre?

Übrigens hat das Ende der Madame Tallien mich nicht befriedigt. Tragisch hatte ich es erwartet. Statt dessen die konventionelle Ehe der gewöhnlichen Salondamen. War ihre Intelligenz am Ende doch nur mittelmäßig, ihr Wille sprunghaft, inkonsequent? Ich an ihrer Stelle hätte es vorgezogen, unter der Guillotine zu enden.

Wie aber war das Bild dieser Frau nach unserem Carabanchel gekommen? Auch das erklärte mir der Pfarrer. Carabanchel gehörte Madame Talliens Vater, dem spanischen Finanzminister Grafen Cabarrus, der es auf seinen Sohn vererbte. Dieser aber war mit Henriquita Kirkpatrick verheiratet, der Schwester meiner Mutter. Von ihr kam das Gut auf uns.

In Carabanchel ist Madame Tallien geboren, hier hat sie ihre Mädchenjahre verlebt. In demselben Zimmer wohnte sie wie ich, schlief in demselben Bette.

Man sagt, daß die Toten die Stätten besuchen, an denen sie lebten. Daß sie als Strafe für ihre Sünden bis zum Jüngsten Gericht alles, was sie dachten, taten, litten, unaufhörlich von neuem denken, tun, leiden müssen. Wenn es so wäre? Wenn Therese Cabarrus in dieser wirren Zeit um mich wäre, die unruhigen Gedanken ihrer Jugend in meine Seele gösse?

22. April.

Was für Nerven habe ich eigentlich, daß ich mich von jeder Erregung bis in den Schlaf verfolgen lasse?

Madame Tallien hat mir einen Traum gesandt. Ich stand an ihrer Stelle, heiratete aber nicht den Fürsten Chimay, sondern kämpfte mit Josephine Beauharnais um Napoleon. Ich siegte, wurde Kaiserin, die erste Frau der Welt. Nicht nur seine Geliebte war ich, auch seine Mitkämpferin. Eins mit ihm in Gedanken und Taten. Auch nach dem Zusammenbruch verließ ich ihn nicht, peitschte ihn empor aus der Verzweiflung. Alles war verloren, Glück, Glanz, Herrschaft. Nicht aber die Ehre, nicht der Ruhm. Würdig des Aufstiegs mußte das Ende sein. Moskau hatte das Beispiel gegeben. Als die Heere der Barbaren Paris überschwemmten, schleuderte ich die Brandfackel von der Höhe der Tuilerien, umschlang den Helden, stürzte mich mit ihm in den Tod.

Sie lächeln über die heroische Träumerin? Dennoch - wie ich träume, fühle ich. Und wie ich fühle, würde ich handeln.

Doch das ist es nicht, weshalb ich nochmals auf Therese Cabarrus gekommen bin. Sie war eine Verwandte von uns, lebte in diesem Carabanchel, das mir so teuer ist. Und von alledem erfuhr ich erst auf Umwegen, durch einen Fremden. Ist das nicht seltsam? Überhaupt, warum weiß ich so wenig über meine Familie? Gibt es da Geheimnisse, die man ängstlich vor mir verbirgt?

Mein Vater hieß als jüngerer Sohn ursprünglich

Graf Teba, stand als Offizier in Malaga, heiratete dort gegen den Willen seiner Familie Maria Manuela Kirkpatrick, die Tochter eines Weinhändlers, kam erst 1834 zu eigenen Einkünften und zum Grandentitel der Montijo, als sein älterer Bruder gestorben war.

Das ist alles, was ich über ihn weiß. Fortwährend war ich mit der Gräfin und Pacca auf Reisen, bald in Paris, bald in London, Deutschland, Italien und nachher mit Pacca jahrelang im Sacré Cœur.

Meinen Vater habe ich höchstens drei-, viermal gesehen. Ich hatte ihn lieb, sehnte mich nach ihm; aber sobald er kam, erschien er mir fremd, unheimlich in der schwarzen Binde, mit der er den Verlust eines Auges verdeckte. Und anfangs war er dann zärtlich zu mir, erkundigte sich nach unserem Leben, wollte alles wissen. Antwortete ich ihm jedoch, so wurde er mürrisch, stieß mich von sich, schalt mit harten Worten, daß die Gräfin uns verderbe. Ich aber vergötterte meine Mutter, und so kam ich fast dahin, meinen Vater zu hassen.

Fern von uns ist er vor sechs Jahren gestorben. In Madrid, während die Gräfin in London und wir in Paris waren. Doch das wissen Sie ja. Nie werde ich die zarte Sorge vergessen, mit der Sie uns die Nachricht brachten, zu der traurigen Fahrt auf den Bahnhof geleiteten. Wie ein flüchtiger Schatten ist unser Vater durch unser Leben gegangen; seinen Kindern blieb von ihm nichts als der stille Sarg in der düsteren Familiengruft.

Nun aber will ich endlich wissen, wer dieser mein Vater war!

Oft habe ich die Gräfin um ihn befragt, immer ist sie mir ausgewichen. Das letzte Mal wies sie mich schroff zurück. Soll, soll ich es nicht erfahren?

An Fremde mich zu wenden, widerstrebt mir.

Sie, Mérimée, waren sein Freund. Und auch der Freund meiner Mutter. Werden Sie mir die Wahrheit geben, auf die ich ein Anrecht habe? Denken Sie daran, daß zwischen uns allezeit rückhaltlose Offenheit war! Schreiben Sie mir alles, alles!

Und bald!

6. Mai.

Gestern bin ich neunzehn geworden. Sie sandten mir Ihre Novellen in kostbarem Einband; ich verspreche mir von ihnen festliche Stunden reinen Genusses und danke Ihnen herzlichst im voraus.

Ich hatte gehofft, den Tag still für mich verleben zu dürfen, aber die Gräfin ließ es nicht zu. Sie war schon eine Woche vorher nach Carabanchel gekommen und hatte eine Schar junger Leute mitgebracht, die alles mit Lärm und Wirrwarr erfüllten. Unaufhörlich war man auf Vergnügungen bedacht, Ausflüge wechselten mit ländlichen Spielen, Sportbelustigungen, italienischen Nächten. Natürlich konnte ich mich dem Trubel nicht entziehen, blieb aber kühl und zurückhaltend, da ich bald gemerkt hatte, worauf es abgesehen war. Meine sogenannten Freundinnen und die jungen Lebemänner bildeten nur den Vorwand, mich mit dem Marquès de Alcañizès zusammenzubringen, einem 22jährigen Beau, der mir schon in Madrid den Hof machte. Damals mußte er vor Alba zurückstehen, der auf der Kandidatenliste der Gräfin Nummer eins hatte, nun hatte sie ihn wieder hervorgeholt, suchte ihn mir auf alle Weise akzeptabel zu machen.

Offengestanden, er hat mir immer ganz gut gefallen, obgleich er fast ebenso schön ist wie Alba. Auch eine gute Partie ist er. Wenn sein kinderloser Onkel, der Herzog von Sesto, stirbt, erbt er den Titel und die Güter. Zwar ist Geld für mich nicht gerade ausschlaggebend, aber es gehört zu der Idee, die ich mir von meiner Zukunft mache.

Auf Liebe und Romantik habe ich nach meiner Erfahrung mit Alba endgültig verzichtet. Ich will vornehm und reich sein; nicht, um üppig zu leben, sondern um mächtig zu werden, um tun zu können, was ich will. Ehe ich einen armen Mann heirate, werde ich lieber Nonne. Dann kann ich Äbtissin werden und mir Einfluß verschaffen. Denn ich sehe jetzt ganz klar über mich: Ich bin ehrgeizig und verlange nach Herrschaft. Diese Erkenntnis schreckt mich nicht, im Gegenteil. Ich bin mit mir zufrieden und habe keinerlei Vorsatz gefaßt, mich zu ändern. Ich will niemanden über mir. Daher meine Abneigung gegen Isabella, Maria Christina und die Gräfin. Ebenso gegen die

Männer. Solange wir Mädchen sind, betrachten sie uns als leichte Beute, nachher, wenn sie uns in der Ehe dingfest gemacht zu haben glauben, als Quantité négligeable. Ich heirate entweder einen Heros oder einen Heloten.

Zu letzterem nun scheint mir Don José Osorio y Sylva, Marquès de Alcañizès geradezu prädestiniert. In seinem ganzen Wesen ist nichts, was er meinem Willen entgegensetzen könnte. Nicht einmal den Eigensinn seiner Beschränktheit besitzt er.

Ich gestehe es ohne Erröten, ich war sehr kokett gegen ihn, ich wollte es sein, wollte erproben, wie weit die Macht meiner neuen Schönheit reicht.

Denn ich trage die Perücke nicht mehr, bin nun wirklich Simson im langen Kriegshaar. Das Geschenk des Guten Geistes fällt mir bis über die Schultern und erregt durch Feinheit, Glanz und Farbe nicht nur das Entzücken der Kenner, sondern auch - was beweiskräftiger ist - den Neid der Konkurrenz.

Pepa hat das Schloß und den Offizier, die in ihrer Hand geschrieben stehen, redlich verdient.

Ich brachte Alcañizès also dahin, daß er mir am Vorabend meines Geburtstages einen solennen Heiratsantrag machte. Ich sagte nicht ja, nicht nein, verlangte Bedenkzeit.

Therese Tallien hatte mich gelehrt, daß man, um Karriere machen zu können, zuerst Frau werden muß und hierzu eines Mannes bedarf, der uns die Pforten der Arena öffnet. Und daß es darauf ankommt, den Schritt in die Ehe zu einem Schritt in die Freiheit zu machen. Darum die Bedenkzeit.

Überlegte ich wie Isabella? Ich würde mich darum hassen, wenn nicht ein Unterschied in den Motiven wäre. Hinter Alcañizès verbarg ich keinen Serraño ...

An Alcañizès' Stelle hätte ich nun sofort verzichtet. Wie ich mir diese Dinge vorstelle, schiebt ein verliebtes Mädchen die süße Entscheidung nicht hinaus.

Mein Helot aber blieb. Und er hatte vielleicht recht, ich war entschlossen, ihn als Portier der Arena in meinen Dienst zu nehmen. Wer aber erschien in diesem Augenblick in Carabanchel und warf alles über den Haufen? Maria Christina.

Sie kam unangemeldet, inkognito, mit kleinem Gefolge. Die Gräfin schien überrascht. Doch fiel mir auf, daß die Prunkzimmer gelüftet und hergerichtet waren. Ich hatte dies mit meiner erwarteten Verlobung in Zusammenhang gebracht, nun glaubte ich, die Wahrheit zu ahnen, das zwischen ihnen abgekartete Spiel zu durchschauen.

Warum Maria Christina kam? Sie machte von dem Vorrecht der Könige Gebrauch, keine Erklärung zu geben. Aber als sie mit der Gräfin und mir allein war, wünschte sie mir Glück zum Geburtstage, schien seltsam gerührt, überreichte mir im eigenen und Isabellas Namen ein Paar kostbare Perlenohrringe. Dabei umarmte sie mich, küßte mir die Stirn, flüsterte mir ins

Ohr, Kollier und Diadem würden bei meiner Verlobung folgen.

"Heute abend, mein Kind?" lächelte sie. "Heute abend?"

Da wußte ich's. Die Bezahlung war es für meine verlorene Ehre. Und den guten Alcañizès hatten sie mir zugeschoben.

Diesmal aber war es nicht wie in Zarzuela! Ach, wie stolz bin ich auf meine sichere Ruhe!

Ich machte meinen korrektesten Hofknicks, sprach in wohlgesetzten Worten meinen ehrfurchtsvollsten Dank aus, bat aber, von dem mir zugedachten Geschenk absehen zu wollen, da die Voraussetzung nicht zutreffe.

Nun verriet sie sich noch mehr.

"Aber Alcañizès hat doch um deine Hand angehalten! Hat er noch nicht mit dir gesprochen?"

Abermals verbeugte ich mich.

"Eure Majestät sind wohlunterrichtet!" sagte ich voll Spott. "Der Marquès sprach gestern abend mit mir."

"Und du verlangtest bis heute Bedenkzeit, nicht wahr?"

"Auch darin hat man Eurer Majestät der Wahrheit gemäß berichtet!"

Sie sah mich mit einem beinahe ängstlichen Blick an.

"Aber dann - dann ist ja alles gut, liebes Kind!

Alcañizès ist eine glänzende Partie, ein reizender Mensch. Er gefällt dir doch? Du hast doch nichts gegen ihn einzuwenden?"

Sie sprach hastig, voll Sorge. In einem bittenden Tone, der mich in Verwunderung setzte. Nun, wo Isabellas Ruf gerettet ist - was kann ihr da noch an meinem Glück liegen? Ihr, die rücksichtslos ihre besten Diener und treuesten Anhänger fallen läßt, wenn sie ihrer nicht mehr zu bedürfen glaubt?

Und meine Mutter stand schweigend dabei, als ginge sie das alles nichts an ...

Hochmütig richtete ich mich auf.

"Eure Majestät wollen verzeihen, aber ich habe den Wunsch, mir den Mann, den ich heirate, selbst zu wählen ..."

Sie wurde blaß, unterbrach mich mit einem Aufschrei.

"Und nun willst du ihn nicht? Weil du glaubst, daß ich ... daß ich ..."

Ich sah ihr starr in die Augen.

"Zu Befehl, Majestät! Darum will ich ihn nicht!"

Sie fuhr zurück, rang nach Atem.

"Ich verstehe dich nicht. Ist das nur eine Laune, oder ...? Ich meine es gut mit dir. Niemand kann es besser meinen. Wahrhaftig, du solltest mir dankbar sein. Alcañizès ist ..."

Ich tat das Unerhörte, fiel der Majestät ins Wort.

"... eine glänzende Partie, ein reizender Mensch!

Eure Majestät sagten es bereits. Aber Majestät kennen ja wohl die Hoffart der Montijo. Für mich ist Alcañizès keine glänzende Partie. Er ist mir nicht reich, nicht vornehm genug!"

Sie wurde dunkelrot vor Zorn.

"Nicht? Nicht? Was verlangt denn die Montijo? Was soll denn der Mann sein, der sie heiraten darf?"

Was war es nur, das mir die Antwort auf die Lippen drängte? Ich selbst lachte innerlich über den Unsinn, dennoch sprach ich ihn aus.

"Kaiser, Majestät! Der Mann, den ich heirate, muß mindestens Kaiser sein!"

Sie war so verblüfft, daß sie keinen Laut hervorbrachte. Unwillkürlich hob sie die Hand, als wollte sie mich schlagen. Aber dann schien sie sich zu erinnern, daß man mich nicht zu sehr reizen darf. Mich hinwegweisend, wandte sie sich zu meiner Mutter, sah sie fragend an. Die Gräfin zuckte schweigend die Achseln. Da brach Maria Christina in ein krampfhaftes Gelächter aus.

"Verrückt!" schrie sie. "Sie ist verrückt."

Ich machte ihr meine dritte, tiefste Verbeugung und ging.

Und so habe ich gleichzeitig einen Mann, einen Perlenschmuck und die Gunst einer Majestät verscherzt. Bin ich nicht in der Tat verrückt?

Noch in der Nacht reiste Alcañizès ab, heute folgte ihm Maria Christina, dann der ganze Troß. Die Gräfin bleibt noch bis morgen. Sie wird dann nach Madrid zurückkehren, um neue Pläne für mein Glück zu schmieden. Ich aber werde wieder mit Pepa allein sein und Ruhe haben, darüber nachzudenken, ob ich verrückt bin. Und aus welchem Grunde diese Königin sich um mich kümmert, sie, die mit ihren eigenen Kindern doch wahrhaftig genug zu tun hat.

Und noch über ein Drittes werde ich nachdenken. Warum ich Ihnen dies alles eigentlich mitteile. Ihnen, der mir einen sehr schönen, sehr poetischen Gratulationsbrief schrieb, in dem aber keine Silbe von dem stand, um das ich Sie fast flehentlich gebeten hatte. Ahnen Sie wirklich nicht, was die Frage nach dem Leben meines Vaters für mich bedeutet?

Meine Nerven sind wohl doch noch nicht wieder gesund. Ich hatte Ihre Aufklärung für gestern bestimmt erwartet. Statt dessen kam die Enttäuschung. Mit ihr meine Verwirrung, mein Zorn, mein Wüten gegen meine Umgebung, gegen mich selbst. Alcañizès mag sich für seinen Korb bei Ihnen bedanken.

Im Ernst, mein Freund, Sie sind mir lieb, und ich habe Vertrauen zu Ihnen, wie sonst zu niemandem auf der Welt. Aber wenn Sie mein Sehnen nicht bald erfüllen ...

Verzeihen Sie mir, ich will nicht drohen. Was kann Ihnen auch an der Zuneigung eines Geschöpfes liegen, das nur geboren scheint, sich und andere zu quälen!

Maria-Christina, Königin von Spanien
Nach einem Porträt aus dem Jahre 1844

20. Mai.

Zitternd erbrach ich Ihren Brief, verschlang die acht Seiten. Und was ist das Resultat?

Acht Seiten brauchten Sie, um mir zu raten, daß ich mich an meine Mutter wenden soll. Wie aber kann ich das? Wenn zwischen ihr und meinem Vater Trübes, vielleicht Häßliches vorgegangen ist, kann ich erwarten, daß sie es eingesteht. Daß sie die Schuld nicht auf den Toten wirft. Und selbst wenn sie dies nicht täte, würde immer ein Mißklang zwischen uns bleiben. Niemals würde sie das Gefühl verlieren, daß sie vor ihrem Kinde nicht mehr rein dasteht. Sie werden zugeben, daß dieser Weg unmöglich ist.

Ebenso unmöglich aber ist es für mich, die Frage in mir zum Schweigen zu bringen. Ich habe die unglückliche Eigenschaft, alles bis ins kleinste wissen zu wollen. Ungelöste Rätsel raubten mir schon als Kind Ruhe und Schlaf. Sie selbst lobten immer meinen Verstand. Wahrhaftig, ich fange bald an, die Geistesträgen und Beschränkten zu beneiden. Wißbegierde macht die Menschen unglücklich.

Ich kann mich also mit Ihrer ausweichenden Antwort nicht zufrieden geben. Ich begreife ja den Zwiespalt, in den meine Bitte Sie stürzt. Dennoch muß ich auf ihr bestehen. Diese Unsicherheit, dieser Zweifel richten mich zugrunde. Wählen Sie zwischen mir und meiner Mutter.

Ich weiß, ich verletze die Achtung, die ich Ihnen

schuldig bin und, ach, so gern erweise. Aber ich kann nicht anders!

Habe ich in einer Woche keine Antwort, so weiß ich, daß Sie sich gegen mich entschieden haben. Ich werde Ihnen darum nicht grollen, werde Ihrer stets dankbar gedenken. Aber ... Verzeihen Sie mir!

1. Juni.

Sie haben meine inbrünstige Bitte nicht erfüllt. Dennoch wende ich mich nochmals an Sie, weil ich annehme, daß ich Ihnen die Eröffnungen zu danken habe, die meine Mutter mir heute gemacht hat.

Sie war die Nacht hindurch gefahren, kam früh hier an, schloß sich mit mir ein. Dann teilte sie mir mit, sie habe von Maria Christina den Auftrag erhalten, ohne Verzug nach Neapel zu reisen, um mit den dortigen Verwandten über eine Heirat zwischen Isabella und dem Grafen von Trapani zu verhandeln. Es sei Maria Christinas ausdrücklicher Wunsch, daß ich sie begleite. Ein Wunsch, der sich von einem Befehl nur durch die Form unterscheidet.

Es ist richtig, Maria Christina arbeitet seit langem daran, die Krone Spaniens den sizilianischen Bourbonen auf diesem Wege zuzuwenden, obwohl die fortgesetzten Ehen zwischen Blutsverwandten für die Familie schließlich verhängnisvoll werden müssen. Warum aber schickt sie die Gräfin gewissermaßen als außerordentliche Gesandtin nach Neapel, während die Verhandlungen durch die ständigen Botschafter oder, falls sie Indiskretionen scheut, durch einen direkten Briefwechsel viel einfacher und leichter sein würden? Es ist klar, diese Mission der Gräfin ist nur ein Vorwand, um mich aus Spanien zu entfernen. Fürchtet sie, daß meine "Verrücktheit" Isabella doch noch gefährlich werden könnte?

Ich weigerte mich rundweg, Spanien zu verlassen. Und als die Gräfin mich nach dem Grunde fragte, schoß mir der Gedanke durch den Kopf, die Gelegenheit zu benutzen, eine Aussprache herbeizuführen. Ich erklärte, ich beabsichtige eine Reise allein mit Pepa nach Malaga, Granada und allen Orten, an denen mein Vater gelebt habe. Alles wolle ich erforschen, überall die Leute ausfragen, um endlich ein klares Bild seines Wesens und seines Lebens zu erhalten. Auch an Sie, Mérimée, habe ich mich deshalb bereits gewandt.

Dies alles war, wie gesagt, nur eine List, ein Mittel zum Zweck; keineswegs ein fester Plan, den ich entschlossen war auszuführen. Und ich gestehe Ihnen den Betrug ein, selbst auf die Gefahr hin, daß Sie mich der Gräfin verraten. Ihnen gegenüber wenigstens will ich bis zum letzten Augenblick offen und wahr bleiben.

Auch daß ich Sie erwähnte, war Diplomatie. Zeigte die Gräfin Überraschung, Furcht, so hatten Sie ihr gegenüber geschwiegen; blieb sie ruhig, so hatten Sie mich bereits verraten.

Sie blieb ruhig ...

Ich erhebe keine Anklage. Sie hatten wohl einen zwingenden Grund, in dieser Weise zu handeln ...

Die Gräfin glitt über Ihren Namen hinweg, als habe sie ihn nicht gehört. Sie wunderte sich, daß ich mir die Umstände einer Reise machen wolle, während ich durch eine einfache Frage längst alles von ihr erfahren haben würde. Seltsamerweise entsann sie sich nicht, daß ich diese Frage schon oft an sie gerichtet habe. Sie scheint mich für sehr vergeßlich zu halten.

Und dann entrollte sie vor mir, was zu sehen ich gewünscht hatte - das Bild meines Vaters.

Ich gebe ihre lange Erzählung nicht wieder, hebe nur das Wichtigste heraus. Danach war mein Vater ein Mensch voll maßloser Begierden, unruhiger Ideen, gewaltsamer Entschließungen.

Als armer jüngerer Sohn sich zurückgesetzt fühlend, von Neid und Haß erfüllt gegen die Glücklicheren, bedrängt von wucherischen Gläubigern, nahm er beim Ausbruch der Französischen Revolution seinen Abschied aus der spanischen Armee, ging nach Paris, wurde Republikaner. Später schloß er sich Napoleon an, kehrte mit der französischen Invasion nach Spanien zurück, verlor in der Schlacht bei Salamanca ein Auge, diente Joseph Bonaparte, den Napoleon durch einen Akt des Verrats zum König gemacht hatte. Mit dem Usurpator aus Spanien vertrieben, trat er wieder in den Dienst des Kaisers, nahm an der Gefangensetzung des Papstes teil, kämpfte in den Kriegen gegen Österreich und Rußland. Nach Napoleons Rückkehr von Elba erhielt er die Ehrenlegion, führte bei Waterloo als Oberst ein Artillerieregiment, schoß trotz einer neuen schweren Verwundung von den Buttes-Chaumont die letzte Kugel gegen die Alliierten ab. Aus Frankreich ausgewiesen, in seinem Vaterlande geächtet, von allen Mitteln entblößt, schien er verloren. Aber nun versöhnte er sich mit seiner Familie, bat Ferdinand VII. um Gnade, schwor der Vergangenheit ab, gelobte für die Zukunft Treue. Vom Könige wieder aufgenommen und mit dem Artillerieregiment in Malaga belehnt, heiratete er dort 1817 die reiche Weinhändlerstochter Maria Manuela Kirkpatrick, ließ sich von ihr seine Schulden bezahlen, machte ein großes Haus, ging an den Hof, brachte es dahin, daß er als Generalkapitän nach Granada geschickt wurde. Heimlich aber mit der Revolutionspartei verbündet, verschrieb er sich der Freimaurerei, wurde Großmeister der spanischen Logen, bereitete die Republik vor. Aber die Proklamation, durch die er seine Truppen zum Abfall verleiten wollte, wurde vorzeitig entdeckt; der Schuldige selbst zum Tode verurteilt.

Durch einen Kniefall rettete ihm die Gräfin das Leben, erwirkte die Umwandlung des Urteils in Vermögenskonfiskation und Verbannung nach Murcia. Dies war im Jahre 1820. Nun gelobte er abermals Besserung, entsagte der Freimaurerei, erbot sich zum Verrat seiner Genossen. Ferdinand aber blieb fest, und mein

Vater, von seiner Familie verstoßen, verließ Spanien zum dritten Male, irrte jahrelang in der Fremde, während die Gräfin in Madrid blieb, um für die Wiedererstattung des Vermögens zu kämpfen. Dieses Vermögens, das sie ihm in die Ehe gebracht hatte.

Wie lange ihre Trennung dauerte, ob in diese Zeit Paccas Geburt 1825 und die meinige im folgenden Jahre fiel, worin der Dienst bestand, den die Gräfin später der jungen Königin Maria Christina leistete, und durch den sie die Herausgabe des beschlagnahmten Vermögens, die Begnadigung meines Vaters, seine Ernennung zum Senator erreichte - ich habe nicht danach gefragt, will es auch nicht wissen. Meine Mutter mag vieles übertrieben haben - daß sie meinen Vater haßte, las ich im Funkeln ihrer Augen, im Ton ihrer Stimme, aber wenn auch nur der zehnte Teil von alledem wahr ist ...

Ach, Mérimée, Sie hatten recht, als Sie mir auswichen. Meine Mutter hatte recht, als sie mir die Wahrheit verbarg. Maria Christina, Isabella, Marfori, die Leute des Hofes - alle, alle hatten recht, als sie mich verachteten. Wie ich jetzt diesen Alba verachte, der sich nicht lieber eine Kugel in den Kopf schoß, ehe er eine Montijo heiratete.

Nun ja, er stand vor dem Bankrott, brauchte Geld ...

Ich sehe nun vollkommen klar. Der Mann, der seinen Namen und vielleicht auch sein phantastisches Wesen, seine Lust an Abenteuern auf mich vererbte, war ein Verräter an der heiligen Kirche, an seinem Könige, an seinem Vaterlande.

Ein Verräter ...

Sie als Franzose werden ihn vielleicht entschuldigen. Weil er Frankreich diente. Ich aber bin Spanierin, liebe Gott und mein Vaterland. Alles, was mir heilig ist, hat mein Vater verraten.

Ich habe mich darein ergeben. Und meinen Entschluß gefaßt. Ich werde mit der Gräfin nach Italien gehen und niemals nach Spanien zurückkehren. Alles hier erinnert mich an meine Schande.

Fürchten Sie keine Extravaganz. Ich will mich als Ihre Schülerin zeigen. Menschenverachtung habe ich gelernt, vielleicht lerne ich auch Ihr Lächeln. Dieses Lächeln des Mitleids mit den anderen und mit sich selbst.

Antworten Sie mir nicht und erwarten Sie keinen Brief mehr von mir. Klein und albern erscheint mir alles nach diesem, was mir geschah. Sollten wir uns einmal begegnen, so gehen Sie an mir vorüber, und sehen Sie mich nicht an. Und lieben Sie mich nicht mehr. Niemand soll mich lieben. Ich weiß nun, daß ich es nicht wert bin ...

Dreizehntes Kapitel

In Neapel empfing Ferdinand II. die Vertraute seiner Schwester Maria Christina in feierlicher Audienz, überhäufte sie mit Gunstbeweisen, Artigkeiten. Und während er mit der Gräfin in monatelangen geheimen Verhandlungen um die Bedingungen für die Vermählung seines Bruders, des Grafen von Trapani, mit Isabella feilschte, veranstaltete er Eugenie zu Ehren Hoffeste, Theateraufführungen, Ausflüge nach dem Vesuv, nach Herculanum und Pompeji, Capri, Palermo, dem Ätna. Geflissentlich schien er sie auszuzeichnen, stellte sie überall in den Mittelpunkt, so, daß es allgemein auffiel. Er aber erklärte seine Gunst mit seinem Schönheitssinn und mit der Häßlichkeit der Neapolitanerinnen. Seit den Tagen der Lady Hamilton habe Neapel keine blonde Schönheit mehr gesehen; was Wunder, daß er die Gelegenheit nutze, in der Bewunderung einer Venus von Fleisch und Blut zu schwelgen!
Und wie sein Großvater Ferdinand I. einst die schöne Freundin Nelsons genannt hatte, so nannte er nun Eugenie: die goldene Madonna.

Lachend ließ sie es sich gefallen, stürzte sich voll toller Lustigkeit in das Vergnügen, schien an nichts zu denken als an Triumphe, Eroberungen. Aber in stillen Mondnächten, wenn die Erinnerungen in ihr aufstiegen, flüchtete sie sich aus dem Lärm der Feste, der prickelnden Lust der Koketterie, dem Rausch der Huldigungen in die Einsamkeit des Golfs. Stunden brachte sie dort zu, in einer Barke durch die bleiche Helle gleitend, während Pepa ihr jene maurischen Lieder der Sehnsucht ins Ohr raunte.

Hatte sie es sich nicht geschworen, nicht mehr zu denken, nicht mehr zu träumen? Plötzlich fuhr sie dann auf, kehrte zu den kalten Dingen, den gleichgültigen Menschen, den freudlosen Festen zurück. Eine Venus nannte man sie von Fleisch und Blut? Sie aber kam sich vor wie eine jener Marmorgottheiten, die in den Prunksälen der Paläste zur Schau gestellt waren. Ihren tausendjährigen Gräbern entrissen, starrten sie fühllos aus leeren Augenhöhlen in eine fremde Welt, ein fremdes Leben ...

Ende Oktober erhielt die Gräfin eine Botschaft Maria Christinas. Erregt gab sie Eugenie den Brief.

Maria Christinas Ziel, durch eine Heirat zwischen Isabella und Trapani Spanien an die sizilianischen Bourbonen zu bringen, war in Frage gestellt. Offen und geheim bekämpften es gewichtige Gegner.

In den Cortes hatte sich plötzlich eine Partei gebildet, die, alle Ausländer verwerfend, einen geborenen Spanier zum Königingemahl verlangte, als Kandidaten Franz d'Assisi, des Infanten de Paula Sohn, aufstellte. Eine andere Partei dagegen forderte engen politischen Anschluß Spaniens an Frankreich, unterstützte den Herzog von Montpensier, für den sein Vater, König Louis-Philippe von Frankreich, um Isabellas

Hand warb. Für Trapani erhob sich kaum eine Stimme.

Dennoch bestand Maria Christina darauf, ihren Willen durchzusetzen. Aber ihre enge Verwandtschaft mit den einzelnen Bewerbern zwang sie zu äußerster Vorsicht.

Sie schrieb:

Darum wende ich mich an Sie, liebe Freundin. Sie sind die einzige, zu deren Taktgefühl und Diskretion ich in meiner Lage Vertrauen habe. Ich bitte Sie, reisen Sie ohne Verzug nach Paris, sondieren Sie das Terrain, bieten Sie alles auf, die Pläne der Orléans zu durchkreuzen. Aber Vorsicht, Vorsicht! Mein Schwager ist ein Fuchs, sobald er etwas merkt, ist alles verloren.

Ihnen eine Empfehlung an Maria Amalia mitzugeben, darf ich unter diesen Umständen nicht wagen. Was von mir kommt, ist von vornherein verdächtig. Wenden Sie sich wegen einer solchen an Maria Antonia, sie kennt den französischen Hof genau, ist im stillen auf meiner Seite und kann Ihnen nützliche Winke geben. Florenz liegt ja auf Ihrem Wege.

Vielleicht ist es gut, das Gerücht zu verbreiten, Sie seien mit mir zerfallen und aus Spanien verbannt. Sagen Sie meinetwegen, ich habe Sie letzthin in Carabanchel aufs tiefste beleidigt. Meine schnelle Abreise wird dies glaubwürdig erscheinen lassen. Je mehr Sie sich gegen mich feindselig zeigen, um so schneller werden Sie das Vertrauen meines Schwagers gewinnen.

Setzen Sie alles daran, hinter seine Schliche zu kommen. Suchen Sie besonders zu erfahren, wen er hier in Madrid als Werkzeuge seiner Intrigen gegen mich benutzt!

Aber ich weiß, daß Sie keine Verhaltensmaßregeln brauchen; Ihrer erprobten Klugheit kann ich alles ruhig überlassen.

Isabella läßt unsere teure Eugenia herzlichst grüßen, sie hat sich sehr gefreut zu hören, daß ihre amiga wieder wohlauf ist und das Leben genießt. Umarmen Sie das liebe Kind für mich, ebenso Pacca, die Sie ja nun bald in Paris sehen werden.

Schreiben Sie mir gleich, wann Sie reisen, Ihre nächste Nachricht erwarte ich dann aus Florenz. Maria Antonia habe ich über Sie bereits unterrichtet.

Wegen d'Assisi machen Sie sich keine Sorge. Befreien Sie mich von Montpensier, so werde ich mit ihm bald fertig werden. Isabella, die sich anfangs durch das nationalistische Geschrei in den Cortes hatte einschüchtern lassen, habe ich bereits umgestimmt. Sie findet jetzt auch, daß der arme Franz als König doch eine gar zu komische Figur machen würde.

Leben Sie wohl, Teuerste, und rechnen Sie auf die dankbare Gesinnung Ihrer aufrichtigen Freundin
Maria Christina.

Franz d'Assisi ... Unwillkürlich erinnerte sich Eugenie des Planes, den Isabella ihr am Abend vor Paccas

Hochzeit anvertraut hatte: durch eine Heirat mit ihrem Vetter Franz d'Assisi sich der Vormundschaft ihrer Mutter zu entziehen und gleichzeitig in Serraños Besitz zu gelangen. War das nur eines jener flüchtigen Gebilde ihrer bizarren Phantasie gewesen, durch die sie ihre Umgebung zuweilen in Staunen und Schrecken zu setzen liebte? Oder glaubte sie die Zeit gekommen, das in Zarzuela angekündigte Juego del tresillo gegen Maria Christina und Narvaez zu beginnen, indem sie, diesen die Cortes, das gefürchtete Volk, entgegenwerfend, sofort die Spadille, den höchsten Trumpf, ausspielte? Seltsam war es auf jeden Fall, daß plötzlich dieser neue Thronkandidat auftauchte, an den niemand gedacht hatte, und daß sogleich, wie aus dem Nichts hervorgezaubert, eine neue große Partei aufstand, die den Schwachgeistigen auf ihren Schild erhob, zu seinen Gunsten die nationale Leidenschaft stachelte!

Spannung stieg in Eugenie auf. Aufregend, pikant erschien ihr die Situation, fast wie bei jenen berühmten englischen Pferderennen zu Epsom, bei denen sie ihre ersten Wetten verloren hatte. Maria Christinas Favorit war Trapani, Isabellas Franz d'Assisi, beider Gegner Montpensier. Wer würde siegen? Wie, wenn gerade der verhaßte Dritte, der Außenseiter, als erster durchs Ziel ging? Ein witziger Ausgang.

Und gleichzeitig für Eugenie eine Revanche. An Isabella, an Maria Christina. Erfahren würden sie, daß auch Königinnen nicht ungestraft beleidigen durften.

Wenn sie es unternahm? Wenn sie, die Geringgeschätzte, mit Füßen Getretene, alle Pläne der übermütigen zunichte machte, Montpensier zum Siege verhalf ...

Ja, rächen wollte sie sich, rächen! Die marmorstarre Fühllosigkeit, mit der ihre Jugend die anderen erschreckte, an die sie selbst schon geglaubt hatte - eine mühsam festgehaltene Maske war sie, hinter der sich das martervolle Bewußtsein ihrer Ohnmacht verbarg. Nun, da am düsteren Himmel ihrer Hoffnungslosigkeit wie ein ferner Lichtschimmer die Möglichkeit der Vergeltung erschien, erkannte sie es. Alles in ihr brannte, schrie nach der Tat.

Und warum sollte es nicht gelingen? Wege würden sich in Paris finden. Nur mußte es heimlich geschehen, niemand durfte das Werk ahnen ...

Auch lustig würde es sein, zu sehen, wie die Mutter all ihren gerühmten Scharfsinn aufbot, etwas zu erreichen, das die Tochter mit leiser Hand ihr immer wieder entrückte.

List? Verstellung? Häßlich war es, niedrig. Niemals hätte sie früher geglaubt, eines solchen Gedankens fähig zu sein. Bei wem aber war das Unrecht? Wer trug die Schuld, daß sie so geworden war?

Gleichgültigkeit heuchelnd gab sie der Gräfin den Brief zurück. Willigte achselzuckend in den Aufbruch.

Florenz ...

Sie stiegen in einem Hotel an der Piazza della Signoria ab. Von hier aus hatte die Gräfin nur wenige Schritte zurückzulegen, um zu Maria Antonia in den Palazzo Pitti zu gelangen. Täglich, sobald die Zeit der offiziellen Empfänge vorüber war, verließ sie das Hotel, passierte die Loggia dei Lanzi, tauchte in dem Gewühl zwischen den Goldschmiedsbuden des Ponte Vecchio unter, verschwand ungesehen im Boboligarten an der Rückseite des Palastes. Dort erwartete sie ein Diener, der sie durch eine versteckte Pforte in die Gemächer der Großherzogin führte.

Abends, nach hereingebrochener Dunkelheit, kam sie zurück, die Taschen voll kleiner Zettel, auf die sie nach Maria Antonias Schilderungen kurze Notizen über Charakter, Vergangenheit, Lebensführung der einflußreichen Personen am französischen Hofe geworfen hatte. Sie gab sie Eugenie, erklärte sie ihr, ließ sie von ihr ordnen, in eine Art Geheimbuch eintragen, zu ausführlichen Berichten an Maria Christina zusammenstellen.

Anfangs verwirrte Eugenie die Fülle der Namen, das Durcheinander der wechselseitigen Beziehungen. Bald aber wurden ihr die Zusammenhänge klar. Die ganze Chronique scandaleuse von Paris breitete sich vor ihr aus, mit Lüsten und Lastern, Verbrechen und Ungeheuerlichkeiten, die sie nie für möglich gehalten hätte.

Merkte die Gräfin den Eindruck dieser Geschichten auf Eugenie nicht? Unermüdlich war sie in breitem Erklären, skeptischem Deuten, raffiniertem Ersinnen von

Intrigen, die sie auf jenen aufbauen wollte. Der Geist des Machiavelli schien über sie gekommen, des Fürstenlehrers, dessen Geburtshaus sie erblickte, wenn sie in den Palazzo Pitti schlich. Seine Staatskunst war es, die ihre Worte tränkte, ihre Pläne zeugte. Diese diabolische Kunst, die Menschen an ihren Leidenschaften zu gängeln, durch ihre Schwächen zu unterjochen, ihre Tugenden durch Mißbrauch in ihr Gegenteil zu verkehren. Unglaube war der Weg zur Weisheit, Skrupellosigkeit der Hebel zur Macht.

Grauen beschlich Eugenie. In einen Abgrund voll Fäulnis und Verderbtheit glaubte sie zu blicken.

Nun verstand sie den frühreifen Zynismus der Königin. "Wer herrschen will, muß alt sein, auch wenn er jung ist!" hatte Maria Christina Isabella gelehrt. Und ihres Kindes harmlose Jugend vergiftet.

Darum haßte und verabscheute Isabella ihre Mutter. Auch sie, Eugenie, war sie nicht nahe daran, die ihrige zu hassen und zu verabscheuen? Atemlos saß sie, horchte auf das Furchtbare, kämpfte gegen das ätzende Gift. Erlag aber immer wieder dem dämonischen Reiz der Erkenntnis. Wie eine Flamme schlug es ihr aus den Worten der Gräfin entgegen. Hinstarren mußte sie wie gebannt, zu ihr hinstreben, wie von einer unsichtbaren Hand vorwärts gestoßen.

Eine Flamme, in der alles verging, was in ihr und um sie war.

Aber in den Stunden, da sie sich selbst überlassen

war, während die Gräfin im Palazzo Pitti weilte, kam Ruhe und Trost über sie. Hinter ihr sank Machiavells düstere Hölle in die Schatten der Vergessenheit, vor ihr erhob sich in strahlendem Glanze der Sonnenhimmel des Schönen.

Von Pepa begleitet, durchstreifte sie die Museen, Galerien, Paläste, Kirchen, vertiefte sich in die Wunderwerke, mit denen vier begnadete Jahrhunderte die Stadt überschüttet hatten, fühlte sich wie zu den Sternen erhoben von der Kraft und Fülle des menschlichen Genies.

Verrocchio, Michelangelo, Benvenuto Cellini, Carracci, Leonardo da Vinci, Tintoretto, Tizian, Raffael, Rubens, Correggio ...

Ehrfurcht erfüllte sie vor der Reinheit des Willens, der in diesen Malern, Bildhauern, Baumeistern geglüht hatte. Leuchtende Blumenkelche waren ihre Offenbarungen, im verlorenen Garten des Paradieses erblüht, von dem barmherzigen Schöpfer als Symbole des Ewigen auf den Dornenweg der Menschheit gestreut. Was war ihnen gegenüber das wichtigtuerische Ränkespinnen der Diplomaten, das bramarbasierende Säbelrasseln der Kriegsleute, das kurzsichtige Eintagsstreben der Staatsmänner! Lehrer, Priester, Könige - auch ihr Wirken war nichtig, wenn sie nicht ihr Höchstes, Heiligstes darin erblickten, sorgsame Gärtner der göttlichen Wunderblume zu sein, Liebe zu ihr in die Herzen der Menschen zu säen. Diese Liebe, die mit weicher Hand dahinführte, im Kleinen das Große, im Unzulänglichen das Vollkommene, im Vergänglichen das Ewige, in der Kreatur den Schöpfer zu ehren.

Selige Stunden der Selbstvergessenheit! Frei und leicht fühlte sie sich, wie der Erde entrückt. Als schwebe sie auf dem warmen Atem der Sonne dem Himmel entgegen, während eine einzige sanft geschwellte, erhabene Melodie den unendlichen Raum füllte.

Eines Tages las sie in den Zeitungen die marktschreierische Ankündigung einer Ausstellung, die Fürst Anatol Demidow, ein in Florenz lebender Russe, in seinem Palais veranstaltete. Zeichnungen, Gemälde, Skulpturen sollte sie enthalten, täglich vormittags gegen geringes Entgelt den Besuchern offenstehen, dem Andenken Napoleons, des unsterblichen Weltreformators, gewidmet sein. Napoleon ...

Noch immer bewunderte sie den eisernen Willen, mit dem der hungernde Leutnant sich den Weg zur Macht gebahnt hatte. Aber unsterblicher Weltreformator? Was war von seinem Glanze geblieben? Und was hatte er für das Göttliche im Menschen getan, daß man es wagen durfte, ihn hier auf diesem Boden zu ehren, der das gebrechlichste seiner Werke getragen hatte, während jeder Stein die Namen der wahren Unsterblichen kündete?

Graf von St. Leu und Fürst von Montfort hatten, wie es hieß, wertvolle Stücke aus dem persönlichen Gebrauch des Kaisers der Ausstellung hinzugefügt.

Graf von St. Leu? Exkönig Ludwig von Holland! Fürst von Montfort? Exkönig Jérôme von Westfalen! Warum blieben sie nicht still in dem verdienten dunklen Winkel, in den sie die Gnade der Sieger gewiesen? Suchten sie statt dessen prahlerisch von dem Nachruhm ihres großen Bruders zu zehren, dem sie mit ihrer Unzulänglichkeit allezeit im Wege gewesen waren?

Als eine Entweihung der Tempel, der höchsten Kunst bestimmten Stadt, erschien Eugenie diese Ausstellung, als eine Verunglimpfung des Namens Napoleon. Verächtlich warf sie die Zeitungen beiseite, entschlossen, nicht hinzugehen.

Als sie ein paar Tage später mit Pepa am Palais Demidow vorüberkam und das Plakat über dem Tor erblickte, trat sie ein, neugierig, zu sehen, womit die Parasiten das Andenken ihres toten Nährers geehrt hatten.

Der Saal war fast menschenleer, dennoch umfing sie eine schwere, atemraubende Luft, erzeugt von den dicken Stoffen der geschlossenen Portieren, dem Staubgeruch, der von den ausgestellten Gegenständen aufstieg, dem stickigen Dunste, den die Menge der Besucher zurückgelassen hatte.

Zwei Diener unterhielten sich flüsternd in einer Fensternische, ein dritter kam Eugenie und Pepa entgegen, begann in monotonem Wortfluß ihnen das Ausgestellte zu erklären.

Kleine Tische waren über den Raum verteilt, bedeckt mit bunt durcheinandergeworfenen Dingen aus dem persönlichen Gebrauch des Kaisers. Befleckte Uniformen, verrostete Degen, zerrissene Schärpen. Theatralische Lächerlichkeiten nach Art der Austerlitz-Fahne des Helden von Straßburg und Boulogne. Hüte, Stiefel, Westen. Firlefanz, von dem seiner überdrüssigen Besitzer achtlos fortgeworfen, von kriechenden Höflingen speichelleckerisch aufgehoben, von verständnislosen Epigonen als Dokumente seines Wesens der Nachwelt vorgeführt.

Und das wagte man gebildeten Menschen zu bieten? Menschen, die hereinkamen, berauscht von dem süßen Zaubertranke ewiger Schönheit, erdrückt von den ragenden Monumenten einer zweitausendjährigen Geschichte voll gigantischer Taten, unerhörten Heldentums?

Fast als persönliche Beleidigung empfand Eugenie die Zumutung. Und als der Diener sich einem Tischchen zuwandte, auf dem Toilettenutensilien Napoleons lagen - Badeschwämme, Handtücher, Brenneisen, Nägelglätter - stieg ihr das Blut in den Kopf. Heftig gebot sie ihm Einhalt, wandte sich zornig hinweg.

Aber sie ging noch nicht. Die Bilder an den Wänden des Saales fesselten sie. In Originalen und Kopien waren hier die Maler zusammengebracht, die ihre Kunst unter das Zepter jenes unbändigen Herrscherwillens gebeugt hatten. Vernet, Chelminsky, Arnault, Bellangé, Delaroche, Godefroy, David, Girodet, Gérard, Gros -

Eugenie kannte ihre Napoleonbilder fast alle. Sie hatte sie bei Beyle und Mérimée gesehen und eine Erinnerung an sie bewahrt, wie an etwas Großes, Überwältigendes.

Heute aber - warum vermochte sie sich zu der alten Begeisterung nicht aufzuschwingen? Wirkte noch der Unmut über jene Geschmacklosigkeiten in ihr? Oder hatten die Meister der Renaissance ihr den Blick geschärft? Keines dieser Bilder befriedigte sie mehr. Sie vermißte die edle Einfachheit der Alten, hatte das Gefühl des Gekünstelten, Emporgeschraubten, wurde unwillkürlich an die theatralische Pose der Schauspieler erinnert.

Aber vielleicht hatte, wie überhaupt in den Korsen, so auch in Napoleon dieses Schauspielerische gesteckt, das seine Darsteller wiedergeben mußten, wenn sie wahr bleiben wollten ...

Dennoch bereute sie nun nicht mehr, hergekommen zu sein. Neben der schweigenden Pepa, auf einem niederen Polster in der Mitte des Saales sitzend, ließ sie den Blick über alle diese Bilder wandern, die voneinander so verschieden waren und doch ein Gemeinsames hatten.

Wille straffte das bleiche Oval des Gesichts, den kühnen Bogen des Mundes. Wille türmte den massigen Bau der Stirn. Wille brannte aus dem begehrenden Drohen der Augen ...

Wo hatte sie dieses unterjochende Herrengesicht

nur schon gesehen? Nicht auf jenen toten Bildern Beyles und Mérimées. Lebend, fleischgeworden hatte es vor ihr gestanden, sich über sie gebeugt ...

Einem Feuerstrahle gleich hatte der Blick dieser Augen ihre Seele durchbohrt ... wilde Gedanken waren von dieser Stirn zu ihr herübergesprungen, flammende Wünsche hatte dieser Mund in ihr aufgepeitscht ...

Wie es zu ihr herüberstarrte! Was half es ihr, daß sie die Augen schloß, es nicht mehr zu sehen! Überall war es, von allen Seiten drang es auf sie ein. Durch die zusammengepreßten Lider zwängte es sich ... griff nach ihr ... drohte ... begehrte ...

Was sprach es? Was sprach es?

Nein, das war Pepas Stimme. Was wollte Pepa? Warum blickte sie besorgt?

Ach ja, ihr war schlecht. Die stickige Luft, der Staubgeruch schnürte ihr die Brust zusammen. Besser war es, endlich fortzugehen.

Mühsam erhob sie sich, griff taumelnd nach Pepas Hand.

Draußen fing sie an zu hasten. Als werde sie verfolgt. Endlos erschien ihr der düstere Hof, der enge Torweg ...

Plötzlich wurde die Pforte von der Straße her geöffnet. Ein Sonnenstrahl fiel herein. In ihm erschien die Gestalt eines Mannes, seltsam groß, wie von feuriger Lohe umflossen. Eilig kam er heran.

Er sah sie wohl nicht, stieß sie an. Eine Entschuldigung murmelnd blieb er stehen, zog den Hut, wandte sich ihr zu ...

Diese Stirn, dieser Mund, diese Augen ...

War der Kaiser aus seinem Sarkophag im Dom der Invaliden gestiegen? Und kam er, mit einem Fußtritt jene Tische der Albernheit umzuwerfen?

Warum starrte er sie so an?

Zitternd richtete sie sich auf, ging weiter. Aber unter dem Tor zwang etwas ihr den Kopf zurück.

Noch immer stand er entblößten Hauptes, blickte ihr nach.

Jäh schoß es in ihr auf, wo sie ihn gesehen. In Carabanchel, in jenem Traum vor Albas Hochzeit. In seine Arme hatte er sie gerissen, Isabella von Thron gestoßen, Eugenie das Diadem aufgesetzt.

Ein Diener kam über den Hof. Der Mann sprach mit ihm, schien zu ihr hinzudeuten, nach ihr zu fragen ...

Die Bewegung ernüchterte sie. Was hatte sie an diesem Menschen nur gesehen? Ein junger Mann war er, der dem Kaiser ein wenig glich. Ein Stutzer, der einem Mädchen nachblickte. Das war alles.

Sie trat auf die Straße. Hinter ihr fiel das Tor zu. Mit dumpfem Hall.

Was war ihr nur? Warum jagte etwas in ihr auf wie Angst? Als türme die Pforte eine Mauer zwischen sie und ein Wunderbares, Winkendes, Langersehntes ...

Krampfhaft umklammerte sie Pepas Arm.

"Jener Mann - sahst du ihn? Wer ist er? Geh, lauf!

Erkundige dich! Ich will wissen, wer er ist! Hörst du? Wer er ist ... wer er ist ..."

Eine Stunde später kam Pepa ins Hotel, berichtete. In die Ausstellung zurückgekehrt, hatte sie die Dienerschaft durch ein schnell ersonnenes Märchen in Aufregung versetzt. Ihrer Dame war eine Brillantnadel von unermeßlichem Werte abhanden gekommen, eben, hier. Entweder war sie im Saal verlorengegangen, dann mußte sie gefunden werden, oder sie war gestohlen, dann mußte man die Polizei benachrichtigen. Die Umstände sprachen für den Diebstahl. Auf dem halbdunklen Hofe war die Dame von einem Herrn angesprochen worden.

Dieser Herr hatte wie ein Kavalier ausgesehen, aber sahen in Italien nicht alle Briganten aus wie Kavaliere, und alle Kavaliere wie Briganten?

Erschreckt fuhr Eugenie auf.

"Pepa! Das wagtest du?"

Pepa lachte.

"Jedenfalls erreichte ich, was ich wollte. Der Diener, der mit dem Fremden gesprochen hatte, meldete sich. Entrüstet stellte er mich zur Rede, wie ich es wagen könne, seinen Herrn, einen kaiserlichen Prinzen, Räuber zu nennen. Der Fremde war also ein kaiserlicher Prinz! Schön. Ich tat sehr bestürzt, sehr zerknirscht. Jetzt aber bestand ich darauf, daß der Prinz nach der Nadel gefragt werde. War es nicht möglich, daß sie sich bei dem Anprall von der Schulter meiner Dame gelöst hatte und mit der Spitze im Mantel des Prinzen steckengeblieben war?"

"Aber wozu das alles?"

"Ich wollte doch erfahren, ob meine Herrin ihm gefallen hat. Hatte sie ihm gefallen, so würde er sofort kommen, mich nach ihr auszufragen. War das falsch gedacht? Nein, es war nicht falsch gedacht. Er kam, Herrin, er kam! Und fragte mich aus. Und weiß nun, wer die Herrin ist, und wohin er ihr Nachricht über die verlorene Nadel bringen kann. Denn das wird er tun, Herrin. Er selbst hat es gesagt. Und dabei gab er mir für die Herrin einen Brief."

Sie zog ein verschlossenes Kuvert hervor, hielt es Eugenie hin. Lässig deutete Eugenie auf einen Tisch.

"Leg' es dort nieder! Ich weiß, du meintest es gut, aber du hast unbesonnen und übereilt gehandelt. Geh jetzt, ich will überlegen, wie es wieder gutgemacht werden kann."

Pepa zeigte ein bestürztes Gesicht, aber in ihren Augen war ein verschmitztes Leuchten.

"Die Herrin zürnt mir? Wenn der Prinz kommt, soll Pepa ihn abweisen?"

Mit strengem Blick richtete Eugenie sich auf, wies nach der Tür.

"Geh, geh! Ich will allein sein!"

Pepa ging.

Zorn war in Eugenie, über sich selbst. Hatte sie es denn immer noch nicht gelernt, sich zu beherrschen?

Welche Sinnlosigkeit, Pepa um den Namen des Fremden zu schicken, sich in die Hand einer Dienerin zu geben!

Nun blieb nur das eine, jenen, wenn er kam, abzuweisen ...

Abweisen? Aber was gab es denn hier zu verheimlichen? Sie war doch nicht wahnsinnig? Der eine Blick dieses Menschen hatte doch nicht genügt, alles in ihr in Brand zu setzen? Sie raffte sich auf, nahm das Kuvert, öffnete es. Eine Karte fiel heraus. Laut las sie den Namen.

"Napoleon Bonaparte, Kaiserlicher Prinz von Frankreich."

Der Held von Straßburg und Boulogne?

Aber saß der komische Märtyrer nicht, zu lebenslanger Haft verurteilt, in seinem lustigen Gefängnis auf der Festung Ham?

Vierzehntes Kapitel

Sie grübelte noch, als Pepa ihr den Prinzen meldete.

Er kam, machte ihr eine leichte Verbeugung, trat nahe an sie heran.

"Vorhin, im Halbdunkel des Torwegs, glaubte ich plötzlich Aphrodite zu erblicken. Ich habe mich nicht getäuscht. Ihr Profil hätte Caradosso zu seiner schönsten Kamee begeistert."

Neugierig, rücksichtslos musterte er sie, schien sie im Geiste zu entkleiden. Dieser Mensch war entweder ein Unverschämter oder sehr naiv.

Unwillig warf sie den Kopf zurück.

"Sind Sie hergekommen, um mir Schmeicheleien zu sagen?"

"Sie lieben Schmeicheleien nicht? Ich auch nicht. Ich sage stets, was ich denke. Ich finde Sie sehr schön und wünsche, Ihnen zu gefallen. Und da Sie in bezug auf mich denselben Wunsch haben ..."

Heftig unterbrach sie ihn.

"Ich? Wie kommen Sie darauf? Sie scheinen sehr ..."

"Eitel? Das ist nicht ganz richtig. Ich bin nur daran gewöhnt, daß man sich an mich drängt, meine Bekanntschaft sucht. Wegen meines Napoleongesichts. Auch eine Art Ruhm, nicht wahr? Nun, ich hoffe, noch einmal beweisen zu können, daß ich nicht nur das Gesicht geerbt habe. Ich gefalle Ihnen also nicht? Dann gestatten Sie, daß ich mich zurückziehe, nachdem ich den äußeren Vorwand meines Besuches zur Geltung gebracht habe." Er zog ein kleines Paket hervor, öffnete es, hielt es Eugenie hin. Ein seltsames Lächeln umspielte seine Lippen. "Ihre Dienerin scheint richtig vermutet zu haben. In meinem Mantel steckte wirklich eine Nadel. Hier ist sie. Darf ich sie Ihnen überreichen?"

Ein diademartiges, mit kostbaren Steinen besetztes Geschmeide funkelte Eugenie entgegen. Verwirrt starrte sie hin.

"Aber das ist der Schmuck einer Königin!" stieß sie endlich hervor. "Er gehört nicht mir. Eine andere muß ihn verloren haben!"

Immer noch lächelte er.

"Eine andere? Ich glaube nicht. Es gibt in der Welt nur einen Schmuck dieser Art: diesen. Napoleon schenkte ihn der Prinzessin Katharina von Württemberg zu ihrer Hochzeit mit dem König von Westfalen. Als Sie mir begegneten, war ich im Begriff, ihn in die Ausstellung zu bringen."

Überrascht, betroffen schrie sie auf.

"Und trotzdem bringen Sie ihn mir?"

"Ich wünschte, Sie kennenzulernen. Und da ich keine andere Nadel zur Hand hatte ... übrigens, beruhigen Sie sich! Hätten Sie den Schmuck als Ihr Eigentum reklamiert, so hätte ich ihn wieder eingesteckt und Aphrodite gebeten, ihr etwas anderes, weniger Historisches anbieten zu dürfen." Er nickte ihr zu, mit dieser unerschütterlichen Ruhe, die ihr ganzes Blut in Wallung setzte. "Nun fühlen Sie sich beleidigt, nicht wahr? Weil Sie die Gräfin Eugenia di Teba y Montijo sind? Ach, Komtesse, die Geschichte lehrt, daß hoher Rang nicht vor der Lust an bunten Steinen schützt. Um so mehr freut es mich, daß Sie eine Ausnahme sind. Für einen Prinzen von Habenichts, wie ich es bin, ist eine juwelenlüsterne Geliebte ein unerschwinglicher Luxus. So aber brauche ich noch nicht zu verzweifeln, nicht wahr? Meine - Schmucklosigkeit wird Sie nicht hindern, mich zu lieben?"

Scherzend sprach er, in dem leichten, arroganten Plauderton der Pariser Boulevardiers. Lächerlich würde es sein, ihm entrüstet zu antworten. Auch gefiel ihr, daß er geradewegs auf sein Ziel losging. Er war wie der Mann, dem er glich. Der sah, begehrte, nahm.

"Sie zu lieben?" Sie suchte seinen Ton nachzuahmen, aber ihr Herz begann schneller zu schlagen. "Ich sehe Sie zum erstenmal, mein Prinz. Finden Sie nicht, daß Sie ein wenig zu schnell gehen?"

Sein Auge sprühte eine Flamme über sie hin. Seine Stimme wurde plötzlich dunkel, rauh, leidenschaftlich.

"Ich hasse die Unklarheiten und Umwege. Entweder man liebt, oder man liebt nicht. Und wenn man liebt, weiß man es sofort. Ich wußte es im ersten Augenblick und Sie - warum wurden Sie blaß, als Sie mich sahen? Und warum wandten Sie sich unter dem Tor nach mir zurück? Weil ich gerade eben gedacht hatte: 'Ich will, daß diese Frau mich liebt!' Sie drehten sich um, als hätte ich es Ihnen zugeschrien. Dann, als das Tor hinter Ihnen zufiel - ich wußte nichts von Ihnen, Sie nichts von mir; spurlos würden wir einander entschwinden. Wissen Sie, was ich da dachte? 'Ich will', dachte ich, 'daß diese Frau aus eigener, freier Entschließung mir die Möglichkeit schafft, sie wiederzufinden. Ich will, ich will!'

Nun, Komtesse? Wenn Sie den Mut der Offenheit besitzen, so antworten Sie mir! Warum verloren Sie die Nadel? Geschah es nicht, damit Sie einen Vorwand erhielten, Ihre Dienerin zurückzuschicken, mir durch sie Nachricht zu geben?"

Er griff nach ihren Händen, zog sie zu sich heran, beugte sich über sie. Sie wußte, nur zu lächeln, schweigend zu lächeln brauchte sie, und er küßte sie, und sie war sein. Und warum sollte sie nicht? Gefiel er ihr nicht? Warum also nicht endlich das Große, Oftgeträumte, märchenhaft Wunderbare selbst erleben?

Einmal. Und dann weiterziehen ...

Sie wollte lächeln, schweigen. Aber dann ...

Plötzlich schoß ein Gedanke in ihr auf, verführerisch, prickelnd, von überwältigender Lustigkeit. Sie brach in ein grelles Gelächter aus, und ihre Stimme, diese neugierig bohrende, halb girrende, halb spottende Stimme, bekam einen scharfen Ton, vor dem sie selbst erschrak.

"Ich will! Ich will! Sie scheinen von der magnetischen Kraft Ihres Willens sehr überzeugt, Prinz. Wie aber, wenn Sie sich trotzdem getäuscht hätten? Wissen Sie ganz genau, daß mir wirklich eine Nadel verlorengegangen ist? Kann diese ganze Geschichte nicht einfach eine Erfindung meiner Zofe sein? Ersonnen zu dem Zweck, sich Ihnen zu nähern? Sie haben Pepa ja gesehen; sie ist intrigant, heißblütig, Zigeunerin. Vielleicht hat sie sich in Sie veliebt. Wollen Sie sie selbst fragen? Soll ich sie rufen?"

Er hatte sie losgelassen, jäh, als habe er einen Faustschlag empfangen. Dunkelrot, den Mund zusammengepreßt, starrte er sie an. Aber da sie zum Glockenzug ging, stürzte er zu ihr hin, vertrat ihr den Weg.

"Ist das wahr, Komtesse? Belügen Sie mich nicht! Wußten Sie nichts von der Nadel?"

Belügen! Und wie er sie anschrie!

Kalt richtete sie sich auf.

"Es ist so, wie ich Ihnen sagte. Ich habe keine Nadel verloren, habe auch Pepa nicht zu ihrem Betruge angestiftet. Und was Ihre Schlußfolgerungen betrifft ..."

Sie fühlte, daß sie lügen würde, wenn sie auch diese leugnete, und verstummte. Half sich mit einem Achselzucken über ihre Verlegenheit hinweg.

Er war von ihr zurückgewichen. Stand einen Augenblick wie betäubt. Langsam ging er dann zum Tisch, auf dem das Papier mit dem Schmuck lag. Er wollte es zusammenraffen, aber seine zitternden Hände ließen es zu Boden fallen. Hastig beugte er sich hinab, griff nach ihm ... fand es nicht ... suchte ... tastete umher ... wie ein Blinder ...

Verächtlich starrte sie auf ihn nieder. Welch ein Dummkopf er war, sich von einem einzigen spöttischen Wort in die Flucht schlagen zu lassen! Wie alle Männer war er, Wachs in der Hand einer entschlossenen Frau. Aber auch stolz war er, besaß Geschmack. Nahm nicht wie Alba die erste beste, die sich ihm bot. Alba hätte sich von dem Hinweis auf die Kammerzofe wohl auch beleidigt gezeigt, wäre aber dann heimlich hingegangen und hätte sich an ebendiese Kammerzofe gemacht ...

Wenn sie sich nun zu ihm hinabbog, ihm suchen half ... seine Hand dabei wie zufällig berührte ... ihm nachher lachend gestand, daß sie es doch gewesen war, die Pepa sandte ...

Sie machte einen Schritt zu ihm hin. Aber es war zu spät. Eben hatte er das Papier gefunden, und nun kam die Gräfin herein.

Sie schien vom Besuch des Prinzen bereits unterrichtet, begrüßte ihn ohne ein Zeichen der Überraschung in ihrer lebhaften, liebenswürdigen Art. Und da er den Schmuck noch in der Hand hielt, knüpfte sie scherzend an.

"Welcher Kaiser hat Sie abgesandt, meiner Tochter dies Diadem zu Füßen zu legen? Wissen Sie auch, daß ihr von einer schicksalskundigen Zigeunerin ein Kaiserthron prophezeit worden ist?"

Prinz Napoleon (Jérôme) Bonaparte
in seinem Arbeitszimmer
Nach einer Zeichnung von Paul Gavarni

Mürrisch sah er sie an, ungewiß, ob sie sich nicht über ihn lustig mache.

"Ein Bonaparte Abgesandter eines Kaisers? Nur möglich, wenn dieser Kaiser selbst ein Bonaparte ist. Und da es zurzeit keinen solchen Kaiser gibt ... Auch ist es das Diadem einer Königin, nicht einer Kaiserin. Ich sagte der Komtesse schon, daß es meiner Mutter gehörte!"

Überrascht schrie Eugenie auf.

"Katharina von Württemberg, die Königin von Westfalen, war Ihre Mutter?" Plötzlich erkannte sie, was sie abgehalten hatte, sich ihm zu geben. Nicht das Jähe, Brutale seines Angriffs, nicht mädchenhafte Scham. Nur die Furcht, einen Mann zu lieben, der lächerlich war, über den sie erröten musste! Ein Gefühl des Glücks kam über sie wie ein Rausch. Lachend, befreit eilte sie zu ihm hin. "Ihre Karte führte mich irre. Ich hielt Sie für Ihren Vetter, ich meine jenen, der die komischen Abenteuer in Straßburg und Boulogne hatte! Heißt er nicht auch Napoleon?" Sein gereiztes Aufflammen gewahrend, streckte sie ihm bittend die Hände entgegen. "Verzeihung, Prinz, Verzeihung!"

Er schlug nicht ein. Finster, mit starrem Blick, wich er zurück.

"Für diesen Menschen hielten Sie mich? Wie ist das möglich? Ich gleiche dem Kaiser wie er in seiner Jugend war, jener aber hat nichts von ihm, nicht ein Tropfen vom Blute der Bonaparte ist in ihm!"

Bestürzt über seine Heftigkeit war sie stehengeblieben.

"Ich sah ihn nur einmal!" stammelte sie. "Ganz flüchtig! Als er nach der Affäre von Boulogne in die Pariser Präfektur gebracht wurde. Es war Nacht und ..."

Er ließ sie nicht ausreden, schien ihre Worte überhaupt nicht gehört zu haben.

"Mein Vetter? Ich erkenne ihn nicht an. Niemand aus unserer Familie erkennt ihn an. Er ist kein Bonaparte! Napoleon? Ja, seine Mutter, die liederliche Hortense, hat ihn Napoleon genannt. Allen ihren Bastarden gab sie die Namen: Napoleon-Charles, Napoleon-Louis, Karl-Ludwig-Napoleon. Der Kaiser sollte glauben, sie wären von ihm. Und diesen, den dritten, nannte sie noch Ludwig dazu. Nach seinem angeblichen Vater Ludwig von Holland. Schlau war sie, schlau. Aber es hat ihr nichts genutzt. Wir wissen jetzt, wer die Nächte bei ihr zubrachte, als der Kaiser sie, um den Schein zu wahren, nach dem Haag geschickt hatte. Ludwig, der Ehemann, rührte sie nicht an, schloß sich vor ihr ein. Und da nahm sie sich einen blonden Holländer, den schönen Admiral Verhuel. Merken Sie nun, woher mein sogenannter Vetter seine wasserblauen Augen, seinen schwerfälligen Gang, sein träumerisches Phlegma hat, hinter dem er die holländische Krämerpfiffigkeit versteckt? Und das nennt sich Napoleon und Bonaparte, proklamiert sich als alleinigen Erben, will den echten beiseiteschieben, sich selbst zum

Kaiser von Frankreich machen. Ein falscher Demetrius ist er! Ein Schwindler und Betrüger! Ein Dieb, ein infamer Dieb!"

Fast schreiend stieß er die Beschimpfung hervor. Blaurot im Gesicht stürmte er im Zimmer hin und her, gestikulierte mit den Händen, knirschte mit den Zähnen. Haß funkelte in seinem Auge, Verachtung sprach aus dem Ton seiner Stimme, aus jeder seiner Bewegungen. Wie auf den Stier der Corrida die Muleta des Espada, so schien auf ihn der Name seines Verwandten zu wirken.

Seltsam durchrieselte es Eugenie. Heiß wehte sie der Sturm seiner Leidenschaft an. Anders, größer erschien er ihr als alle, die sie kannte. In dem stagnierenden Sumpfe ihres Lebensüberdrusses hatten diese ihre Kraft verloren; er aber - schön war er in seiner Empörung, ein Mann in seinem Zorn.

Leise schüttelte die Gräfin den Kopf.

"Sind Sie nicht ein wenig ungerecht, mein Prinz? Was kann er für die Sünden seiner Eltern? Und büßt er seinen Irrtum nicht schwer genug? Ein Leben hinter Gefängnismauern ist ein schreckliches Los. Zudem - er kann Ihrer Sache nicht mehr schaden. Ham hält fest. Wäre es nicht besser und richtiger, zu vergeben und zu vergessen?"

Er war stehengeblieben. Den Kopf vorgeworfen, die Arme auf dem Rücken ineinander verschränkt, hörte er ihr zu, unbeugsame Härte um den zusammengepreßten Mund. Deutlich sprang seine Ähnlichkeit mit dem Kaiser hervor.

"Irrtum." wiederholte er schneidend. "1836, in Straßburg, mag er noch in gutem Glauben gewesen sein. 1837 aber starb Hortense. In ihrem Nachlaß muß er die Beweise für ihren Betrug gefunden haben. Trotzdem versuchte er 1840 den Putsch von Boulogne. Das ist kein Irrtum mehr, das ist nackter Betrug! ... Ham hält fest, meinen Sie? Er kann nicht mehr schaden? Weil er sich mit Gartenarbeiten und allerlei harmlosen Passionen beschäftigt, gelehrte Bücher über fernliegende Dinge schreibt? Schein, Vorspiegelung, um seine Wächter sicher zu machen, Louis-Philippes Argwohn einzuschläfern! Heimlich schreibt er Zeitungsartikel, wirbt um die alten Getreuen des Kaisers, kauft mit dem Erbe seiner Mutter Ehrgeizige und Mißvergnügte. Er hofft also auf ein Entkommen, bereitet neue Versuche, neue Lächerlichkeiten vor." Finster nickte er vor sich hin, ein drohendes Lachen brach über seine Lippen. "Wehe ihm, wenn er es wagt, sich zu rühren! Austilgen werde ich ihn, vernichten! Einen Zeugen habe ich, der gegen ihn spricht, dessen Wort auch der Tod nicht auslöscht." Er riß sich den Rock über der Brust auf und zog eine Brieftasche hervor, aus der er ein zusammengefaltetes Blatt nahm. "Halten Sie es für möglich, daß ein frommer, strenggläubiger Katholik imstande ist, den Papst, den Stellvertreter Gottes, zu belügen? Nun denn, lesen Sie, was mein

Onkel Ludwig von Holland über seinen angeblichen Sohn an Papst Pius VIII. im Jahre 1831 geschrieben hat!"

Er hielt Eugenie und der Gräfin den geöffneten Brief hin. Erstaunt lasen sie.

Heiliger Vater!
Soeben erfahre ich, daß mein Sohn an dem verbrecherischen Anschlag gegen die Autorität Eurer Heiligkeit beteiligt war. Schmerz und Entrüstung zerreißen mir das Herz. War mein Leben noch nicht kummervoll genug, mußte mich auch noch diese grausamste aller Prüfungen treffen? Undankbar hat einer der Meinen alle die Wohltaten vergessen, mit denen Sie unsere unglückliche Familie überhäuft haben.

Das unselige Kind ist tot; möge Gott sich seiner erbarmen!

Der andere ... Eure Heiligkeit wissen, daß er meinen Namen *fälschlich* führt.

Dem Himmel sei Dank, dieser Mensch ist mir nichts!

Ludwig Bonaparte.

Schweigend gab die Gräfin das Blatt zurück. Triumphierend steckte der Prinz es wieder ein.

"Nun, was sagen Sie nun? Sie sind ja in politischen Dingen erfahren. Glauben Sie nicht, daß die bonapartistische Partei den falschen Prätendenten fallenlassen muß, wenn dies Schriftstück veröffentlicht wird? Ist seine Illegitimität nicht erwiesen, wenn der, den er Vater nennt, ihn verleugnet, verstößt, der Verachtung preisgibt?"

Die Gräfin dachte einen Augenblick nach, ein feines Lächeln umspielte ihren Mund.

"Darf ich eine Gegenfrage stellen, Prinz? Angenommen, man ließe ihn fallen, gäbe ihm einen Nachfolger als Chef der Partei - wer wird dieser Nachfolger sein?"

"Mein Bruder Jérôme!"

Sie nickte.

"Er ist württembergischer Oberst und, soviel ich weiß, leidend. Würde er das schwere Amt übernehmen?"

Er machte eine Bewegung, als schöbe er etwas Nebensächliches beiseite.

"Daran ist nicht zu denken! Er hat urkundlich für immer verzichtet!"

Wieder lächelte die Gräfin.

"Dann also würden Sie, mein Prinz, der Nachfolger sein? Fürchten Sie nicht, daß man es mißdeutet, wenn Sie, gerade Sie, diesen immerhin anfechtbaren Brief veröffentlichen?"

Heftig fuhr er auf.

"Anfechtbar? Seine Echtheit steht fest! Dies hier ist zwar nur eine Abschrift, aber das Original liegt, wie ich genau weiß, im Archiv des Vatikans!"

"Und wer wird die Herausgabe dieses Originals erzwingen, falls der Anfechter die Vorlegung verlangt? Glauben Sie, daß der Papst seine Einwilligung geben würde?"

Ihr mitleidig-spöttischer Ton machte ihn betroffen. Nachdenklich ging er ein paarmal durchs Zimmer.

"Was sollte ihn hindern?" fragte er dann zurück. "Würde er unter anderem nicht auch Louis-Philippe einen großen Dienst erweisen, wenn er die Veröffentlichung zugäbe.'"

Erstaunt sah ihn die Gräfin an.

"Sie sind doch Katholik, Prinz, scheinen aber eine eigentümliche Vorstellung vom Wesen unserer Kirche zu haben. Das Vertrauen der Gläubigen ist ihr Fundament. Wir beichten, schütten alle unsere Ängste und Sünden in das Ohr des Priesters aus, weil das Geständnis an sich schon eine Erlösung ist, und weil wir wissen, daß es bei dem Priester so sicher ruht, als wäre es nicht gesprochen. Glauben Sie, Ihr Oheim hätte sonst jenen Brief geschrieben? Da steht: 'Eure Heiligkeit wissen.'

Wissen - das bedeutet, daß er dem Papst selbst gebeichtet hat. Und dieser Papst oder irgendeiner seiner Nachfolger sollte in einen Bruch des Beichtgeheimnisses willigen? Nimmermehr! Mit eigenen Händen würde dieser Papst ja die eiserne Säule umstoßen, auf der die Kirche errichtet ist. Wenn dieser Brief - verzeihen Sie, aber Sie wollten ja meine Meinung! -

Wenn dieser Brief Ihre einzige Legitimation ist, werden Sie niemals Kaiser von Frankreich werden!"

Mit finsterem Gesicht hatte er zugehört. Nun machte er eine abwehrende Handbewegung.

"Wer sagt, daß ich das will? Selbst, wenn es mir gelänge, Chef der bonapartistischen Partei zu werden, nach Frankreich zurückzukehren, das Julikönigtum zu stürzen, würde ich doch niemals das Kaiserreich wiederherstellen. Ein Kaiser von Frankreich muß Tyrann sein, ich aber verabscheue jede Art von Despotie, bin Republikaner aus Überzeugung."

Die Gräfin lächelte ironisch.

"Ein Republikaner, der den Genuß der Menschenrechte von legitimer Geburt abhängig macht?" Er wollte erwidern, aber sie kam ihm zuvor. "Verteidigen Sie sich nicht, mein Prinz! Ich begreife Ihre Situation. Das erste Hindernis auf Ihrem Wege, Louis-Philippe, kann nur durch eine Revolution beseitigt werden, also müssen Sie Republikaner sein. Aber selbst, wenn Sie es aus Überzeugung wären, würden Sie es nicht bleiben; wie Ihr großer Oheim würden Sie sich aus den Trümmern der Republik einen Kaiserthron zurechtzimmern. Ein begabter, tatenlustiger Mann erträgt auf die Dauer die Herrschaft der urteilslosen, von groben Instinkten geleiteten Menge nicht; jedes Genie ist geborener Aristokrat. Oder würde es Ihnen Vergnügen machen, sich von Analphabeten, Marktschreiern und Zeitungsverkäufern regieren zu lassen?"

Etwas wie zustimmende Verachtung malte sich auf seinem eindrucksvollen Gesicht. Dennoch protestierte er.

"Sie übertreiben, Gräfin. Frankreich hat in diesen fünfzig Jahren ungeheure Fortschritte gemacht. Von Napoleon bis Louis-Philippe, von der Despotie bis zum Liberalismus hat es alle Regierungssysteme erprobt. Es ist mündig geworden. Vergeblich sucht man es durch Polizeimaßregeln niederzuhalten, durch äußeren Ruhm und Heroenkultus zu blenden; die Aufstände von Paris, Lyon, St. Etienne, geleitet von nüchternen Arbeitern, nicht von den Wahnsinnigen der Absinthstunde, beweisen, daß es auf dem Marsche ist. Und es wird siegen. Weil es auf seine Fahne das einzig mögliche Programm der Zukunft geschrieben hat: Alles für das Volk durch das Volk!"

Er hatte die Hand erhoben und seine Stimme anschwellen lassen, als spräche er zu einer Versammlung. Als er jedoch Eugenies verwundertem Blick begegnete, brach er jäh ab, mit einer Miene des Mißbehagens.

"Aber wenn Sie so fest an den Sieg der Republik glauben", fragte die Gräfin mit leichtem Spott, "wozu dann jener Brief Ihres Oheims an den Papst? Ich sehe den Zweck einer Veröffentlichung nicht!"

Er richtete sich auf, sah sie starr an.

"Die Despoten pflegen wider ihren Willen aus politischen Gefangenen Märtyrer zu machen, und die Revolutionen lieben es, die Gefängnisse zu öffnen und aus diesen Märtyrern ihre Führer zu wählen. Soll der Name Bonaparte, selbst wenn sich hinter ihm nur ein Verhuel versteckt, abermals zu der verräterischen Rolle erniedrigt werden, die er schon einmal gespielt hat?"

Verblüfft erhob sie sich.

"Das sagen Sie, ein Bonaparte?"

"Ich, ein Bonaparte! Als der erste Konsul der Republik sich zum Kaiser machte, verriet er Frankreich, zertrat seinen jungen Ruhm, legte den Grund zum Untergang. Das ist meine Überzeugung, und aller Glanz des Kaiserreichs vermag sie nicht zu erschüttern. Zehn Jahre äußeren Glückes hinterließen eine lange, unabsehbare Zeit tiefsten Elends. Das ist das Resultat. Und dies sollte sich wiederholen?" Er schöpfte tief Atem, strich sich mit der Hand übers Gesicht. Plötzlich ging er zum Tisch, nahm den Schmuck auf. Und in einem seltsam gepreßt klingenden, scherzhaft anmutenden Tone setzte er hinzu: "Glauben Sie nun, daß ich mich von keinem Kaiser, nicht einmal von einem Napoleon absenden lassen würde, ein Diadem zu überreichen? Leben Sie wohl, Gräfin. Wenn Sie nach Paris kommen - ach, leugnen Sie nicht, daß Sie hingehen! Ich weiß es! - grüßen Sie die Republik von mir! Vielleicht habe ich einmal die Ehre, Sie dort wiederzusehen und Ihnen zu beweisen, daß auch ein Bonaparte ein Mann seiner Überzeugung zu sein vermag!"

Eilig, wie um jede Entgegnung abzuschneiden, verbeugte er sich, wandte sich zum Gehen. An Eugenie kam er vorüber. Mit verschlossenem Gesicht. Ohne sie zu grüßen. Als sei sie nicht da.

Aber so konnte dies doch nicht enden! So nicht! Sagen mußte sie es ihm, das frivole Spiel bekennen ...

Sie wollte ihm nach. Aber ihre Füße waren wie gelähmt. Und nun fiel die Tür hinter ihm zu.

Fünfzehntes Kapitel

Lächelnd hatte die Gräfin ihm nachgesehen. Nun wandte sie sich zu Eugenie.

"Hast du bemerkt, wie verständnislos er seinen Onkel kopierte? Der Kaiser litt an Epilepsie, wenn er sich erregte, zuckten seine Hände. Um es zu verbergen, verschränkte er sie hinter dem Rücken. Der Prinz tut dasselbe, aber nur, weil er die Pose für imponierend hält. Der Kaiser widersprach, um im Wortgefecht den Leuten ihre wahre Meinung zu entlocken. Der Prinz widerspricht aus Lust an der Opposition; ehe er zugibt, daß ein anderer recht hat, widerspricht er lieber sich selbst. Ein Wirrkopf, Schauspieler, Originalitätshascher! Wie bist du eigentlich zu ihm gekommen?"

Eugenie schreckte aus ihrem Grübeln auf.

"Ich begegnete ihm, als ich mit Pepa in der Ausstellung des Fürsten Demidow war", sagte sie, suchte ihrer Stimme einen gleichgültigen Ton zu geben. "Ich glaubte, dort die Nadel verloren zu laben, die du mir zum Namenstag schenktest, und schickte Pepa zurück, um meine Adresse aufzugeben. Es war aber ein Irrtum, die Nadel fand sich nachher auf meinem Toilettentisch."

"Und da erschien er in höchsteigener Person, um dir Bericht zu erstatten?"

"Bericht?" Ein gequältes Lachen kam von Eugenies Lippen. Eben noch hatte ein wildes, übermächtiges Gefühl sie dem Prinzen fast in die Arme geworfen, und nun war sie nahe daran, ihn zu verabscheuen, zu hassen. "Der Bericht war nur ein Vorwand. Ich sehe wohl aus wie eine, die leichten Abenteuern nachgeht."

Aufhorchend hob die Gräfin den Kopf, kam rasch näher.

"Jetzt erinnere ich mich. Als ich eintrat schien er mir gereizt, wütend. War er zudringlich? Hast du ihn zurückweisen müssen?"

Ärgerlich über sich selbst, wandte Eugenie sich ab. Warum hatte sie sich zu der Bemerkung hinreißen lassen! Nun würde das Fragen kein Ende nehmen.

"Ja doch, ja! Aber ich bitte dich, sprich nicht mehr davon. Es ist häßlich, peinlich!"

Die Gräfin biß sich auf die Lippen, trat zurück. Schweigend ging sie ein paarmal durchs Zimmer.

"Sein Prinzentum steht nur auf dem Papier, auf einer Visitenkarte!" sagte sie endlich, wie aus ihren Gedanken heraus. "Wenn er aber den anderen, seinen Vetter, aus dem Sattel hebt und ein wenig Glück und viel Geld hat - Frankreich ist das Land der Überraschungen! Nicht umsonst sieht Louis-Philippe sich nach Allianzen um. Glaubst du, seine Werbung um Isabella für Montpensier hat einen anderen Zweck? Er fühlt, daß sein Thron auf tönernen Füßen steht. Aber er weiß auch, daß die Revolutionäre von heute politischere Köpfe sind, als die von 1790, die von der natürlichen Interessengemeinschaft der Könige keine Ahnung hatten. Montpensier als König von Spanien, mit einem Heer an den Pyrenäen, würde auf das Pariser Wechselfieber sicherlich beruhigend wirken."

Wider ihren Willen interessiert sah Eugenie auf.

"Dann - wenn du Louis-Philippes Heiratsplan hintertreibst, arbeitest du dann nicht gewissermaßen für den Prinzen?"

Die Gräfin stutzte, überlegte, fuhr dann lebhaft fort.

"Wirklich, du hast recht! Der Schaden der Orléans ist der Vorteil der Bonapartes! Und ich, gerade ich scheine ausersehen, dem Prinzen das erste, größte Hindernis aus dem Wege zu räumen! Mérimée natürlich würde es Zufall nennen, aber ist es nicht seltsam, daß gerade dieser Bonaparte dir begegnet, der von allen die meiste Aussicht hat, einmal Napoleons Erbschaft anzutreten? Und er begegnet dir nicht nur, er verliebt sich auch in dich!"

"Ach ..."

"Ich sage dir, es ist so! Sonst wäre er dir nicht gefolgt. Man müßte es einrichten, daß Pepa seine Hand sieht. Wenn er der Kaiser wäre, den die alte Gitana dir prophezeit hat! Du lachst? Das Schicksal geht oft wunderbare Wege. Außerdem - woher weißt du, ob das, was du für Lust zu einer flüchtigen Liebelei hieltest, nicht ganz anders, ganz ernst gemeint war? Er ist arm, braucht Geld für seine Pläne, sucht nach einer reichen Frau. Und nun sieht er dich, verliebt sich in dich, hört, wer du bist ..."

"Und nähert sich mir, wie ..."

"Wie denn? Wie benahm er sich denn? War er ungeschickt, tölpelhaft? Überfiel er dich: 'Komm her, ich will dich!?'" Neugierig beugte sie sich vor, sah Eugenie voll Spannung an. Und da Eugenie nickte, lachte sie überlegen. "Mein Gott, Kind, was will das sagen! Auch darin sucht er den Kaiser zu kopieren. Du darfst von einem Bonaparte keine altspanische Grandezza verlangen. Korsen sind sie, Parvenus, Eroberer, halbe Wilde. Um so besser für uns, meine ich! Eine kluge Frau weiß das zu nutzen. Die Heißblütigen gehen leichter zum Altar als die Bedächtigen!"

"Und nachher, Mutter, nachher? Auch Josephine Beauharnais war eine kluge Frau!"

Die Gräfin wurde nachdenklich.

"Es ist wahr, heilig ist ihnen nichts! Und wenn Jérôme seinen Zynismus auf den Prinzen vererbt hat - man müßte sich erkundigen, beobachten! Denn der Alte - schlimmer, rücksichtsloser war er als selbst der Kaiser. Noch heute, mit seinen einundsechzig Jahren, behandelt er die Frauen wie Handschuhe. Die neuen zieht er an, die alten wirft er fort!"

Und in ihrer übertrieben lebhaften Art durch das Zimmer wandernd, holte sie die Liebesaffären des Exkönigs hervor, vertiefte sich in diese häßlichen Geschichten, in denen Gewinnsucht und Hang zum Wohlleben sich hinter süßen Worten und schmeichlerischen Blicken verbargen.

In seinem achtzehnten Jahre schon hatte er aufgehört, in der Frau ein Wesen zu sehen mit Menschenrechten, den seinigen gleich, die Gefährtin seiner frohen und trüben Tage, die Mutter seiner Kinder.

Als Fregattenkapitän, auf der Flucht vor englischen Kreuzern nach Baltimore verschlagen und in das Haus des reichen Kaufherrn Patterson aufgenommen, verführte der mittellose Fremdling Elisabeth, die junge Tochter seines Wohltäters, erzwang sie sich zur Ehe und eine reiche Mitgift mit ihr. Zwei Jahre später, als Napoleon den Weg zum Kaiserthrone emporstieg und sicheren Glanz und Reichtum bot, verließ er sie. Wenige Tage, bevor sie ihm einen Sohn gebar ...

König von Westfalen wurde er, Gatte Katharinas von Württemberg, erbfolgeberechtigter Prinz von Frankreich. "König Lustick" nannten ihn die Deutschen, den Don Juan von Kassel. In Wollust schwelgte er, verpraßte die Groschen der Armen, verführte die Frauen und Töchter seiner Untertanen. Die Zahl seiner Ehebrüche war Legion ...

Nach dem Zusammenbruch des Kaiserreichs zog er nach Florenz, residierte prunkvoll im Palazzo Orlandini, lebte vom Vermögen seiner Frau ...

Und als Katharinas Tod ihn arm gemacht hatte, als seine Verwandten vor seinen Betteleien ihre Türen verschlossen, seine Gläubiger ihn verfolgten, griff er wiederum zu dem Mittel von Baltimore, schlich sich in die Freundschaft des reichen Marquis Badelli ein, verführte dessen Frau, die hysterische Giustine, ließ sich heimlich von ihr unterhalten. Nach dem Tode des Marquis versprach er ihr die Ehe, entlockte ihr auch das Erbe des Mannes bis auf den letzten Lire ...

Und abermals das Nichts. Aussichtsloser als je zuvor. Giustine gab ihn nicht frei; ein gewaltsamer Bruch hätte zu einem öffentlichen Skandal geführt, aus dem es keine Rettung mehr gab.

Aber hatte er nicht eine Tochter, die junge, reizende Mathilde? Anatol Demidow machte ihr den Hof, ein russischer Fürst, dem aus Bergwerken und Eisenhütten unermeßlicher Reichtum zufloß. Zwar war er ein Mann von seltsamen Neigungen, vor dem Zar Nikolaus gewarnt hatte, aber eine Jahresrente von hunderttausend Franken war dem Vater sicher, wenn die Tochter einwilligte, Fürstin Demidow zu werden.

Mathilde widerstand. Sie verabscheute den Fürsten, liebte ihren Vetter Louis-Napoleon, Hortenses Sohn, mit dem sie seit ihrer Kindheit verlobt war ...

Die Affäre von Boulogne brachte die Entscheidung. Am 6. Oktober 1840 wurde Louis-Napoleon gefangen, am 14. verurteilte ihn die Pairskammer von Frankreich zu lebenslänglicher Haft, am 16. ließ Louis-Philippe ihn in Ham einschließen. Am 1. November wurde Mathilde Fürstin Demidow.

"Und Jérôme ist wieder lustick!" schloß die Gräfin in einem seltsamen, aus Abscheu und Bewunderung gemischten Tone. "Ein schlechter Mensch, aber ein geschickter Diplomat. Einiges an diesen Geschichten mag ja auf Klatsch beruhen, das meiste aber ist wahr. Die Großherzogin selbst gab mir die Daten, als ich sie um Neuigkeiten für Louis-Philippe bat. Der König hat ein besonderes Interesse an Jérôme. Er hoffte, ihn zum Verzicht auf den Kaiserthron und zur Anerkennung der Orléans zu bewegen und dadurch der bonapartistischen Propaganda die Spitze abzubrechen. Ob es ihm gelingt? Wenn Jérôme in Bedrängnis wäre, würde ich nicht daran zweifeln und keinen Maravedi für die Aussichten des Prinzen geben. Solange der Alte aber in Demidows Goldstrom schwimmt ..." Sie vollendete mit einem Achselzucken der Verachtung.

Schweigend hatte Eugenie zugehört. Ein dumpfes Entsetzen hatte sich ihrer bemächtigt. Vor den Menschen, die um niedrigen Genuß einander marterten, beraubten. Vor dem Leben, das die Guten verstieß, die Bösen krönte.

Und sie dachte an sich selbst, an das, was ihr geschehen war. An die niederschmetternde Wucht der Enttäuschung, die sie bei der Entdeckung überfiel, daß alles um sie her nicht dem schönen Bilde glich, das sie sich von ihm gemacht hatte. Mußte Jérômes Sohn nicht dieselbe Bitternis erfahren haben? Mitleid erfüllte sie, mit ihm, mit sich selbst.

"Daher sein rauhes Wesen, seine Reizbarkeit, sein Mißtrauen!" sagte sie ergriffen. "In solcher Umgebung aufwachsen, einen solchen Vater haben ..."

Die Gräfin nickte.

"Das ist es, was mich bedenklich macht. Kann der Prinz ein ehrenhafter Mensch sein? Wenn es wahr ist, was man sagt, daß sich die Eigenschaften der Eltern, Tugenden und Laster, auf die Kinder vererben ... Aber was hast du denn?" unterbrach sie sich erstaunt. "Warum siehst du mich so an?"

Blaß wich Eugenie vor ihrem forschenden Blick zurück. Eine dunkle, abergläubische Furcht quälte sie. Wie diese Frau werden?

Werden müssen?

"Es ist nicht wahr, Mutter!" schrie sie auf. "Es kann nicht wahr sein! Willenlose Sklaven wären wir ja, von Geburt an mit fremden Sünden belastet! Jeder ist ein Geschöpf für sich. Pacca ist nicht wie du, anders ist sie, ganz anders. Und ich ... und der Prinz ..."

Aus ihren jagenden Gedanken quoll plötzlich etwas empor, eine schreckliche Erkenntnis. Jenes gierige Verlangen, das sie vorhin dem Prinzen fast in die Arme geworfen hatte, stammte es nicht von der Frau, die in unersättlichem Genusseshunger fast gleichzeitig die Geliebte eines Ossuna, Viel-Castel, Lagrenée, Mérimée gewesen war?

Es war also wahr, das Wort von der Willenlosigkeit der Geschöpfe, von ihrem Gebundensein an überkommene Regungen und Leidenschaften! Auch der Prinz war, wie sein Vater, gewissenlos, brutal, ein Frauenjäger. Sie wußte es nun.

Und obgleich sie es wußte, liebte sie ihn?

"Und du?" wiederholte die Gräfin mit aufmerksamen Augen. "Und der Prinz?"

Eugenie fing plötzlich an zu lachen; jenes herbe Lachen der Ines.

"Ach Mutter", sagte sie leichthin, "wozu über Dinge grübeln, die man, wenn sie überhaupt vorhanden sind, ja doch nicht ändern kann! Wollen wir den zukünftigen Kaiser von Frankreich und alles andere nicht lieber dem Schicksal überlassen?"

Mit einem seltsamen Lächeln nickte die Gräfin vor sich hin. Zog ihre Zettel hervor. Begann zu diktieren.

Am folgenden Tage ging die Gräfin nicht in den Palazzo Pitti. Sie entschuldigte bei der Großherzogin ihr Ausbleiben mit Migräne, durch ein paar Zeilen, die Antonio hintragen sollte. Auch einen größeren Brief gab sie ihm mit, zur Bestellung in der Stadt. Antonio in ihr Schlafzimmer führend, sprach sie heimlich mit ihm, schickte ihn fort, ohne Eugenie etwas mitzuteilen.

Gegen Mittag kam Antonio zurück, brachte ihr die Antwort. Hastig öffnete sie das Papier, durchflog es, legte es mit listigem Augenzwinkern vor Eugenie auf den Tisch.

Ein kleines, nach Art eines Billetdoux in eine Schleife gefaltetes Briefchen, bedeckt mit den unsicheren Schriftzügen einer zittrigen Männerhand. Starker Moschusduft stieg von ihm auf, als sei es dem Boudoir einer alternden Lebedame entflattert.

Meine hochverehrte, teure Gräfin!

Wie können Sie daran zweifeln, daß ich mich Ihres Namens erinnere? Dieses Namens, der als strahlender Stern allezeit durch die Jahrhunderte leuchten wird? Niemals, solange ein Bonaparte lebt, wird Graf Teba vergessen sein, der heldenmutige Soldat und wackere Mann, der dem großen Napoleon sein Leben weihte, Treue bis zum letzten Augenblicke hielt, in heroischer Aufopferung zweimal sein Blut für ihn vergoß!

Ihre Absicht, mir die Ehre Ihres Besuches zu schenken, erfüllt mich mit innigster Rührung und aufrichtigster Freude. Dankbaren Herzens begrüße ich die Gelegenheit, Gattin und Tochter unseres glänzendsten Paladins kennenzulernen.

Leider aber bin ich gezwungen, Sie um ein paar Tage Frist zu bitten. Die Ordnung drängender, unaufschiebbarer Familienangelegenheiten nimmt augenblicklich meine Zeit bis auf die letzte Minute in Anspruch. In wenigen Tagen, wie gesagt, hoffe ich jedoch, Sie und die reizende Komtesse bei mir sehen zu dürfen und werde mir alsdann gestatten, Ihnen Nachricht zukommen zu lassen.

Mit der Bitte, ganz über mich verfügen zu wollen, bin ich Ihr dankbarer, wohlergebener

        Jérôme Bonaparte, Fürst von Montfort.

Bestürzt, erregt zitternd, ließ Eugenie das Blatt fallen.

"An diesen Menschen hast du geschrieben? Hast die

peinvolle Erinnerung benutzt, uns bei ihm einzuführen?"

Die Gräfin zuckte die Achseln.

"Peinvoll? In Spanien mag sie es sein, ich gebe es zu; in Frankreich aber und besonders bei einem Bonaparte gibt es keine bessere Empfehlung. Jedes Ding hat eben mehrere Gesichter, je nach dem Standpunkt, von dem man es betrachtet. Außerdem, geschehen ist geschehen. Schaden hat uns das Verhalten deines Vaters genug gebracht, warum nicht auch einmal Nutzen daraus ziehen? Und daß ich gerade an diesen Menschen geschrieben habe - hättest du einen einfacheren und schnelleren Weg gewußt, mit dem Prinzen zusammenzutreffen? Wenn du nicht mit ihm zusammentriffst, wie willst du ihn dann kennenlernen? Kennenlernen aber möchtest du ihn doch, nicht wahr? Wozu also diese Entrüstung und dieses ewige Wühlen in einer nutzlosen Zerknirschung über längst vergangene Geschichten?

Wahrhaftig, wenn ich damals so gedacht und mich von den Umständen hätte unterkriegen lassen - wohin wären wir gekommen? Also, Kopf hoch, Kind; das ungestüme Herz festgehalten, wenn du den Prinzen wiedersiehst, und die Augen aufgemacht, damit du ihn siehst, wie er ist und nicht, wie du ihn dir vielleicht vorstellst!"

Trotz der leichten Ironie, die ihre Worte durchtränkte, hatte ihre Stimme einen warmen Ton. Und wie einer zärtlichen Regung folgend, ließ sie ihre Hand sanft über Eugenies gesenkten Scheitel gleiten. War es mütterliche Sorge, die ihr Herz weich machte? Oder erwachte in ihr nun wieder ihre leidenschaftliche Lust am Ehestiften, nachdem sie schon alle Hoffnung auf eine glückliche Heirat für Eugenie aufgegeben hatte?

Ach, wozu grübeln, warum alles geschah! Wenn sie ihn nur wiedersehen durfte, wiedersehen ...

Während die Gräfin wieder täglich in den Palazzo Pitti ging, setzte Eugenie ihre Wanderungen durch die Stadt fort. Aber ihr Ziel waren nicht mehr die Denkmäler der Kunst, Zeugen einer großen Vergangenheit, an denen gemessen alles andere gering erscheinen mußte; das Leben der Gegenwart fesselte sie nun, dieses bunte, von tausend Quellen gespeiste, wie ein Kaleidoskop aus tausend Kleinigkeiten zusammengesetzte Regen und Treiben eines genußfreudigen, von Grübeleien unbeschwerten Volkes. Von Pepa begleitet, mischte sie sich in bürgerlich einfacher Kleidung unter die Menge, die an den Nachmittagen die Straßen durchwogte, über den Ponte Vecchio hinweg zum linken Arno-Ufer hinüberströmte, sich in die verschlungenen Wege des Boboligartens ergoß. Von jedem Gesicht strahlte Sorglosigkeit, in jeder Stimme sangen tausend Vögel, in jedem Auge leuchtete ein Stück dieses ewig blauen Himmels, der keinen Gedanken an Wechsel und Vergänglichkeit aufkommen ließ.

Alles um sie her schien ihr in eine neue, wundersame Schönheit getaucht, unendlich verschieden von jener erhabenen, auf die Knie zwingenden Macht der Bildwerke in den Kirchen, Museen, Galerien. Und doch nicht minder berauschend. Niemals vorher, nicht in London, Paris, Madrid, Neapel, Rom hatte sie diese Art gesehen, in der das Volk von Florenz sich seiner Freude am Leben überließ. Jung und alt, vornehm und gering, Männer und Frauen - schlanke Lilienstengel, blühende Orangen- und Kamelienzweige in den Händen tragend, zogen sie anmutigen Kindern gleich, dahin, wie zu immerwährenden Festen auf samtnen Matten, zwischen nickenden Rosenhecken, unter murmelnden Wipfeln dunkler Ulmen, schattenspendender Sykomoren. Jenen Blumen, mit denen sie sich schmückten, glichen sie selbst, in der zwanglosen Grazie ihrer Bewegungen, dem zarten Schmelz ihrer Farben, in ihrer ganzen heiteren, wie durch den jahrhundertelangen Anblick beseelter Kunst veredelten Schönheit.

Und dem duftenden Blumenatem glich ihre Liebe. Wie sie sich an den Händen hielten, sich zueinander neigten, einander küßten, mit lächelnden Augen, scherzenden Lippen, frei im Angesichte der hellen Sonne, ohne scheue Flucht in bergendes Dunkel, während von den Gesichtern der anderen umher sie dasselbe frohe, lichte Lächeln grüßte - so mußten jene ersten Menschenblumen des Paradieses gewesen sein, in trunkener Versunkenheit in ihrer eigenen Schönheit schwelgend, unwissend der Stürme, die jenseits der blütenbeladenen Gartenwälle brausten.

Neid beschlich Eugenie auf das selbstvergessene Genießen um sie her. Bald aber wandelte er sich in Sehnsucht. Sehnsucht in Hoffnung, Hoffnung in frohe Gewißheit. Eines Tages würde auch sie diesen Glücklichen gleichen, mit ihnen durch die Gefilde der Seligen wandeln. Wenn eine andere Hand die ihre hielt, ein anderes Antlitz sich zu dem ihren neigte, andere Lippen die ihren suchten, frei im Angesicht der hellen Sonne ...

Eine kurze Morgendämmerung nur war diese Zeit des Harrens. Nach ihr kam der Tag. Meistern mußte sie das ungeduldige Herz, daß es warten lernte. Warten, bis die Sonne aufging. Wie auch die Blumen warteten ...

Aber als am Ende der Woche noch immer keine Nachricht von Jérôme gekommen war, schlug die Unruhe in ihr zu hellen Flammen empor. Heimlich schickte sie Pepa auf Erkundigung in die Stadt, zählte fieberhaft die Minuten bis zu ihrer Rückkehr. Eine dunkle Ahnung flüsterte ihr zu, daß irgend etwas Unvorhergesehenes, Feindseliges sich ihrem heißen Wünschen in den Weg stellte, daß auch hier wieder, wie bisher immer, wenn sie etwas ersehnt hatte, ein unsichtbares, geheimnisvolles Walten ihr Hoffen vernichtete, ihr Leben in Bahnen drängte, die weitab aller menschlichen Voraussicht sich in düstere, unbekannte Fernen zu verlieren schienen ...

Schneller als sie gedacht, kam Pepa zurück. Hastig trat sie ein, mit bestürztem Gesicht, schon von der Türschwelle aus Eugenie ihre Nachrichten entgegensprudelnd.

In der Hoffnung, jenen Diener zu treffen, mit dem sie wegen der verlorenen Nadel verhandelt hatte, war sie nach der Napoleon-Ausstellung im Palazzo Demidow hinausgefahren. Aber die Ausstellung war geschlossen, das Plakat über dem Torweg entfernt. Nun hatte sie versucht, in den Palazzo selbst einzudringen. Überall jedoch war sie auf verschlossene Türen gestoßen; die Fenster waren verhängt, das ganze weitläufige Gebäude wie ausgestorben. Endlich war es ihr gelungen, in einem Nebenhause einen Menschen aufzustöbern, der im Palazzo das Amt eines Beschließers versah. Aber er war ein Russe, der kaum so viel Französisch verstand, daß sie sich ihm verständlich machen konnte. Auf alle ihre Fragen nach dem Fürsten von Montfort, dem Prinzen Napoleon Bonaparte, dem Fürsten Demidow hatte er dieselbe lakonische Antwort erteilt: "Verreist!"

Pepa sprach noch, als die Gräfin hereinkam. Erstaunt über ihre frühzeitige Heimkehr aus dem Palazzo Pitti, verwirrt von Pepas rätselhaftem Bericht, ging Eugenie ihr entgegen. Die Gräfin machte ihr ein Zeichen des Schweigens und schickte Pepa fort. Dann erst begann sie zu sprechen.

Sie kam von der Großherzogin. Zu den pikanten

Geschichtchen, die Louis-Philippes Interesse erregen sollten, hatte Maria Antonia ihr eine neue erzählt. Den jüngsten Skandal in der Familie Bonaparte.

Diesmal aber war nicht "König Lustick" der Held, wenigstens nicht unmittelbar; die Kinder vielmehr schienen die Rolle ihres Vaters übernehmen zu wollen. Mathilde, die Tochter, hatte den Anfang gemacht. Von ihrem Gatten, dem Fürsten Demidow, in einem zärtlichen Tête-à-tête mit dem Bildhauer Nieuwerkerke überrascht, der im Auftrag ihres Mannes ihre Büste anfertigte, hatte sie den Palazzo nachts heimlich verlassen und war entflohen; niemand wußte, wohin. Auch Nieuwerkerke war spurlos verschwunden; vielleicht einem Racheakt des beleidigten Ehegatten zum Opfer gefallen, vielleicht aber auch im geheimen Einverständnis mit der Fürstin.

"Man weiß es noch nicht genau!" schloß die Gräfin erregt. "Jedenfalls hat Pepa die Wahrheit gesagt, als sie dir berichtete, der Palazzo Demidow stehe leer. Zwischen dem Fürsten und Prinz Napoleon, als dem Bruder Mathildens, soll eine heftige Szene stattgefunden haben, bei der Jérôme vergeblich zu intervenieren suchte. Das Resultat war, daß Demidow seinen festen Entschluß verkündete, sich von Mathilde scheiden zu lassen, und nach Paris abgereist ist, wohin ihm die Verbannten nicht folgen können. Jérôme soll ihm allerdings seinen vertrauten Sekretär Piétri, einen schlauen Korsen, nachgesandt haben; aber was kann das nützen, wenn der Fürst auf seinem Willen besteht! Das Recht ist auf seiner Seite. Jérôme selbst hat sich mit dem Prinzen auf die Suche nach der Entflohenen gemacht. Das war es, was er in seinem Briefe unaufschiebbare Familienangelegenheiten nannte. Kein Wunder, daß er uns nicht empfing. Viel, wenn nicht alles, steht für ihn auf dem Spiel. Ohne Demidows hunderttausend Franken befindet er sich wieder einmal vor dem Nichts. Und der Prinz - lieber Gott - mit seiner württembergischen Leutnantspension wird er kaum an die Eroberung Frankreichs denken dürfen, selbst wenn Louis-Philippe ihm den Gefallen tut, sich von den Republikanern stürzen zu lassen! Wahrhaftig, in all dem Unglücke ist es noch ein Glück, daß du ihn zurückgewiesen hast! Wenn du nach dem, was in Madrid geschehen ist, nun auch noch in diesen Skandal verwickelt worden wärest ... Nun ja, nun ja! Es fuhr mir so heraus. Nimm es nicht tragisch, Kind. Wer weiß, ob der Riß zwischen Mathilde und Demidow sich nicht doch wieder zuzieht. Komisch, welchen Einfluß unter Umständen die Eskapade einer an sich ganz gleichgültigen Frau auf das Schicksal der Welt haben kann! Jedenfalls, laß den Mut noch nicht sinken! Morgen gehe ich wieder zu Maria Antonia und werde hoffentlich Genaueres erfahren. Sie interessiert sich lebhaft für die Fürstin, seitdem der Zar sie in einem eigenhändigen Briefe gebeten hat, ihr ein wenig mütterliche Fürsorge zu widmen. Auch wird Nikolaus selbst seine Kusine nicht ohne weiteres preisgeben. Demidows Güter liegen in Rußland, und - wirklich, je länger ich die Sache überlege - ich glaube an eine günstige Lösung! In solchen Dingen ist Jérôme unglaublich geschickt; er wird einen Ausweg finden, verlaß dich darauf!"

Sie sprach und sprach. War unerschöpflich im Auffinden neuer Lichtseiten, die sie im nächsten Augenblicke verwarf, um gleich darauf wieder andere, hellere an ihre Stelle zu setzen. Blaß, schweigend hörte Eugenie zu. Alles Frohe, Erwartungsvolle in ihr war ausgelöscht.

Hatte sie das nahende Unheil nicht vorausgeahnt? Alles, was die Gräfin sagte, war leere Tröstung, inhaltslose Phrase. Es gab keine Hoffnung.

Am folgenden Tage brachte die Gräfin eine neue Nachricht. Mathilde hatte an die Großherzogin geschrieben, ihren Schutz angerufen. Und gleichzeitig eine Darstellung ihres Bruchs mit Demidow gegeben, die weit von den verbreiteten Gerüchten abwich.

Vom ersten Tage ihrer Ehe an hatten die absonderlichen Neigungen des Fürsten ihr ein innigeres Zusammenleben mit ihm unmöglich gemacht. Nur aus Rücksicht auf die bedrängte Lage ihres Vaters und aus Furcht vor einem öffentlichen Skandal war sie nicht gleich in der Hochzeitsnacht der entehrenden Gemeinschaft entflohen, hatte eingewilligt, vor der Welt die Rolle der zufriedenen Gattin zu spielen. Trotzdem würde sie sich mit ihrer Lage abgefunden haben, wenn der Fürst nicht angefangen hätte, alle Rücksicht auf sie aufzugeben. Von spöttischen Verunglimpfungen in Gegenwart der Diener war er zu offenen Beleidigungen, von diesen zu körperlichen Mißhandlungen übergegangen. Immer noch hatte sie auf ein Nachlassen seiner Wut, auf eine Besserung ihrer äußeren Beziehungen gehofft und sich taub gestellt, wenn Gerüchte über seine Liebschaften an ihr Ohr drangen. Nun aber war dies nicht mehr möglich, die letzte Schändlichkeit, die er ihr angetan hatte, konnte nur durch sofortige, dauernde Trennung gesühnt werden. Eines Abends, als sie in Begleitung der Frau von Reden, ihrer ehemaligen Erzieherin, aus dem Theater heimgekehrt war, hatte ihr der Fürst durch seinen Kammerdiener einen entlegenen Flügel des Palazzo als Wohnung anweisen lassen, während die bisher von ihr bewohnten Zimmer der Herzogin von Dino eingeräumt waren, seiner offenkundigen Mätresse. Und da sie in berechtigter Entrüstung gegen diese neue Schmach protestiert hatte, war Demidow vor der Dino, vor Frau von Reden, vor der ganzen Dienerschaft in laute Schmähungen ausgebrochen, hatte sie Nieuwerkerkes Modell und Mätresse genannt. Sie, die mit gutem Gewissen Gott selbst als Zeugen dafür anrufen durfte, daß ihr Interesse an dem Bildhauer nur seiner Kunst, nicht seiner Person galt! Niemals war ein unlauterer Gedanke in ihrem Herzen gewesen, noch heute war sie rein wie vor fünf Jahren, als sie im Angesicht des Ewigen und vor dem Priester der heiligen Kirche ihrem Gatten Treue gelobt hatte!

In ihrer Not hatte sie bei ihren nächsten Anverwandten Hilfe gesucht. Der Bruder zwar hatte ihre Partei ergriffen, aber was vermochte der Arme, Unmächtige! Seine ganze Existenz schwebte in der Luft, wenn Demidow ihm seine Unterstützung entzog. Der Vater dagegen war offen für den Fürsten eingetreten, hatte die Mißhandelte zu feiger Duldung zu überreden versucht. Unter dem Schutze der Frau von Reden war sie da nach Civita Nova geflohen, zu ihrem Oheim Ludwig Bonaparte, Grafen von St.-Leu, dem ehemaligen König von Holland. Bereitwillig hatte er die einstige Braut seines Sohnes aufgenommen, ihr seinen Beistand versprochen. Aber er war krank, lag auf den Tod. Wiederholt hatten schwere Schlagflüsse ihn getroffen, kaum vermochte er sich zu bewegen, mußte wie ein Kind gefüttert werden. Was konnte er der Verfolgten nützen! Wie ihr Schutz gewähren gegen ihren Vater, der ihr nachgeeilt war, sie zur Versöhnung mit Demidow zu zwingen!

Auch ihren Bruder schien der Vater nun gegen sie eingenommen zu haben; schon fing auch Prinz Napoleon an, für den Fürsten zu sprechen!

Ihre letzte, einzige Hoffnung war der Zar. Ein Machtwort von ihm konnte sie retten. Er mußte von der Wahrheit unterrichtet werden. Wenn er Demidows Anklage Glauben schenkte, war sie verloren.

Sie hatte ihm bereits geschrieben, ihm ausführlich

den häßlichen Hergang geschildert. Nun bat sie die Großherzogin, ihr zu Hilfe zu kommen, dem Zaren ihre Angaben zu bestätigen, Zeugnis für die Makellosigkeit ihres Lebenswandels abzulegen ...

"Der Brief ist äußerst geschickt geschrieben!" vollendete die Gräfin. "Maria Antonia war tief gerührt, ist von Mathildens Schuldlosigkeit überzeugt, wird noch heute einen Eilkurier an den Zaren senden. Besonders ein gewisser naiver Zug in dem Briefe hat ihr Herz gewonnen. Die Fürstin hat ihr nämlich Nieuwerkerkes Adresse mitgeteilt und gebeten, ihn über sein Verhältnis zu ihr zu befragen. Als ob ein Mann von Ehre sich jemals weigern würde, seine Geliebte für das tadelloseste Wesen unter der Sonne zu erklären!"

Sie lachte.

Ein Zucken ging über Eugenies Gesicht. Hatte sie Mérimée nicht einst diese selbe Frage vorgelegt? Über diese selbe Frau, die nun da vor ihr stand, den kindlichen Glauben an die Wahrhaftigkeit der Menschen verspottete?

Etwas wälzte sich über sie, schnürte ihr die Kehle zu.

"Und der Prinz ...", murmelte sie. "Ist es wahr, was du sagtest? Daß er diesen Menschen verteidigt? Für schmutzige Schurkereien Partei ergreift?"

Mitleidig-spöttisch zuckte die Gräfin die Achseln.

"Mein Gott, wenn auf dieser Seite hunderttausend Franken jährlicher Rente stehen! Und wenn man von seinem Vater nichts zu erben hat als die edle Gesinnung ..."

Ein unerträgliches Hämmern, Dröhnen, Rauschen war in Eugenies Ohren. Zitternd, rot sprang sie auf, wie von Sinnen.

"Hör' auf, Mutter, hör' auf! Ich ... ich ... Hast du noch lange hier zu tun? Können wir nicht fortgehen? Heute? Gleich?"

Bestürzt kam die Gräfin zu ihr, faßte nach ihrer Hand.

"Eugenie ..."

Entsetzt wich Eugenie vor ihr zurück.

"Sprich nicht zu mir! Rühre mich nicht an! Dies Florenz ... mit seinen falschen Bildern ... die Blumen sind vergiftet ... die Gesichter lügen. ... Ich ersticke hier, ersticke! ... Wenn du nicht willst, daß ich es noch einmal tue ... jenes ... du weißt es ..."

Sie konnte nicht weiter. Ein Krampf verzerrte ihren Mund. Sich an der Wand festhaltend, stand sie, in sich zusammengedrückt, mit geschlossenen Augen, lautlos sich bewegenden Lippen ...

Sechzehntes Kapitel

Paris, 16. März 1846.

Seit sechs Wochen wohnen wir nun schon hier, Hôtel Hollande, Place Vendôme, und in dieser Zeit bin ich nicht einen einzigen Augenblick mit mir allein gewesen. Wie in Neapel ist es; ein unaufhörliches Jagen nach Zerstreuungen. Die Gräfin behauptet, es geschehe im Interesse ihrer geheimen Mission; ich glaube jedoch, daß sie mich auf andere Gedanken bringen will, damit ich die Episode von Florenz vergesse.

Episode? War es nur eine Episode?

Ich schwimme also in einem Meer von sogenannten Vergnügungen und habe eine gewisse Berühmtheit erlangt durch die unerschöpfliche Spannkraft meiner Nerven. Man bildet sich ein, ich besitze ein Geheimmittel; alle Augenblicke werde ich um das Rezept gebeten. Nenne ich es, so glaubt man mir nicht. Und es ist doch sehr einfach.

Eine Frau, die jung und schön bleiben will, darf weder denken noch träumen. Und darum darf sie auch nicht lieben. Alle unsere Gedanken und Träume entstehen aus der Liebe. Aus der Liebe, wie ich sie verstehe. Aus der leidenschaftlichen Seelenliebe, die unser Blut verzehrt und unsere Nerven verbraucht.

Niemals will ich meine Seele noch einmal an einen Mann vergeuden. Kokett aber will ich mit allen sein, mit jung und alt. Es ist lustig, sie auf einen Blick, eine

Berührung von mir Kapriolen schlagen zu sehen. Je älter, um so putziger die Männchen. Der größte Komödiendichter war Eros, da er mit der Spitze seines Pfeiles den gravitätischen Donnerer Jupiter zu Bocksprüngen kitzelte.

Mérimée scheint mit dieser meiner Lebensauffassung nicht einverstanden. Als wir gestern darüber sprachen, schüttelte er den Kopf. Mein gedankenloses Dahinstürmen sei nichts als eine feige Flucht vor meinen Gedanken.

Und dann verglich er die Eugenie von einst mit der Eugenie von heute. Damals, nach dem "Accident", habe ich mich geheilt, dadurch, daß ich mich vor mich hinstellte, mir kaltblütig ins Gesicht sah, konstatierte, wer ich bin und was in mir ist. Heute aber spiele ich Verstecken mit mir, lasse das Übel chronisch werden, anstatt ihm mit dem scharfen Messer des Chirurgen zu Leibe zu gehen.

"Ich weiß ja", sagte er mit seinem feinen, melancholischen Lächeln, "daß die Zeiten sich ändern und wir mit ihnen. Damals besaßen Sie den Mut der Offenheit wenigstens mir gegenüber. Sind Sie schlecht dabei gefahren? Als Sie mir schrieben, schrieben Sie für sich selbst. Das war das Heilmittel. Wollen Sie es heute nicht nochmals versuchen?"

Er sah mich bittend an, mit jenem weichen Blick, mit dem er mich früher lenken konnte, wohin er wollte. Es ist jedoch nicht mehr wie früher zwischen uns.

Die Gräfin trennt uns. Er ist gewohnt, ihr alles zu sagen, tut es zweifellos aus bester Absicht, aus ehrlichem Interesse für mich. Ich aber will diese Art Sorge nicht, die einem Komplott gleicht. Die Gräfin hat ihm wohl erzählt, was mir in Florenz begegnet ist, und nun belauert er mich, will an mir herumkurieren.

Natürlich versprach ich ihm meine gewissenhafte Beichte. Und ebenso natürlich werde ich mein Versprechen nicht halten. Lügen habe ich mittlerweile gelernt.

Dennoch sitze ich nun hier in der Nacht und schreibe?

Für wen? Für Mérimée? Lüge! Lüge!

Ich weiß, daß ich für mich schreibe. Ich habe ja niemanden, mit dem ich sprechen kann. Zwei-, dreimal habe ich mich heute ertappt, wie ich laut mit mir selbst redete. Etwas ist in mir, das überfließen will.

Warum zögere ich? Scheue ich mich, selbst mir gegenüber, in der Stille der Nacht, da niemand mich hört, die Wahrheit zu bekennen? Die Wahrheit, daß ich jenen Menschen liebe? Daß ich ihm gehöre mit Leib und Seele, im Guten oder im Bösen, wie das Schicksal es will?

Hätte jemand mir dies vor ein paar Tagen gesagt, so hätte ich ihn ausgelacht. Ich war meiner so sicher, glaubte die Erinnerung in mir bis zur kleinsten Wurzel ausgetilgt. Heute aber ...

Ich weiß nicht mehr, wer die Nachricht brachte. Ich

weiß nur, daß es gestern war, in einer Gesellschaft bei Madame de Laborde.

Jérôme Bonaparte hat an Louis-Philippe ein Gesuch gerichtet, daß seinem Sohne die Durchreise durch Frankreich und ein kurzer Aufenthalt in Paris gestattet werden möge!

Das Herz stand mir still. Und dann jagte etwas in mir auf, eine wahnsinnige Freude ... und gleichzeitig eine brennende Lust, Tränen zu vergießen ...

Dieser Mensch ist stärker als mein Wille.

Mit jenem einen Blick unter dem Tor des Palazzo Demidow hat er mich vergiftet. Und das Gift wirkt in mir nach, gerät bei der bloßen Nennung seines Namens in gärendes Sieden. Selbst jetzt, während ich schreibe ...

17. März.

Damals, in Florenz, habe ich einen großen Fehler begangen: Ich habe mich in fremde Hände gegeben, Fremden die Verwirklichung meiner Wünsche anvertraut. Erst sandte ich Pepa - die Folge war, daß er mich für eine galante Abenteurerin hielt. Dann überließ ich es der Gräfin, ein Wiedersehen herbeizuführen - sie wählte den weiten Weg über Jérôme, und als er uns nicht ans Ziel brachte, war es zu spät, einen anderen einzuschlagen. In Zukunft will ich alles selbst tun.

Mérimée hat recht, beim Schreiben denkt man schärfer, objektiver. Ich sehe mich jetzt ganz deutlich, wie ich in Florenz war. Nach den Erfahrungen mit Alba und Alcañizès war ich dahin gelangt, die Männer zu verachten. Da brachte Neapel mit seinem Flirten und Kokettieren mein erstarrtes Blut wieder in Wallung; die Gräfin mit ihren Notizen zeigte mir, daß alles skrupellos dem Genuß nachjagt. Dann Florenz. Mit der verklärten Schönheit seiner Kunst, mit der graziösen Anmut seiner Menschen schien es diesen Genuß zu dem vornehmsten Gebot der Natur zu erheben. Alles in mir und außer mir, Seele, Leib, Kunst, Natur, drängte mich nach Hingabe. Nicht der Mann an sich, nicht rohe Wollust war das Ziel meines Verlangens; eine schöne Statue, der ferne Ton einer singenden Stimme, ein rosiger Lichtsaum an den Silberwölkchen des Sonnenunterganges weckten dieselbe Sehnsucht in mir, irgend etwas zu umarmen, in dieser Umarmung mich aufzulösen.

Mérimée würde mich verstanden haben. Die Gräfin dagegen in ihrer nüchternen Geschäftsmäßigkeit hätte von mir wohl gesprochen, wie sie einst von Pacca sprach: "Sie ist Spanierin, neunzehn Jahre, reif für die Ehe!"

Vielleicht ist es dasselbe, nur anders ausgedrückt.

Der Brand in meinem Blute trieb mich vorwärts. Jede versäumte Minute schien mir eine vergeudete Ewigkeit. Darum hetzte ich Pepa, fand nicht die Kraft, mich vor der Gräfin zu verstellen, gab beim ersten Hindernis alles auf. Und dies ist mein zweiter großer Fehler:

Ich bin zu ungestüm, habe nicht die Geduld, langsame Entwicklungen abzuwarten. Nun, da mir das Glück wieder zu winken scheint, werde ich vorsichtiger sein, niemanden zu Rate ziehen, niemals auf den ersten Impuls handeln.

Um die Politik der Gräfin habe ich mich seit Florenz nicht mehr gekümmert. Auch ein Fehler. Ein Eroberer braucht eine Gehilfin, nicht eine Null. In Florenz war ich auf dem richtigen Wege. Als ich entdeckte, daß die Gräfin mit ihrer Mission gegen Louis-Philippe indirekt für den Prinzen arbeitet. Wieweit mögen diese Dinge nun bereits gediehen sein? Ich werde wieder Geheimsekretärin der Gräfin werden.

Wollte ich mich nicht an Isabella und Maria Christina rächen? Dem Outsider Montpensier zum Siege verhelfen? Eine kindliche Idee. Was ist mir Hekuba!

20. März.
Ich habe die Zeit abgewartet, da die Gräfin einen ihrer Berichte an Maria Christina schrieb, bin zufällig zu ihr ins Zimmer gekommen, habe mich gewundert, daß sie die Lust an dieser undankbaren Aufgabe noch nicht verloren. Endlich habe ich sie gähnend nach dem Stande der Sache gefragt.

Diese Frage war wieder ein Rückfall in meine alte Voreiligkeit. Ich hätte warten müssen, bis die Gräfin aus sich selbst darauf kam.

Feinhörig, wie sie ist, merkte sie denn auch sofort,

wohin ich steuere. Ein mokantes Lächeln um den Mund, schob sie mir die Mappe hin, in der sie ihren Briefwechsel mit Maria Christina verwahrt, stellte mir frei, mich durch den Augenschein zu unterrichten.

Und während ich las, plauderte sie scheinbar unbefangen weiter. Vielleicht sei es mir erwünscht, ihr wie früher helfen zu können? Ich klage ja über Langeweile. Die Arbeit sei hier in Paris allerdings schwieriger als damals in Florenz. In seiner Furcht vor revolutionären Umtrieben habe Louis-Philippe ein raffiniertes Spioniersystem eingerichtet, lasse den Briefwechsel aller Personen von Bedeutung überwachen. Die Korrespondenz mit Maria Christina werde darum in Chiffreschrift geführt, gehe nicht mit der Post, sondern durch geheime Kuriere, die sie unter allerlei Masken an dritten Orten in Empfang nähmen und ablieferten.

Natürlich stellte ich mich interessiert von dieser für mich neuen diplomatischen Geheimniskrämerei. Da reichte sie mir das Chiffrierbuch, gab mir auf, als Probe eine Nachricht zu übertragen, die sie mir diktierte. Diese Nachricht ...

"Das Vertrauen des Königs in mich wächst täglich. Er teilt mir jetzt sogar Dinge mit, die er vor anderen geheimhält. Gestern sagte er mir, er habe das Gesuch des Prinzen Napoleon genehmigt und ihm einen vorübergehenden Aufenthalt in Paris gestattet. Der Prinz sei mit seinem Vater schon in Brüssel und werde in der nächsten Woche eintreffen."

Ich übersetzte. Nachher sah ich, daß die Gräfin diese Nachricht zusammenhanglos in ihren Brief eingeschoben hat. Wollte sie mir zu verstehen geben, daß sie das Motiv meiner jäh erwachten Arbeitslust erriet?

Mag sie sich mokieren! Ich habe erreicht, was ich wollte. Wenn der Prinz kommt, werde ich über alles unterrichtet sein. Und dann ...

21. März.
Augenblicklich liegt das Rennen um Isabella so, daß die Parteien ihre Favoriten genannt haben. Die Cortes, im geheimen von Isabella beeinflußt, halten auf Franz d'Assisi, Neapel auf Trapani, Louis-Philippe auf Montpensier. Aber die Chancen sind nicht mehr gleich. Trapani ist zurückgefallen, weil das Volk die Herrschaft eines sizilianischen Bourbonen als Rückkehr zum Absolutismus fürchtet. Maria Christina hat Trapanis Aussichtslosigkeit erkannt und das Rennen bereits halb und halb aufgegeben, nachdem d'Assisi ihr, wohl auf Isabellas Antrieb, für den Fall seines Sieges einen gewissen Einfluß auf die Regierung garantiert hat. Der Spanier, bisher in gleicher Front mit dem Franzosen, scheint also Terrain zu gewinnen. Trotzdem wären Montpensiers Chancen nicht schlecht, wenn man - Isabella? - nicht ein Hindernis vor ihm aufgebaut hätte, das er wohl kaum nehmen wird. Mit Schrecken erinnert sich England noch heute der Gefahr, die seiner ganzen Existenz drohte, als die verbündeten französi-

schen und spanischen Flotten nach Boulogne-sur-Mer segelten, um Napoleons I. Invasionsarmee nach dem heimlich aufgewiegelten Irland zu bringen. Nicht immer verfügt die Admiralität über einen Nelson, und Siege wie der von Trafalgar sind selten in der Geschichte. England hat also Protest gegen Montpensier eingelegt, schmuggelt goldene Pfunde nach Spanien ein, um d'Assisi zu stützen. Louis-Philippe tut für Montpensier mit Zwanzigfrankstücken dasselbe; diese Heirat ist ihm zur fixen Idee geworden, durch sie glaubt er das im ägyptisch-türkischen Konflikt verlorene Prestige wiederzugewinnen. Der Parteienstreit in Spanien aber wird täglich erbitterter, Karlisten und Republikaner regen sich, das Ende wird, fürchte ich, ein neuer Bürgerkrieg sein, der vielleicht die Dynastie mit verschlingt.

Maria Christina ist der Verzweiflung nahe; in jedem ihrer Briefe bestürmt sie die Gräfin, einen Ausweg zu finden, Louis-Philippe umzustimmen. Er aber ist störrisch wie ein Maultier.

Er kennt seine Franzosen. Woher Madame Gloire kommt, ist ihnen gleichgültig, wenn sie nur kommt. Reüssiert Montpensier, so wird Louis-Philippe sich Isabellas Brautkranz als Lorbeerkranz aufs Haupt setzen, Paris wird ihm den Schönheitsapfel reichen und vor meinem Bonaparte die Tore schließen.

Was tun?

26. März.

Wenn ich mich heute an Maria Christina, Isabella, der Gräfin rächen wollte ...

Ein scheinbar unüberlegtes Wort von mir der kleinen, noch vom Sacré Cœur her für mich schwärmenden Marquise de Nadaillac, Madame de Labordes Enkelin, hingeworfen, würde genügen, Louis-Philippe die Augen über die wahre Mission der Gräfin zu öffnen, Maria Christinas Ängste zu verhundertfachen. Welch ein Glück für sie, daß ich Demidows Napoleon-Ausstellung besuchte! Und welch ein Unglück für mich!

Unglück? Ist es ein Unglück, von einem fernen Glück zu träumen?

Aber ich will mich nicht von meinem Herzen berauschen lassen. In diesem Geheimbuch meiner politischen Heldentaten soll ausschließlich der Verstand sprechen. Endlich muß mein europäisches Gleichgewicht im Fühlen und Denken doch gefunden werden!

Sollte ich eines Tages Kaiserin werden ...

Wie Madame de Laborde möchte ich dann sein. Sie ist die liebenswürdigste, geistvollste, raffinierteste Frau, die ich kenne. Als sie ihren Mann heiratete, war er ein unbedeutender Causeur, als er starb, ein Schriftsteller von Ruf, Mitarbeiter Alexanders von Humboldt, Staatsmann, Deputierter, Seinepräfekt, persönlicher Adjutant Louis-Philippes. Und das verdankte er nur seiner Frau. Beweis: Nach seinem Tode behauptete sie ihre Stellung, verschwand nicht wie eine indische Witwe durch einen gesellschaftlichen Scheiterhaufenprozeß spurlos aus der Welt. Madame Delessert, Frau des Polizeipräfekten von Paris, Madame Odier, des kleinen Thiers heimliche Geliebte, Madame Bocher, Gemahlin des Finanzintendanten eines vor allem auf Mehrung seines Privatvermögens bedachten Königs - in diesen ihren drei Töchtern meistert sie die Chronique scandaleuse der Gesellschaft, der Politik des Hofes. Weil sie alles weiß, ist sie allmächtig. Der Salon, in dem sie empfängt, ist der Vorhof zum Allerheiligsten des Tempels, der Sessel, in dem sie sitzt, der wahre Thron des Julikönigtums. Niemand vermag in dem Frankreich Louis-Philippes etwas zu erreichen, er gehe denn durch diesen Salon, verbeuge sich vor diesem Sessel.

Ich liebe sie nicht, aber ich bewundere sie. Neugierig bin ich, wie sie sich benehmen wird, wenn die Herrlichkeit der Orléans einmal ein Ende hat. Ich versäume keinen ihrer Empfangsabende, gehe auch tags oft hin. Dieser Salon ist meine Hohe Schule der Politik, wird wahrscheinlich auch mein Kampfplatz sein. Durch ihn geht der Weg meines Bonaparte, zu Louis-Philippe.

Gestern gab es eine kleine Sensation. Der Herzog von Richelieu führte den Fürsten Demidow ein, jenen Anatol Demidow, der durch seine Eheaffäre zu einer Art Berühmtheit gelangt ist. Schade, daß ich zu spät kam, ihn nicht mehr sah! Ich hätte gern die Merkzeichen seiner Schwärmerei für den von Frauenhand gespendeten Genuß der Knute an ihm studiert, dieser asiatischen Leidenschaft, die bei Mathilde Bonaparte so wenig Verständnis fand, daß sie davonlief und der Dino das Feld überließ. Offiziell besteht diese Ehe von Jérômes Gnaden zwar noch fort, da sie nicht geschieden werden kann; ein Machtspruch des Zaren aber hat den Fürsten gezwungen, in eine örtliche Trennung zu willigen und Mathilde jährlich 200 000 Franken zu zahlen. Ein Arrangement, dem Jérôme väterlich zustimmte, nachdem seine Tochter sich verpflichtet hatte, ihm die Hälfte als Schadensersatz für seine nun fortfallende Ehevermittelungsrente abzutreten. Der arme Vater muß nun mit elenden 100 000 Franken sein Dasein fristen! Ein neuer König Lear, durch kindlichen Undank zum Bettler gemacht. Auch Demidow erfüllt die Welt mit Klagen, stellt sich als unschuldiges Opfer Bonapartischer Hinterlist hin. Er behauptet nach wie vor Mathildens Verhältnis mit dem Bildhauer Nieuwerkerke, wütet, daß er für die Eskapaden seiner Frau auch noch bezahlen muß. Seine Napoleon-Sammlung hat er in alle Winde verstreut, schwört nun auf die Orléans.

Ob alle diese schönen Daten richtig sind, weiß ich nicht. Ich möchte es jedoch bezweifeln, weil ich sie Horace de Viel-Castel verdanke, der boshaftesten Zunge von ganz Paris. Er ist ein lebendes Nachschlagebuch für Skandalgeschichten aller Art, ähnlich wie Madame de Laborde und die Gräfin, nur betreibt er seine Passion als sammelnder Liebhaber, nicht zur Ausbeutung. Seine Manier hat etwas Künstlerisches, Wissenschaftliches, durch die sie einen Anstrich von Objektivität erhält.

Im Anschluß an die Demidow-Affäre sprach er auch von Mathildes Bruder. Alle Welt zerbricht sich über die Absichten des Prinzen den Kopf. Warum kommt er nach Paris? Was will er von Louis-Philippe? Da Madame de Laborde, Thiers, die Wissenden geheimnisvoll schweigen, ergeht man sich in den wildesten Kombinationen.

Auch ich vermag das Rätsel nicht zu lösen. Soll ich versuchen, Madame de Laborde durch Pauline Nadaillac auszuhorchen?

Nein! Madame de Laborde ist Meisterin im Zwischen-den-Worten-hören. Niemand aber darf ahnen, daß ich für den Prinzen bin, ihn auch nur kenne. Die Verräterfurcht ist die Nationalkrankheit der Franzosen; man würde mich sofort für eine bonapartistische Spionin halten. Sehen, Hören, Schweigen muß meine Taktik sein.

Welche Qual!

29. März.

Abermals ein langer Klageschrei von Maria Christina an die Gräfin!

Während ich ihn dechiffrierte, wandelte mich ein

Lachen an über dies tragikomische Wettrennen um die Hand einer Isabella. Ist denn die Stellung eines Königingemahls so begehrenswert? Bedeutung gewinnt er erst, wenn seine Frau ein Kind bekommt. Das Kind macht ihn zum König. Ohne Kind ist er ein Rumpelkammer-Möbel, eine gekrönte Null. Wenn es Montpensier so erginge, wäre das nicht eine hübsche Strafe für diesen starrköpfigen Ränkeschmied Louis-Philippe?

Ich lachte also hell auf. Erstaunt fragte mich die Gräfin nach dem Grunde. Ich sagte es ihr. Und dabei schoß mir ein Gedanke durch den Kopf, der mich selbst dermaßen überraschte, daß ich ihn ohne lange Überlegung heraussprudelte.

Wenn man Louis-Philippe die Überzeugung von der Kinderlosigkeit dieser Zukunftsehe beizubringen vermochte - würde er es dann nicht vorziehen, von seinem Projekt zurückzutreten, seinen Montpensier für ein sichereres Geschäft aufzuheben?

Die Gräfin starrte mich verblüfft an. Dann stürzte sie sich auf mich, fiel mir um den Hals, fing fast an zu weinen.

"Einfälle hast du, wie ein Talleyrand, ein Metternich! Schnell, neues Papier! Maria Christina muß das sofort erfahren. Außer sich wird sie sein vor Entzücken. Die Lösung ist es, die Rettung!"

Ich habe also geschrieben. Nicht nur die simple Idee. Einen vollständigen Feldzugsplan, mit allen

Details und Eventualitäten. Wenn Maria Christina zustimmt, kann die Komödie sofort beginnen.

Der lustige Einfall eines jungen Mädchenkopfes - vielleicht stürzt er Könige und Völker in Trubel, setzt die halbe Welt in Bewegung ...

Siebenzehntes Kapitel

5. April.
Bin heute bei Madame de Laborde gewesen. Man sprach von Napoleon-Louis, dem Gefangenen von Ham, dem falschen Demetrius. Er hat an Louis Philippe das Gesuch gerichtet, sein Gefängnis gegen ehrenwörtliche Zusicherung der Rückkehr verlassen zu dürfen, um nach Livorno an das Krankenlager seines Vaters zu eilen, an dem Sterbenden seine Sohnespflicht zu erfüllen. Aus Furcht vor der öffentlichen Meinung soll Louis-Philippe bereit gewesen, sein, die Bitte zu gewähren, der Ministerrat aber hat sich einstimmig dagegen ausgesprochen, falls Napoleon-Louis nicht sichere Garantien für seine ehrliche Gesinnung biete. Louis-Philippe hat nachgegeben, man hat einen Vertrag entworfen, dem Gefangenen zur Unterschrift übersandt. Er soll auf sein Prätendententum verzichten, die Orléans anerkennen, die bonapartistische Partei von ihrer Opposition gegen das Julikönigtum zurückrufen.

Alle Welt ist neugierig, ob er darauf eingeht; Dispute über die möglichen Folgen füllten den ganzen Abend.

Ich habe dabeigesessen, gehört, geschwiegen. Und im stillen gelächelt. Diese Politik ist kleinlich kurzsichtig, töricht. Entweder man sagt ja oder nein. Aber man erpreßt nicht. Ein solcher Vertrag ist ebenso wertlos wie das angebotene Ehrenwort eines Menschen, der die Gewohnheit hat, gegebene feierliche Versprechungen zu brechen.

Ich an Louis-Philippes Stelle hätte - nun, was hätte ich getan? Ich glaube, ich hätte weder ja noch nein gesagt. Wenigstens vorläufig nicht. Ich hätte den Prätendenten nach Paris bringen lassen, in der Zeit, da sein Konkurrent hier ist. Dann die feindlichen Vettern aufeinandergehetzt, zu einem Bruch, einem öffentlichen Skandal gepeitscht, der beide lächerlich machte, die Partei in zwei einander befehdende Lager spaltete, lahm legte. Und um diesen gesegneten Krieg zu verewigen, hätte ich endlich den Gefangenen begnadigt und allen Bonapartes die Rückkehr nach Frankreich gestattet.

Zum Glück für meinen Prinzen besitzt Louis-Philippe nicht den Mut zu einer solchen Politik. Er ist zu schlau, um klug und zu dumm, um mutig zu sein.

Ich staune über mich. Nie hätte ich geglaubt, daß ich am Intrigenspinnen ein solches Vergnügen finden würde.

10. April.

Die Brüsseler "Indépendance Belge" brachte gestern eine Notiz aus Madrid.

"Wie wir aus zuverlässiger Quelle erfahren, ist die junge, liebreizende Königin von Spanien kürzlich das Opfer eines bedauerlichen Unfalls geworden. Bei einem ländlichen Balle, den sie ihren Gespielinnen im Park des königlichen Lustschlosses von Zarzuela gab, hatte Ihre Majestät das Unglück, auf dem schlüpfrigen Rasen auszugleiten und zu fallen. Der Unfall erschien zunächst belanglos, da Königin Isabella sich selbst zu erheben vermochte und auf die Fortsetzung des Tanzes bestand.

In der folgenden Nacht jedoch stellten sich Schmerzen ein, verbunden mit Fiebererscheinungen, die zur sofortigen Berufung des königlichen Leibarztes Dr. Coba Veranlassung gaben. Dr. Coba stellte innere Verletzungen fest, die, obwohl nicht gefährlich, die hohe Patientin doch zwingen, für einige Zeit das Bett zu hüten. Um das Publikum nicht zu beunruhigen, werden Krankheitsbulletins nicht ausgegeben, auch ist dem Hofstaat und den Schloßbediensteten strengstes Stillschweigen auferlegt worden. Unser Vertrauensmann ist jedoch in der Lage, uns mitzuteilen, daß außer dem Leibarzt noch zwei bedeutende Frauenärzte konsultiert wurden, die das Resultat ihrer Untersuchung in einem schriftlichen Gutachten niedergelegt und der Königinmutter Maria Christina übergeben haben."

Mein Feldzugsplan ist also angenommen, die Feindseligkeiten sind eröffnet, der erste Schuß ist gefallen. Eugenie de Montijo führt Krieg gegen Frankreich! Werde ich nicht Größenwahn bekommen?

15. April.

Zweiter Schuß.

Die "Indépendance Belge" dementiert ihre Nachricht über Isabellas Unfall. Auf Veranlassung des spanischen Gesandten in Brüssel.

Dies war vorgesehen. Nachrichten, die nicht dementiert werden, finden keinen Glauben.

16. April.

Dritter Schuß.

Die Londoner "Times" stellt in einem Leitartikel das Vorhandensein einer Spannung zwischen den Kabinetten von Frankreich und England wegen der spanischen Heirat in Abrede. England habe gegen Montpensier als Königingemahl nichts einzuwenden, sobald Frankreich sich zu Garantien bezüglich Gibraltars bereitfinde. Verhandlungen hierüber seien bereits im Gange und versprächen günstigen Erfolg. Auch die nationalistischen Parteien in den spanischen Cortes seien unschwer zu beruhigen, wenn Franz d'Assisi die Hand der Infantin Luisa Ferdinanda, der zweiten Tochter Maria Christinas, und einen gewissen Einfluß auf die Regierung zugesichert erhalte.

17. April.

Liest Louis-Philippe keine Zeitungen? Ist er schlauer als ich dachte? Stellt er sich tot wie der Luchs im Kugelregen? Er rührt sich nicht, meine Kanonade scheint keinen Eindruck auf ihn gemacht zu haben. Wenn das so weitergeht, muß ich das Gefecht wegen Munitionsmangel abbrechen und den Feldzug aufgeben.

Aber vielleicht irre ich mich. Vielleicht hat die Einladung zu einem ihrer spießbürgerlichen Tees, mit der Maria Amalia die Gräfin für heute abend beglückt hat, etwas zu bedeuten. Ich warte und ... Zittere ich? Nein, ich zittere nicht.

Abends.

Mein "Vielleicht" von heute morgen ist Gewißheit geworden: Hinter Maria Amalia steckte Seine Majestät, und der Tee, den er der Gräfin servierte, bestand in einem Bündel Fragen über Isabellas Gesundheitszustand, Körperkonstitution, Entwicklung. Dann brachte er die Rede auf die einander widersprechenden Zeitungsartikel, stellte sich ungläubig, erklärte die Geschichte von Isabellas Unfall für albernen Klatsch. Nur, daß die "Indépendance Belge" in ihrem zweiten Artikel mit dem Unfall auch den Ball dementierte, während von dem französischen Gesandten eine Bestätigung des Festes eingelaufen war, hat ihn stutzig gemacht. War am Ende doch etwas an den Gerüchten? Hatte der spanische Botschafter in Brüssel in der Furcht, zu wenig zu dementieren, zuviel dementiert und dadurch wider Willen die Wahrheit verraten?

Am meisten aber hat ihm der Artikel der "Times" zu denken gegeben. Hatte man in London alle Furcht vor einer französischen Dynastie in Spanien verloren? Oder glaubte man überhaupt nicht an die Möglichkeit einer solchen Dynastie? War es nicht auffallend, daß man plötzlich eine Verbindung zwischen Franz d'Assisi und Luisa Ferdinanda protegierte, die Propaganda der Nationalisten nach dieser Richtung zu lenken suchte? Wenn Isabella kinderlos blieb, war ihre Nachfolgerin auf dem Thron eben diese Luisa Ferdinanda!

Nötig war es, Genaueres über den Unfall zu erfahren, womöglich Einblick in das Gutachten der Ärzte zu erhalten! Und sofort mußte es sein, ehe Montpensier an Isabella gebunden war. Kurz - Louis-Philippe bat die Gräfin, ihm eine Abschrift des Gutachtens zu verschaffen. Um jeden Preis.

Die Gräfin weigerte sich natürlich, um zuletzt doch nachzugeben. Sie riet, Dr. Coba zu bestechen, erklärte sich bereit, den Versuch zu machen, wenn man ihr 100 000 Franken zur Verfügung stelle. Um eine Lappalie werde ein Mann wie Dr. Coba sich nicht zu einem Staatsverbrechen verleiten lassen. Auch müsse sie selbst nach Madrid reisen, eine so heikle Mission dürfe fremden Händen nicht anvertraut werden. Mit dem sauren Gesicht des Geizhalses willigte Louis-Philippe ein.

Ach, Füchslein, wenn du wüßtest, daß diese Abschrift eines gar nicht existierenden Gutachtens über einen niemals stattgefundenen Unfall schon seit langem im Schreibtisch der Gräfin auf den günstigen Augenblick wartet, um in deinen Bau zu flattern! Daß

Dr. Cobas Bestechung, die Reise nach Madrid, die 100 000 Franken nur vorgeschoben sind, um dem künstlichen Köder den Anstrich der Natürlichkeit zu geben! Eigentlich ist das alles niederträchtig, infam. Aber amüsant. Und nützlich. Für Spanien, für mich. Heute melden die Zeitungen, daß der Fürst von Montfort seine Residenz nach Brüssel verlegt hat. Und daß sein Sohn auf dem Wege nach Paris ist ...

20. April. Mittags.
Die Gräfin wollte mich nach Madrid mitnehmen. Dann, da ich widerstrebte, wünschte sie, daß ich während ihrer Abwesenheit bei Pacca wohne. Auch hiergegen sträubte ich mich, ließ eine unüberwindliche Antipathie gegen Alba durchblicken, die ich in Wirklichkeit nicht empfinde, da er mir nun gänzlich gleichgültig ist. Und um der Gräfin jede Sorge um mich zu nehmen, erinnerte ich sie daran, daß ich auch in Carabanchel allein gewesen war, ohne daß mich ein Brigant ausraubte oder ein Liebhaber stahl. Was wollte sie tun? Sie hat wohl schon lange eingesehen, daß es nutzlos ist, gegen meinen "störrischen Eigensinn" anzukämpfen.

Ich werde in ein paar Tagen zwanzig, fühle mich mündig und habe keine Lust, mich dieser französischen Albernheit zu unterwerfen, die einer verheirateten Sechzehnjährigen das Unerlaubteste erlaubt, einer unverheirateten Sechzigjährigen aber am liebsten auch das Erlaubte verbieten möchte. Haremsmoral, ersonnen, um dem zukünftigen Sultan das Jus primae noctis zu sichern.

Heute morgen ist die Gräfin also mit Antonio als Reisemarschall abgefahren, und ich bin mit Pepa und Miß Flower allein. Pepa gehört mit Leib und Seele mir. Die gute Miß Flower erblickt in dem Paris Louis-Philippes immer noch das Paris Robespierres, stirbt bei der geringsten Menschenansammlung vor Furcht, verbarrikadiert sich allnächtlich in ihrem Zimmer. Durch diese Furcht ist sie in meiner Gewalt, sobald ich will. Mérimée, Madame de Laborde, Pacca und die anderen werde ich in angemessener Entfernung zu halten wissen. Ich bin frei, Herrin meiner selbst.

Wenn der Prinz kommt ...

Nachmittags.

Vor ein paar Stunden schrieb ich von ihm, dachte an ihn, fragte mich, wie ich es anfangen solle, mich ihm auf unverdächtige Weise zu nähern. Und nun ist er da. Kaum zwanzig Schritte von mir entfernt. Nur eine dünne Wand trennt uns.

Als Pepa mit der Nachricht zu mir hereinstürzte, Graf Montfort sei hier abgestiegen, an diesem Place Vendôme, in diesem Hôtel Hollande, in diesen Zimmern neben den meinen - ein Schreckhaftes durchzuckte mich, daß ich die Feder fallen ließ, fast vom Stuhl sank.

Und zugleich ein Wunderbares, Traumhaftes, Süßes ...

Noch immer kann ich nicht an dies Glück des Zufalls glauben. Alle Augenblicke stehe ich auf, um mich von der Wirklichkeit zu überzeugen. Auf den Fußspitzen schleiche ich in mein Schlafzimmer, horche an der Wand.

Und ich höre das gedämpfte Geräusch, mit dem seine Schritte über den Teppich wandern. Er ist da! Er ist da! Dies kann nicht bloßer Zufall sein. Zitternd fühle ich, wie eine unsichtbare Hand mich führt, leitet. Ihm, ihm entgegen ...

Später.
Pepa war eben bei mir. Sie ist auf dem Korridor dem Kammerdiener des Prinzen begegnet, jenem Menschen, mit dem sie in Florenz in der Napoleon-Ausstellung den Streit wegen meiner angeblich verlorenen Nadel hatte. Der Mann hat sie wiedererkannt, sie angeredet, ihr den Hof gemacht. Pepa ist überzeugt, daß es ihr ein leichtes sein würde, mit ihm anzuknüpfen, fragte, ob es mir recht wäre.

"Alles würde Pepa erfahren, was die Herrin wissen möchte!"

In ihren verschmitzten Zigeuneraugen las ich, daß sie mich durchschaut. Meiner Herrinnenwürde eingedenk, stellte ich mich gleichgültig.

"Was sollte ich wissen wollen? Ach, du meinst, weil der Prinz mich einmal interessierte? Mein Gott, das war wegen seiner Ähnlichkeit mit dem Kaiser. Meine

Neugier ist längst befriedigt. Wirklich, Pepa, du mußt dich nicht hinter mir verstecken! Wenn der Mann dir gefällt, so nimm ihn. Wenn nicht, so weise ihn ab. Mich laß bitte aus dem Spiel!"

Zerknirschung heuchelnd schlich sie hinaus. Aber ich weiß, sie wird nun alle ihre Künste an dem Diener versuchen, um in die Geheimnisse seines Herrn zu dringen und sie mir dann zu verraten.

Flammen der Erwartung brennen in mir. Hätte Pepa mir ihre Hilfe nicht angeboten, so würde ich sie darum gebeten haben. Als ich mir einbildete, alles selbst tun zu können, litt ich an Größenwahn. Wer ist so mächtig oder so bedürfnislos, daß er die anderen entbehren kann? Selbst Diogenes brauchte einen Alexander, um den Dünkel seiner Armut und Menschenverachtung an ihm zu kitzeln.

Nachts.

Gegen sechs Uhr kam Pauline Nadaillac, mich, wie sie sagte, in meiner Einsamkeit zu trösten und für den Abend nach Passy zu Madame de Laborde, ihrer Großmutter, zu entführen. Sie tat sehr besorgt, ob ich im Hôtel Hollande gut aufgehoben sei, erzählte Einbrechergeschichten, ließ sich von mir unsere Wohnung zeigen, die sie untersuchte, geschickt, wie der beste Agent ihres Vaters, des Polizeipräfekten. Wirklich entdeckte sie hinter dem großen Schrank in meinem Schlafzimmer eine Tür, die ins Nebenzimmer führt.

Als ich behauptete, nicht zu wissen, wer dieses Nebenzimmer bewohnt, schickte sie nach dem Hoteldirektor. Und da dieser den Grafen Montfort nannte, stellte sie sich überrascht, erblickte etwas Auffälliges darin, daß der Sohn Jérômes in denselben Zimmern haust, die vor 14 Jahren der Sohn Hortenses in ähnlicher Situation innehatte. Auf meine Frage erzählte sie mir dann die Geschichte des ersten Umsturzversuchs, den der spätere Held von Straßburg und Boulogne gegen Louis-Philippe unternommen hat.

"Ist es nicht", schloß sie, "als wäre dieses Hôtel Hollande vom Schicksal zum Schauplatz romantischer Ereignisse bestimmt? Was meinst du, wenn eines Tages die Soldaten von Leipzig und Waterloo den Bonaparte hier nebenan zum Kaiser ausriefen und in dein Zimmer schleppten, um ihn von dem Balkon vor deinen Fenstern dem Volke von Paris zu zeigen? Gib nur acht, daß du ihnen dann nicht in den Weg kommst! Theaterhelden sind sie, würden dich zwingen, ihrer Begeisterung die Weihe der Schönheit zu geben und wie eine zweite Jeanne d'Arc dem Erkorenen von Frankreich die Krone Karls des Großen aufzusetzen!"

Sie lachte. Gezwungen, schien es mir. Sie hat mich lieb. Von allen, die mir hier schöne Worte sagen, ist sie vielleicht die einzige Ehrliche. Wollte sie mich warnen? Dann müßte sie von meinem Zusammentreffen mit dem Prinzen in Florenz erfahren haben.

Durch wen aber, durch wen?

Pepas bin ich sicher. Die Gräfin hat ein Interesse, zu schweigen. Ich selbst habe zu niemandem davon gesprochen. Mérimée? Er ist mit den Labordes intim. Paulines Mutter, Madame Delessert, soll seine Mätresse gewesen sein ...

Nein, ich erinnere mich genau, ich habe ihm aus Florenz nicht ein einziges Mal geschrieben.

Die Gräfin? Sie, die mir schon damals von Louis-Philippes Spioniersystem erzählte, mich vor Paulines Vater, dem Polizeipräfekten, als einem der Chefs des "Cabinet Noir" warnte? Unmöglich, sie, die Vorsichtige, kann einen solchen Fehler nicht gemacht haben!

Ich glaube, ich bin zu mißtrauisch. Es wird ein Scherz von Pauline gewesen sein, einer ihrer lustigen Einfälle.

Dennoch - das unheimliche Gefühl weicht nicht von mir. Wie ein Verbrecher komme ich mir vor, den tausend Ohren behorchen, tausend Augen belauern ...

Nachher fuhr ich mit Pauline zu Madame de Laborde. Das ganze Ministerium war dort, die vornehmsten Führer der Orléanisten. Man sprach von Kunst und Literatur, indifferenten Dingen. Aber geheime Spannung lag auf den Gesichtern, sobald ein neuer Gast eintrat, fuhren die Augen nach der Tür. Es war klar, man erwartete den Prinzen.

Ich hatte es geahnt, war darauf vorbereitet. Um mich nicht überraschen zu lassen, hielt ich mich an Pauline, frischte die Erinnerungen an unser Zusammensein im Sacré Cœur auf, zog mich mit ihr unmerklich in einen Winkel zurück, aus dem ich die Tür beobachten konnte.

Endlich, gegen neun Uhr, kam er, eingeführt von General Athalin, Louis-Philippes persönlichem Adjutanten. Plötzlich verstummten die Gespräche, alles starrte hin. Mit raschen, festen Schritten trat er ein, blieb mitten im Zimmer im vollen Lichte des Kronleuchters stehen, verneigte sich lässig, fast verächtlich, ließ seine düsteren Augen über die Gesichter wandern.

Wollte er vor den Orléanisten demonstrieren? Diesen Generälen und Ministern die wahre Quelle ihres Glanzes, die Schmach ihres Undanks ins Gedächtnis zurückrufen? Mag die Gräfin ihn einen Poseur, einen Kopisten nennen - der Eindruck war überwältigend, sieghaft. Der große Kaiser war es, der dort stand, mit flammendem Herrscherblick die Kreaturen durchbohrte ...

War es nicht unvorsichtig von ihm, seinen Gegnern diese gefährliche Ähnlichkeit wie eine Kriegserklärung ins Gesicht zu schleudern? Werden sie nun nicht alles daransetzen, ihn von Paris fernzuhalten, womöglich ganz unschädlich zu machen?

Ach, ich bin kleinmütig, feige. Die furchtsame Spinnentaktik der Gräfin spricht aus mir. Der Prinz hat recht getan. Der echte Mann ist kühn und geradezu, zerbricht, was sich nicht biegen lassen will.

Ich liebe ihn! Ich liebe ihn!

Athalin stellte ihn Madame de Laborde vor. Dann den anderen. Unwillkürlich traten sie vor ihm zurück, bildeten Spalier wie vor einem heerschauenden König. Durch die Menschengasse kam er heran, näher und näher ...

Als er mit Guizot, dem Ministerpräsidenten, sprach, erblickte er mich. Er stutzte, biß sich auf die Lippen ...

Nun wandte er sich zu uns ...

Plötzlich stieß Pauline mich an, flüsterte mir zu. "Um Gottes willen, Eugenie, was hast du? Schnell, nimm meinen Fächer! Hier, hier!"

Fächer? Was wollte sie mit dem Fächer?

Ich verstand sie nicht. Ihre Stimme klang wie aus weiter Ferne. Unwillkürlich beugte ich mich zu ihr vor. Dabei sah ich mich in einem Spiegel hinter ihr ...

Ich war totenblaß. Meine Augen standen weit offen. Und über mein Gesicht fuhren blitzartige Zuckungen, die es zu schrecklichen Grimassen verzerrten ...

Ich begriff, riß Pauline den Fächer aus der Hand, hielt ihn mir vor. Wollte fortgehen. Aber schon hörte ich den General vorstellen.

"Madame la marquise de Nadaillac ... Mademoiselle la Comtesse Eugenie di Teba y Montijo ..."

Krampfhaft den Fächer haltend, verbeugte ich mich. Pauline aber kam mir zu Hilfe. Einen Ruf des Erstaunens ausstoßend, brach sie in ihr zwitscherndes Lerchenlachen aus.

"Mein Gott, Prinz, welche Ähnlichkeit mit Ihrem

großen Oheim! Der König muß kurzsichtig sein, daß er Ihnen erlaubt, den Parisern das unvergeßliche Eroberergesicht zu zeigen!"

Der Prinz lächelte, ein wenig melancholisch.

"Unvergeßlich? Haben Sie es gehört, mein General? Ach, Marquise, wenn Sie das Abenteuer kennen würden, das General Athalin und ich vorhin erlebt haben! Wir wollen gerade unseren Wagen besteigen, der uns hierher bringen soll, als ein junges Weib aus dem Volke sich zu uns drängt. Sie bietet mir an - nun, was Grisetten anzubieten pflegen. Ich jage sie nicht gleich fort, mein Gott, Sie begreifen - die erste Frau, mit der ich in meinem Vaterlande in Berührung komme! Etwas wie ein Symbol, nicht wahr? In ihr bietet sich mir Paris an! Gerührt frage ich sie, ob sie mich kennt. Sie besieht mich vom Scheitel bis zur Sohle, schüttelt den Kopf. Nun hole ich einen Napoleondor aus der Tasche, schenke ihn ihr, zeige ihr das Bild auf dem Avers. - 'Aber den hier, Petite, den kennst du doch? Den großen Napoleon, der die halbe Welt erobert hat!' - Wieder schüttelt sie den Kopf. - 'Die halbe Welt? Fiih, hat der aber Glück gehabt! Wo regiert er denn?' - 'Aber, Unglückliche, er ist ja schon tot! Dieses dein Paris hat er groß gemacht, dies unser Frankreich! Und du, du weißt nichts von ihm?' - Sie wird beinahe wütend. 'Paris? Frankreich? Sieh doch den Speckhals! Er will mir Märchen erzählen! Napoleon - es gibt nur einen des Namens. Napoleon Poplu, der Bäcker in der Rue de Vaugirard, von dem ich morgens mein Weißbrot hole. Und der hat Paris groß gemacht? Laß dich nicht auslachen, Kleiner! Das tut er ja nicht einmal mit seinen Semmeln!' ... Nun, Marquise, was sagen Sie zu dem Nachruhm der Genies und Helden? Nein, Louis-Philippe ist nicht kurzsichtig. Er hat seinen Parisern ins Herz gesehen und weiß, daß ich zu arm an goldenen Napoleons bin, um sie an das unvergeßliche Eroberergesicht erinnern zu können!"

Er machte uns eine leichte Verbeugung. Ging weiter. Ohne ein Zeichen des Wiedererkennens für mich. Und das war der Augenblick, den ich seit Wochen ersehnt hatte, der Nacht für Nacht das Entzücken meiner Träume gewesen war!

Ein Schmerz durchfuhr mich wie ein Schwert. Was dann folgte ... Ich selbst habe keine Erinnerung daran. Pauline hat es mir erzählt.

Ich muß einen Anfall von Wahnsinn gehabt haben. Kaum war es ihr gelungen, mich unauffällig in ein abgelegenes Zimmer zu bringen, als ich angefangen habe, mir das Kleid aufzureißen, die Brust zu schlagen, zu schreien, zu lachen. Dann bin ich in ein schreckliches Weinen ausgebrochen, habe eine Flut von verzweifelten Worten hervorgestoßen.

Alles ist aus mir herausgequollen. Was in Florenz zwischen mir und dem Prinzen vorgegangen ist.

Daß ich ihn liebe.

Daß ich sterben will, wenn er nicht mein wird.

Ebenso plötzlich bin ich gleich darauf in Schlaf gefallen und nach einer Stunde wieder erwacht, ohne jedes Bewußtsein des Geschehenen. Schließlich hat Pauline mich in ihrem Wagen ins Hotel gebracht und ist noch einige Zeit bei mir geblieben, aus Besorgnis vor einer Wiederkehr des Anfalls. Sie war rührend gut zu mir, scheint mich wirklich liebzuhaben. Sie meint, ich habe Anlage zur Hysterie, will, daß ich einen Magnetiseur konsultiere. Über meine Liebesraserei aber ist sie geradezu entzückt. Etwas Hinreißendes, Elementares findet sie darin, einen erfrischenden Gegensatz zu den lauwarmen Miniaturgefühlen der Salonpuppen. Begeistert hat sie geschworen, das Geheimnis zu wahren, mir zu helfen, wo sie kann.

Als sie fort war, wütete ich gegen mich selbst. Ich - ein Simson im langen Haar des Kriegers? Ich - Kraft und Ursprünglichkeit?

Ein schwaches, entartetes Weib, Sklavin ihrer zerrütteten Nerven!

Verzweiflung packte mich, wieder einmal gab ich alles auf.

Nun sitze ich hier, bin ruhig geworden, sehe auf mich wie auf eine Fremde. Wie schon oft, habe ich auch diesmal übertrieben. Demosthenes, ein Stotterer, wurde der erste Redner Griechenlands, Napoleon I., ein Epileptiker, der größte Feldherr der Welt, Cäsar, Friedrich der Große, Nelson sind in dem Kampfe gegen sich selbst Sieger geblieben. Männer waren sie, gewiß! Aber warum sollte einer Frau nicht dasselbe gelingen?

Ich will! Ich will!

Schon regt es sich wieder in mir, neue Gedanken steigen auf. Woher kommen sie, wer schickt sie? Warum gerade diese, warum nicht andere? Ich will! schreie ich mir zu und fühle doch, daß dieser Wille, dieser Schrei nicht aus mir kommt, daß er von einem Geheimnisvollen stammt, das ich nicht kenne, das weit von mir entfernt liegt.

Dieser Hang zum Grübeln - ist er es, der mich lähmt und schwach macht, wenn ich handeln und stark sein soll? Fort mit ihm! Ich will gesund sein!

Achtzehntes Kapitel

26. April.
Die Zeitungen besprechen heute die Audienz des Prinzen bei Louis-Philippe. Ihre Äußerungen scheinen mir wichtig.

Die Offiziellen verzeichnen nur ohne jeden Kommentar die Tatsache. Die Inoffiziellen deuten an, daß der Prinz für sich und seinen Vater Unterwerfung angeboten und um Aufhebung der Verbannung gebeten habe. Ist dies wahr, so kann ich nicht mehr an ihn glauben.

Die Bonapartisten widersprechen, geben dem Rätsel eine einfache, natürliche Lösung. Warum sollte der Prinz dem König gegenüber nicht eine Anstandspflicht erfüllen, ihm für die erteilte Aufenthaltserlaubnis danken? Das ist eine reine Formsache, verpflichtet zu nichts. Verhandlungen werden allerdings geführt. Aber nicht über eine Anerkennung der Julimonarchie. Prinzessin Mathilde hat den Wunsch, nach Paris übersiedeln zu dürfen - ein Wunsch, der im Auftrag des Zaren durch den russischen Gesandten bei Louis-Philippe unterstützt wird. Diese Übersiedelung vorzubereiten ist der einzige Zweck des Prinzen bei seinen Besuche von Paris, das geht auch daraus hervor, daß Fürst Demidow auf Befehl des Zaren bereits abgereist ist.

Ist diese Erklärung der Audienz nicht einleuchtend?

Ein Charakter wie der Prinz wird sich um augenblicklicher, äußerer Vorteile willen niemals unter ein kaudinisches Joch beugen.

Ein anderer Umstand gibt mir zu denken. Ein bonapartistisches Blatt benutzt die Gelegenheit, für die Person des Prinzen Propaganda zu machen, indem es Daten über sein Leben bringt. Nach dem Tode seiner Mutter ist er in die württembergische Kriegsschule zu Ludwigsburg eingetreten, hat diese mit dem Prädikat I verlassen, zwei Jahre als Leutnant an der Front gedient. Um diese Zeit macht General Négrier mit einem Stabe von französischen Offizieren eine Studienreise durch Deutschland, kommt auch in die Garnison des Prinzen. Der Anblick der Trikolore erweckt in diesem die Erinnerung an seine Abstammung, sein Vaterland. Und dies Württemberg, dessen Uniform er trägt, ist nach Leipzig von dem Kaiser, seinem Wohltäter, abgefallen, hat an Frankreichs schmachvoller Demütigung teilgenommen! Schimpflich ist es, dem Feinde, wenn auch nur im Frieden, zu dienen! Schroff zerreißt er alle Bande der Kameradschaft, nimmt seinen Abschied.

Die Anekdote ist vielleicht auf den Prinzen selbst zurückzuführen. Warum nicht? À la guerre comme à la guerre! Eigen berührt es mich aber, daß die übrigen bonapartistischen Zeitungen den Prinzen ganz ignorieren.

Ostentativ veröffentlichen sie eine Erklärung des "Märtyrers von Ham": Louis-Napoleon weist Louis-Philippes Bedingungen zurück!

Deutet dies Verhalten der Zeitungen auf einen Zwiespalt in der Partei? Auf den beginnenden Krieg, den der Prinz uns damals in Florenz ankündigte?

Auch die Erklärung selbst fällt mir auf. Sie ist unleugbar in würdevollem, männlichem Tone gehalten. Sollte in dem Don Quijote von Straßburg und Boulogne doch mehr stecken, als ich bisher vermutete? Oder hat ein anderer sie ihm verfaßt?

30. April.

Pepa hat ihr Vorhaben ausgeführt und mit dem Diener des Prinzen angeknüpft. Jean Pollet ist ungefähr 30 Jahre alt, geborener Pariser und im Hause des alten Jérôme aufgewachsen, in dem seine Mutter eine Art Haushälterin war. Beim Prinzen ist er Diener, seitdem dieser in die Kriegsschule zu Ludwigsburg trat. Um seinem Herrn immer nahe zu sein, hat Pollet während der Leutnantszeit des Prinzen ebenfalls in der württembergischen Armee gedient, es bis zum Unteroffizier gebracht. Der Prinz schenkt ihm volles Vertrauen, hat kaum ein Geheimnis vor ihm. Pepa scheint sehr stolz auf ihre Eroberung. Ich glaube, sie hat ihren Entschluß, mit ihm anzuknüpfen, nicht nur aus dem Willen geschöpft, mir zu dienen. Er ist zweifellos ein hübscher Bursche, der sogar etwas Distinguiertes hat, das er selbst seiner aristokratischen Herkunft zuschreibt. Er behauptet, dem liebevollen Gehorsam seiner Mutter gegen ihren Brotherrn sein Leben zu verdanken.

Ich dagegen habe aus Pepas Erzählungen über ihn keinen besonders günstigen Eindruck empfangen. Er hat ihr eine Art Programm entworfen, nach dem er sein Leben gestalten will. Es gipfelt in zwei einfachen Forderungen: Geld, viel und schnell Geld verdienen und sich mit vierzig Jahren mit einer sicheren Rente zur Ruhe setzen. Er ist also habsüchtig, zu allem bereit, was ihm Gewinn verspricht. Darum hat er sich wohl auch an Pepa gemacht. Sein Herr hat ihm nämlich den Auftrag gegeben, Erkundigungen über mich einzuziehen, ihm für jede sichere Nachricht von Wichtigkeit eine Belohnung von zehn Franken versprochen. Der Prinz sei toll in mich verliebt, seine Kälte mir gegenüber nur Berechnung, um mich zu entflammen. Aus dieser Leidenschaft gelte es möglichst großen Nutzen zu ziehen. Kurz, Pollet hat Pepa angeboten, das Geschäft gemeinschaftlich mit ihm zu machen. Für jede Frage, die sie ihm beantwortet, will er ihr fünf Franken abgeben.

Als Pepa mir dies alles berichtete, war ich anfangs entrüstet über die schnöde Geldgier des Dieners, die Hinterlist des Herrn. Dann aber stieg etwas in mir auf wie ein Rausch von Freude und Erwartung.

Er liebt mich, er liebt mich! Und eines Tages wird er mir gehören!

Aber das Erlebnis von Florenz hat mich Vorsicht gelehrt. Nichts will ich mehr dem Zufall überlassen. Das Glück, nach dem ich mich sehne, soll nicht das

Glück eines kurzen Augenblickes sein, bei mir bleiben soll es, solange ich lebe.

Da hatte ich einen Einfall. Für jede Frage über den Prinzen, die Pollet ihr beantwortet, versprach ich Pepa zwanzig Franken, von denen sie zehn an Pollet abgeben möge. Ich erwartete, daß sie ihre Hälfte zurückweisen würde, wie sie damals in Carabanchel jedes Geschenk, jeden Lohn ablehnte. Diesmal nahm sie an. Hat ihr Glaube an mein zukünftiges Kaiserinnen-Diadem sie verlassen? Ist sie durch das Leben in der vornehmen Welt bereits verdorben?

Gleichviel, mag das Spiel beginnen! Ich werde den Sieg davontragen. Denn ich werde besser bedient sein als der Prinz. Weil ich besser bezahle.

Ich lache. Und doch tut mir das Herz weh. Weinen möchte ich. Über die verlorenen Illusionen meiner Jugend. Wie du bin ich nun, Isabella.

5. Mai.

Heute bin ich zwanzig geworden. Pepa brachte ein neues Glücksblatt, Mérimée, Pauline, Pacca, Alba, Madame de Laborde, Freunde, Bekannte kamen mit Blumen und Geschenken. Die Gräfin sandte einen langen chiffrierten Brief.

Sie ist mit ihren Erfolgen in Madrid sehr zufrieden, glaubt, daß sie in ein paar Tagen bereits die Rückreise antreten kann. Die Komödie Montpensier entwickelt sich genau nach meinem Feldzugsplan: Eine Abschrift des ärztlichen Gutachtens ist auf den Schreibtisch des französischen Gesandten in Madrid geflattert und von dort zu Louis-Philippe weitergeflogen. Nach diesem Gutachten muß Isabella kinderlos bleiben.

Wird Louis-Philippe dem neuen Märchen von Zarzuela Glauben schenken? Davon hängt alles ab.

Um bei Maria Christina nicht in den Verdacht persönlichen Eigennutzes zu geraten, hat die Gräfin ihr die 100 000 Franken des Dupierten ausgeliefert. Ich bin neugierig, was mit ihnen geschehen wird. Maria Christina hatte sie mir zugedacht, als Feldherrendotation für meinen Kriegsplan. Ich bin jedoch kein Lakai à la Marfori, den man bezahlt und habe abgelehnt. Dr. Coba kann man sie nicht anbieten für ein Gutachten, das er niemals erstattet hat. Für sich selbst will Maria Christina sie nicht behalten - ein Zartgefühl, das ich ihr nicht zugetraut hatte.

So gleicht alles in dieser Affäre einer Molièreschen Posse. Schade, daß man derartige Harlekinaden heutzutage nicht mehr auf die Bühne bringen kann! Das Publikum ist den Königen gegenüber immer noch naiv. Es würde den Autor als lügnerischen Karikaturisten steinigen. Das Leben aber schwelgt im Unwahrscheinlichen.

12. Mai.

Pollet hat Pepa meine Fragen über den Prinzen beantwortet und 500 Frank erhalten. Der Preis ist hoch, trotzdem bereue ich meine Freigebigkeit nicht. Politik und Krieg fordern offene Börsen.

Wenn Pollet Glauben verdient, bin ich des Prinzen erste wirkliche Liebe. Er hat zwar schon ein paar Weibergeschichten gehabt - Eskapaden, wie sie der Natur des Mannes zu entspringen scheinen -, aber sein Herz war nicht an ihnen beteiligt. Jene Frauen hat er schroff und brutal behandelt, nach leicht errungenem Siege beiseite geworfen.

Er hält unser Geschlecht überhaupt für niedrig gesinnt, minderwertig, entartet. Zu dieser Ansicht ist er durch das Leben seines Vaters gekommen: Jérômes Ausschweifungen scheinen ihm nur eine Folge der lasterhaften Veranlagung der Frauen.

In seiner Schwester Mathilde hat er früher eine Ausnahme erblickt, seit ihrer Affäre mit Demidow aber zweifelt er auch an ihr, argwöhnt ein ehebrecherisches Verhältnis mit dem Bildhauer Nieuwerkerke, hat fast ganz mit ihr gebrochen.

Es ist daher nicht wahr, was man sagt, daß er hierher gekommen ist, um für Mathilde die Erlaubnis zum Aufenthalt in Paris zu erwirken. Auch daß er für sich und Jérôme die Aufhebung der Verbannung um den Preis der Anerkennung des Julikönigtums zu erlangen sucht, ist nur Vorwand, um Louis-Philippe zu täuschen.

Denn gleichzeitig verhandelt er heimlich mit Bonapartisten und Republikanern, will diese beiden getrennt operierenden Oppositionsparteien zu einem großen Bunde zusammenbringen, zum geschlossenen Ansturm gegen ebenjenes Julikönigtum führen. Öffentlich besucht er den Salon der Madame de Laborde, antichambriert bei Guizot, dem Ministerpräsidenten, verkehrt nur mit Orléanisten; heimlich aber kommt er mit Vaudancourt, Mésonan, Voisin, Piat, Dumoulin, Bouffet de Montauban - jungen, radikal gesinnten Bonapartisten - zusammen, hat Besprechungen mit Goudchaux, Marie, Armand Marrast, Lamartine, Jules Favre, Ledru-Rollin, den Redakteuren des republikanischen "National" ...

Welch ein Doppelspiel! Und welch eine vollendete Heuchelkunst gehört dazu, es durchzuführen!

Aber heuchle ich nicht ebenso? Louis-Philippe, Madame de Laborde, allen diesen Orléanisten gegenüber, denen ich durch die Vereitelung der spanischen Heirat Abbruch zu tun suche?

Es ist wahr, dennoch ist es nicht dasselbe. Ich handle schweigend, trüge nicht. Der Prinz aber lügt dem Gegner ins Gesicht. Sein Mund fließt über von Versicherungen der Freundschaft und Ergebenheit, während sein Herz schwarzen Verrat sinnt ...

Jener Shakespearesche Richard Gloster - in London sah ich ihn auf der Bühne des Drury Lane Theaters, hielt ihn für die Ausgeburt einer zügellosen Phantasie, empörte mich aus dem Innersten meiner Seele heraus gegen den dämonischen Zauber, den er auf die Frauen ausübt - ist er in diesem Bonaparte Fleisch und Blut geworden?

Ich kann es nicht glauben, alles in mir sträubt sich gegen den Gedanken. Pollet muß mich belogen haben. Gewiß. Ein Diener, der seinen Herrn um Geld verrät, ist zu allem fähig. Auch weiß er, daß es keine Möglichkeit für mich gibt, seinen Betrug aufzudecken.

18. Mai.

Ganz Paris ist in leidenschaftlicher Erregung. Die "Indépendance Belge" hat wieder eine Nachricht aus Madrid gebracht.

Isabella, von ihrem Unfall völlig wiederhergestellt, hat sich mit ihrem Vetter Franz d'Assisi verlobt, mit dem sie seit langem eine tiefe Herzensneigung verbindet! Jubelnd beglückwünschen Cortes und Volk ihre Königin zu der glücklichen Wahl, die einen geborenen Spanier auf den Thron bringt und eine sichere Gewähr für die friedliche Entwicklung des Landes leistet.

Alle Gerüchte über eine Bewerbung des Herzogs von Montpensier um die Hand der Königin haben sich demnach als haltlos erwiesen. Einsichtige Beurteiler haben ihnen übrigens von vornherein keinen Glauben geschenkt. Ganz abgesehen davon, daß man am Hofe von Paris bei der nahen Verwandtschaft der beiden Königsfamilien über das Gefühl der nunmehr Verlobten füreinander von Anfang an unterrichtet war, stand dem in der Öffentlichkeit so eifrig besprochenen Projekt auch der entschiedene Charakter des Herzogs im Wege, der nicht der Mann ist, sein Kostbarstes äußeren Vorteilen und politischen Kombinationen zu opfern. Dieses Kostbarste besteht in einer leidenschaftlichen Liebe zu der Infantin Luisa-Ferdinanda, der jüngeren, anmutsvollen Schwester der Königin Isabella - eine Liebe, die von der Prinzessin erwidert wird und die Billigung der beiderseitigen hohen Familien gefunden hat. Die Vorverhandlungen sind bereits zu Ende geführt, eine französische Sondergesandtschaft wird sich in den nächsten Tagen nach Madrid begeben, um die Werbung in feierlicher Form vorzubringen und den Zeitpunkt der Vermählung festzusetzen. Ganz Spanien sieht dem glänzenden Schauspiel einer Doppelhochzeit in seiner Königsfamilie mit freudiger Spannung und herzlichster Anteilnahme entgegen.

Isabella liebt d'Assisi, Montpensier liebt Luisa-Ferdinanda ... Ach, die arme Liebe der Gekrönten!

Aber vielleicht sind sie aus anderem Stoff gemacht als wir übrigen, lächeln von ihrer Höhe über die Herzensillusionen der Niederen. Und wenn einmal das Gefühl einer Leere über sie kommt - wird es ihnen nicht leichtgemacht, sie auszufüllen?

Das Füchslein hat den Köder verschlungen, sitzt in der Falle und hält sich für den Sieger. Die Posse ist aus, der Vorhang fällt. Aber vielleicht hebt er sich noch einmal zu einem kurzen Epilog. Um den lachenden

Parisern das verblüffte Gesicht des Bürgerkönigs zu zeigen, wenn Isabella, die "Kinderlose", dem spanischen Thron einen Erben schenkt. Und das wird das Ende des Julikönigs sein und für den Mann meines Herzens die erste Stufe zur Macht.

Dennoch bin ich traurig. Ein bitterer Geschmack haftet mir auf der Zunge ...

21. Mai.

Was Pollet mir über das Doppelspiel des Prinzen berichtete, ist wahr! Pauline Nadaillac hat es durch ihre Mutter erfahren. Auf Befehl der Regierung hat ihr Vater, der Polizeipräfekt, den Prinzen mit einem dichten Netz von Spionen umgeben, die jede seiner Bewegungen belauern. Überallhin, in die Salons der Gesellschaft, die Boudoirs der Damen, die Theater, Restaurants und Vergnügungslokale, die der Prinz besucht, folgt ihm der Verrat. Kein Wort, das er spricht oder das zu ihm gesprochen wird, entgeht den Ohren schändlicher Horcher. Selbst in seine Wohnung, in sein Schlafzimmer dringen die Spürhunde dieser Polizei, demselben infamen System entsprungen, das im "Cabinet Noir" seine Orgien feiert.

In welcher Weise das alles ausgeführt wird, vermochte Pauline mir nicht zu sagen. Um nicht Verdacht zu erregen, hat sie nicht gewagt, weiterzuforschen. Es ist schließlich auch gleichgültig, jedenfalls droht von dieser Seite dem Prinzen eine große Gefahr. Sobald die

Regierung alle Fäden in der Hand hat, will sie das Netz schließen, in einem einzigen großen Fischzuge gleichzeitig Bonapartisten und Republikaner fangen, in dem Sohn Jérômes den zweiten Erben des Kaisers ebenso unschädlich machen, wie es ihr in dem Gefangenen von Ham mit dem ersten gelungen ist.

Wie es verhindern? Wie es verhindern?

22. Mai.

Gestern war ich zu dem Entschluß gekommen, den Prinzen durch Pepa um seinen Besuch bitten zu lassen, über seine Lage aufzuklären, zu warnen. Nun habe ich meinen Plan geändert.

Schon in Florenz war ich nahe daran, mich ihm auf Gnade oder Ungnade zu geben. Seitdem ist der Brand noch gewachsen. Wie oft stehe ich auf, schleiche zu jener Tür, bilde mir ein, hinter ihr den Atem des nach mir Seufzenden zu hören! Und in dieser letzten schlaflosen Nacht ertappte ich mich, wie ich an dem Schrank rüttelte, das Hindernis, das uns trennt, hinwegzuräumen.

Ich bin nicht mehr Herrin meiner Sinne, darf nicht allein mit ihm sein. Er würde mich nachher behandeln wie die anderen, die er fortwarf. Blumen, die sich zu willig pflücken ließen, verwelken vorzeitig ...

Ich habe ihm also ein paar Zeilen geschrieben, anonym, in verstellter Schrift, ihm die Gefahr angedeutet, in der er schwebt. Das Briefchen hat Pollet beim Frühstück seinem Herrn überreicht und dabei gemeldet, ein Unbekannter habe es in der Frühe abgegeben. Der Prinz hat es gelesen und vorsichtig sofort verbrannt.

Eine Kopie habe ich verwahrt, in der gleichen verstellten Schrift. Eines Tages, ich weiß es, wird zwischen uns eine Aussprache sein, dann will ich ihm alles sagen. Daß ich es war, die in Florenz Pepa sandte, in Paris wachte. Erkennen soll er, wie ich ihn liebe. Daß ich ihm mehr sein will, als jene Erregerinnen einer kurzen Lust.

24. Mai.
Ein Brief der Gräfin aus Madrid. In gewöhnlicher, unchiffrierter Schrift. Sie wünschte also, daß das "Cabinet Noir" ihn lese.

Die Werbungsgesandtschaft ist in Madrid angelangt, hat huldvollste Aufnahme gefunden. Montpensiers Verbindung mit Luisa-Ferdinanda ist genehmigt, seine Rechte als Thronfolger, falls Isabella kinderlos stirbt, sind stipuliert, vom Staatsrat anerkannt. Sobald der Bräutigam eintrifft, wird die Verlobung öffentlich bekanntgegeben werden. Die Doppelhochzeit ist auf den 10. Oktober festgesetzt. Ganz Spanien schwimmt in Wonne.

Die Gräfin ist außer sich vor Entzücken, ergeht sich in überschwenglichen Lobpreisungen Louis-Philippes, weiß seine Güte nicht genug zu rühmen. Ewig wird sie ihm dankbar sein. Denn er, er hat ihr Vaterland, Ehre,

Stellung zurückgegeben. Auf seinen Befehl hat der französische Gesandte sich bei Maria Christina für die "arme Verbannte" verwandt und Maria Christina, in ihrer Freude über das Glück ihrer Kinder, hat sich mit ihrer ehemaligen Kammerfrau ausgesöhnt, sie in Gnaden wieder aufgenommen, ihr sogar die Vorbereitungen für die Hochzeitsfeierlichkeiten anvertraut. Und mir, der langjährigen Gespielin Isabellas, ist das ehrenvolle Amt einer Brautjungfer übertragen. Alles dank der hochherzigen Intervention Seiner Majestät König Louis-Philippes von Frankreich ...

Ekel erfaßt mich vor diesem lächerlichen Betrug, an dem ich mitschuldig bin. Und Sorge. Die Gräfin verlangt, daß ich sofort mit den Albas nach Madrid komme. Jetzt Paris verlassen? Während mein Herz das Nahen seines Schicksals fühlt?

26. Mai.

Eben komme ich aus Passy von Madame de Laborde. Während des ganzen Abends war bei ihr ein unaufhörliches, aufgeregtes Kommen und Gehen. Etwas Unerhörtes ist geschehen, hat den ganzem Hof alarmiert.

Louis-Napoleon ist aus Ham entflohen!

Der Minister des Inneren selbst brachte den Bericht des Festungskommandanten zu Madame de Laborde. Dieser Kommandant soll ein tüchtiger Offizier sein, in diesem Falle aber hat er sich benommen wie ein Dummkopf. Sich einbildend, daß eine Flucht nur mit fremder Hilfe von außerhalb und nur nachts möglich sei, hat er nur die Eintretenden überwacht, die Hinausgehenden dagegen frei passieren lassen. Die Außenposten hat er jeden Morgen eingezogen. Diese unglaubliche Nachlässigkeit hat der Gefangene natürlich benutzt und sich gestern morgen davongemacht. Ein Heldenstücklein à la Straßburg und Boulogne!

Aber nein, auf diesen Blättern, die nur für mich bestimmt sind, will ich mich von meiner Antipathie gegen den falschen Demetrius nicht zu einer Ungerechtigkeit hinreißen lassen. Seine neueste ist nicht ganz in dem Possenstil der früheren gehalten, zum mindesten zeigt sie, daß er mehr Mut und Kaltblütigkeit besitzt, als ich ihm zutraute. Auch gibt mir die Begeisterung zu denken, mit der seine Freunde sich für ihn opfern.

Für "meinen" Bonaparte ein schwerer Schlag!

2. Juni.

Die Flucht ist nun allgemein bekannt. Die Oppositionsblätter bringen ausführliche Details, überschütten die Regierung mit Hohn und Spott. Alle Fehler, die Louis-Philippe jemals begangen hat, zählen sie auf, auch die spanische Heirat Montpensiers machen sie lächerlich, nennen sie eine Niederlage gegenüber der englischen Politik, eine Blamage Frankreichs vor ganz Europa.

Durch das Haus des Julikönigs läuft ein Knistern.

Wird der Einsturz aber Raum schaffen für den, dem er zugute kommen sollte? Die bonapartistischen Zeitungen sprechen nicht mehr von ihm, nur von Hortenses Sohn, dem "von dem großen Napoleon selbst designierten Erben des Kaiserreichs" ist die Rede. Das "Journal de Commerce" des Herrn Mocquard weist sogar mit deutlicher Spitze gegen meinen Prinzen das von diesem geplante Bündnis zwischen Bonapartisten und Republikanern als unmöglich und kompromittierend zurück. Nun ja, Mocquard als ehemaliger Liebhaber Hortenses ist natürlich geschworener Anhänger Louis-Napoleons, trotzdem ist dieser scharfe Angriff, der die Partei in zwei Lager spaltet, auffallend. Tritt der Krieg der Vettern, der bisher nur hinter den Kulissen geführt wurde, nun in das helle Rampenlicht?

Flucht des Prinzen Louis-Napoleon Bonaparte aus der Festung Ham in der Verkleidung eines Maurergesellen, 25. Mai 1846
Nach einer zeitgenössischen Darstellung

Neunzehntes Kapitel

Paris, 25. August 1852.
Vor sechs Jahren hatte ich dieses Heft zum letztenmal in der Hand. Nun durchstöbere ich die Sachen, die ich damals bei meiner hastigen Abreise in Mérimées Obhut zurückgelassen hatte und die er mir gestern bei unserer Ankunft zurückgab, und plötzlich gerät es mir vor die Augen, wie ein Überbleibsel aus einer längst vergangenen Zeit. Zuerst wollte ich es vernichten. Aber ich besitze die Wut des Reminiszenzensammelns, bin nicht imstande, etwas kurzerhand fortzuwerfen, das mir einmal lieb war. So habe ich diese Selbstbeichte mit einem aus Ärger, Spottlust und Rührung gemischten Interesse wieder durchgelesen und einen eigenen Reiz dabei empfunden, einmal auf meinem Wege stehenzubleiben, zurückblickend meinen neugewonnenen Maßstab an die Ideen, Pläne, Gefühle von früher zu legen, Klarheit zu gewinnen, ob ich vor- oder rückwärts gegangen bin.

Und ich glaube, es ist mir gelungen. Dieses Heft war für mich wie eine Bühne, auf der ich selbst als Schauspieler agierte, während ich gleichzeitig als gereifter Kritiker im Parkett saß, Schwächen und Vorzüge des Stückes und der Darstellung in dem mitleidslosen Rampenlicht scharf unterschied.

Das Rampenlicht ...

Vor sechs Jahren, als ich bei der letzten Zeile unterbrochen wurde, brauchte ich dasselbe Wort. Auch damals hatte ich von mir und den Dingen um mich her den Eindruck einer Theatervorstellung, glaubte, Kritiker, Regisseur, Schauspieler und Dichter in einer Person zu sein. Heute ist das Stück verschollen, der Kritiker von 1852 nennt den Kritiker von 1846 einen Blinden, den Regisseur einen naiven Tolpatsch, den Heldendarsteller einen Komiker wider Willen. Und wie soll ich jenen Dichter nennen, den während der Vorstellung plötzlich feige Furcht vor dem Schluß des selbstverfaßten Stückes ergreift, daß er alles, Dichtertraum und Erfolg, im Stich läßt und davonläuft?

Denn es ist so: Ich lief davon.

Pauline Nadaillac unterbrach mich damals in meiner Schreiberei. Bei ihrer Mutter, Madame Delessert, hatte sie erhorcht, daß die Regierung, aufgerüttelt durch Louis-Napoleons Flucht von Ham, für die folgende Nacht eine Hausdurchsuchung bei dem Prinzen plante. Man hatte Kunde erhalten von einer Zusammenkunft zwischen Bonapartisten und Republikanern, die am Abend stattfinden sollte, um ein Komplott zum Sturze Louis-Philippes zu bilden. Da man den Versammlungsort nicht kannte, hoffte man, bei dem Prinzen, als der Seele des Unternehmens, die Beweise zu finden, mit ihnen die gesamte Opposition vor der Öffentlichkeit zu diskreditieren.

Pauline berichtete mir das alles in fliegender Hast. Ihr Mann wartete vor dem Hotel im Wagen auf sie; sie mußte gleich wieder fort, war nur zu mir heraufgesprungen unter dem Vorwand, mich nach Passy mitzunehmen, wo man sie erwartete. Natürlich würde ich nicht mitfahren, riet sie, mich mit einem Unwohlsein entschuldigen.

Es war höchste Zeit, den Prinzen zu warnen. Polizisten in Zivil hatten das Hotel bereits umstellt. In der Loge des Portiers hatte Pauline einen Kommissar bemerkt, den sie aus dem Bureau ihres Vaters, des Polizeipräfekten, kannte. Man wollte wohl die Rückkehr des Prinzen aus der Geheimgesellschaft abwarten, um ihn dann plötzlich zu überfallen, gleichsam auf frischer Tat zu ertappen.

Heute lächle ich über diese Polizeipolitik, mit der man vielleicht kleine Augenblickserfolge erzielen, niemals jedoch eine allgemeine Volksbewegung niederzwingen kann. Damals aber war ich sehr aufgeregt. Was tun? Wie den Prinzen benachrichtigen, ohne mich selbst zu kompromittieren? Endlich kam ich auf Pollet. Zweifellos wußte er, wo der Prinz zu finden war. Wenn nicht, so konnte er ihm doch beim Eintritt ins Hotel einen Wink geben. Pollet war der einzige, der helfen konnte. Welch ein Glück, daß ich mir die Verbindung mit ihm geschaffen hatte!

Aber als ich zu Pauline von ihm sprach, schüttelte sie den Kopf. Sie kannte den Namen schon aus dem Gespräch, das sie bei ihrer Mutter erlauscht hatte. Pollet war seit Jahren eine Kreatur der Regierung, die durch ihn von allen Plänen der Verbannten und des Prinzen Kenntnis erhielt. Täglich erstattete er der Präfektur Bericht; ihm auch verdankte sie ihre Nachrichten über die Verhandlungen des Prinzen mit Bonapartisten und Republikanern.

Und diesem Menschen hatte ich vertraut!

Ich schämte mich vor mir selbst, wollte sofort hinüber, den Schurken mit der Reitpeitsche traktieren. Pauline brachte mich zur Vernunft. Diese Unbesonnenheit würde den Prinzen nicht retten, seine Lage eher noch verschlimmern. Aber auch sie wußte keinen Rat. Als sie ging, war ich der Verzweiflung nahe, sah den Prinzen bereits verhaftet, eingekerkert, in die Unmöglichkeit versetzt, seine Sache weiterzuführen. Während der falsche Bonaparte seine Freiheit benutzte, den gefesselten Rivalen zu verdrängen.

In meiner Not wandte ich mich an Pepa, öffnete ihr über Pollet die Augen. Sie fiel mir zu Füßen, versicherte hoch und heilig, sie habe seine doppelte Verräterrolle nicht gekannt. In Tränen ausbrechend beschwor sie mich, den Elenden zu schonen, dem Prinzen nichts zu sagen. Offenbar hatte sie mit ihrer Zigeunermoral von der Gemeinheit des Schurken gar keinen Begriff, war toll in ihn verliebt. Aber als ich Mitleid mit ihr zeigte, zu schweigen versprach, wenn der Prinz gerettet würde, wurde sie sofort wieder ruhig, energisch. Entwarf einen Rettungsplan.

War da nicht jene durch einen Schrank verstellte

Tür, die in das Schlafzimmer des Prinzen führte? Wenn der Schrank beiseite gerückt, die Tür geöffnet wurde, konnte ich den Prinzen warnen, unter Umständen auch Papiere, die er zu verbergen wünschte, in Verwahrung nehmen, ohne daß jemand es erfuhr.

Eine andere wäre vor dem abenteuerlichen Unternehmen vielleicht zurückgeschreckt, ich aber ging darauf ein. Stellte nur die eine Bedingung, daß Pollet nicht ins Vertrauen gezogen wurde. Nicht, daß ich von ihm Verrat befürchtete. Im Gegenteil, als geriebener Spitzbube würde er auch aus dieser neuen Wendung der Sache Vorteil zu ziehen suchen. Aber es schien mir unmöglich, ein Geheimnis, dessen Bekanntwerden mich kompromittieren mußte, in solche Hände zu legen. Wenn der Plan nicht ohne ihn ausgeführt oder seine Aufmerksamkeit nicht abgelenkt werden konnte, mußte alles aufgegeben werden!

War dieses Bedenken nicht kleinlich, feige? Und wie aufopfernd, heroisch kam ich mir vor!

Wir rückten den Schrank zur Seite, fanden glücklicherweise den Schlüssel im Schloß. Dann wollte Pepa zu Pollet schleichen. "Vergiß nicht", flüsterte ich ihr zu, "ihn so zu beschäftigen, daß er die Rückkehr des Prinzen überhört!"

Sie nickte, zeigte ihre weißen, spitzen Zähne. Ging kichernd hinaus, sich kokett in den üppigen Hüften wiegend.

Und ich ...

Im Dunklen saß ich dann vor jener Tür. Stundenlang, ohne mich zu regen. Horchte atemlos auf jedes Geräusch. Dachte und träumte. War etwas von Pepas wilder Glut zu mir herübergesprungen? An ihre Küsse dachte ich, mit denen sie nun wohl den Mann berauschte, den sie liebte. Dachte, daß auch ich einen Mann liebte. Daß vielleicht der langersehnte Augenblick nahe war, der zwischen uns entschied. Träumte, daß mitten in der Gefahr das Schicksal uns einander in die Arme werfen würde, unwiderstehlich, mit der hinreißenden Kraft entfesselter Elemente. Und die heißen Augen schließend, in meinen Stuhl zurücksinkend, glaubte ich, den Brand seiner Lippen auf den meinen zu fühlen ...

Gegen ein Uhr hörte ich ihn kommen, in sein Schlafzimmer treten. Leise öffnete ich die Tür, rief ihn beim Namen. Alles geschah, wie ich es erwartet hatte. Er kam zu mir, erschrak auf meine hastigen Worte, lief zurück, warf mir ein Paket eilig zusammengeraffter Papiere zu ... In diesem Augenblicke ertönten im Vorzimmer die Schritte der eindringenden Polizei. Schnell wollte ich die Tür schließen, plötzlich aber wurde sie mir aus der Hand gerissen. Eine Frau stürzte zu mir herein, flehte mich an um Rettung ihres Rufes ...

Auf den ersten Blick erkannte ich sie. Madame Rachel, erste Tragödin des "Théâtre français".

Und ich hatte von seinen Küssen geträumt ...

Sie wartete bei mir, bis die Hausdurchsuchung vorüber war. Ich hatte die Kraft, mit ihr zu plaudern, als hätten wir uns soeben in irgendeinem Salon durch Zufall getroffen, und als sei ich entzückt, die Bekanntschaft der berühmten Künstlerin zu machen.

Dann öffnete ich ihr die Tür wieder, gab dem Prinzen seine Papiere zurück, begrub alle meine Hoffnungen. Am folgenden Tage traf den Prinzen ein Ausweisungsbefehl der Regierung. Ich sah ihn nicht mehr, war schon zu Pacca übergesiedelt. Seitdem habe ich endgültig auf das verzichtet, was die Dichter das Alpha und Omega des Frauenlebens nennen. Mérimée mit seiner Analyse meines Charakters hatte recht: Ich habe kein Talent zur Liebe.

26. August.

Pauline Nadaillac hat durch Mérimée von unserer Ankunft erfahren. Ohne meinen Besuch abzuwarten, kam sie zu mir, war ganz so zärtlich wie früher. Sie brennt darauf, mir das Paris der zweiten Republik zu zeigen, solange noch Zeit ist. Niemand hier zweifelt, daß Louis-Napoleon Bonaparte seinen feierlichen, auf die Verfassung geschworenen Eid brechen und seinen Präsidentenstuhl noch in diesem Jahre in einen Kaiserthron umwandeln wird.

Eigentlich wollte ich den Verkehr mit Pauline nicht wieder aufnehmen. Ich habe ein unselig gutes Gedächtnis. Unaufhörlich erinnert es mich an die kleinsten Dinge, die mir einmal begegnet sind. Besonders an die unangenehmen. Und die Erinnerung an Pauline war für mich nicht angenehm. Sie stand in zu enger Verbindung mit der Torheit, die ich vor sechs Jahren für einen Mann beging, den ich von Liebe zu mir erfüllt glaubte, während er, nur durch eine dünne Tür von mir getrennt, in den Armen einer Komödiantin lag.

Eine Demütigung für mich, empfindlicher noch als jene, die mir einst Alba bereitete. Zwar bewies Pauline mir damals wirkliche Freundschaft, das änderte aber an meinem peinlichen Gefühl ihr gegenüber nichts. Sie wußte um meine Niederlage. Ich wollte sie nicht wiedersehen.

Aber schon nach ein paar Worten vergaß ich meinen Entschluß, aus einer konventionellen Anstandsvisite wurde eine Plauderorgie von vier Stunden.

Louis-Philippes Zusammenbruch unter dem Ansturm der verbündeten Republikaner und Bonapartisten, die Proklamierung der Republik, die Rückberufung der verbannten Napoleoniden, Louis-Napoleons Wahl zum Präsidenten, der Staatsstreich, der ihn zum Diktator Frankreichs machte - alles das hatte ich aus Zeitungsberichten und Mérimées Briefen bereits erfahren, aber nur lückenhaft, tropfenweise.

Aus Paulinens bunten Erzählungen aber baute sich zum erstenmal ein übersichtliches Bild dieser abenteuerlichen Umwälzungen vor mir auf. Von dem scharfen Auge einer Wissenden gesehen, durch den überlegenen Spott der Pariserin beleuchtet, gewährte es mir fast den Reiz eines persönlichen Erlebnisses.

Ärmlich und eintönig erschien mir dieser brodelnden Flut der Ereignisse gegenüber der graue Gang meines Lebens, den Pauline mir dann entlockte. Was konnte ich ihrem bunten Kaleidoskop zur Seite stellen? Außer Isabellas und Luisa Ferdinandas Doppelhochzeit, dieser Aneinanderreihung geistloser, verstaubter Zeremonien, nur ein paar leichte Pikanterien. Wie Maria Christina als Wohltäterin des Vaterlandes gepriesen wurde, weil sie den Armen Madrids hunderttausend Franken gespendet hatte, das Bestechungsgeld des armen Louis-Philippe für den guten, ahnungslosen Doktor Coba. Wie Isabella, von der mütterlichen Aufsicht befreit, vier Monate nach der Hochzeit ihren gestrengen Eheherrn mit Reisegeld auf Urlaub schickte, Serraño in den Palast berief, um auch ihn nach kurzen sechs Wochen wieder vor die Tür zu setzen, überdrüssig einer Kaprice, die ihr nichts Neues mehr bot.

Gewiß, damals, als diese "welterschütternden" Geschichten passierten, habe ich mich über sie erregt. Nun aber, da ich sie erzählte, kamen sie mir unsäglich belanglos vor. Nicht einmal Serraño, den ich einst für einen außergewöhnlichen Menschen hielt, hat seine Rachedrohungen gegen Isabella wahr gemacht. Entthronen wollte er sie, aus dem Lande jagen. Statt dessen sitzt er irgendwo in der Provinz, drillt Rekruten und fahndet nach imaginären Karlisten. Farceur!

Und was ich selbst in diesen sechs Jahren tat - nicht der Rede wert. Ein abermaliges Eremitendasein in

Carabanchel, zwecklos und unfruchtbar. Ein paar Zickzackreisen durch spanische, englische, deutsche Bäder, von denen ich nur die Erinnerung behalten habe, daß sie mir nicht halfen, meine widerspenstigen Weibernerven in ihrer alten, elenden Zerrissenheit ließen.

Paris und die Pariser haben sich in diesen sechs Sonnenläufen von Grund auf verändert, ich aber bin geblieben, was ich war: eine sogenannte klassische Schönheit, niemanden liebend, von niemandem geliebt. Unter allen Geschöpfen dieser Welt das unnützeste, überflüssigste.

Mit ein paar Phrasen glitt ich über mich hinweg. Lenkte das Gespräch wieder auf Pauline, auf die Stellung ihrer Familie, die durch Louis-Philippes Sturz gelitten haben mußte. 1846, als ich in Madame de Laborde die wahre Beherrscherin Frankreichs entdeckte, hatte ich mich gefragt, wie die kluge alte Frau sich bei einem Zusammenbruch ihrer Macht benehmen würde. Jene Neugier auf das Ende hatte mich befallen, die ich immer empfinde, wenn ich außergewöhnlichen Menschen begegne.

Früher hielt ich diese Neugierde für etwas Besonderes, Tiefes. Heute denke ich anders. Vielleicht ist sie nur ein Ausfluß meiner Eitelkeit auf mich selbst, genährt durch Beyles und Mérimées Schmeicheleien. Ich war hysterisch, überspannt, und das hielten sie für das erste Regen eines Ausnahmegeistes.

Was Pauline mir erzählte, enttäuschte mich. Bedeutend, wie die Erscheinung der Frau, hatte ich mir auch ihren Abgang von der Szene ihrer Erfolge vorgestellt. Statt dessen endete sie nach Art der Glückspilze, denen ein blindes Ungefähr alle Charakterproben erspart. Fünf Tage vor Louis-Philippes Flucht, in dem Augenblicke, da sie ihre Kraft erweisen sollte, legte sie sich hin und starb.

Möglich auch, daß ich sie überhaupt zu hoch eingeschätzt habe. Vielleicht war sie, ähnlich wie die Gräfin, mehr Geschäftsfrau als Charakter. Léon, ihr Sohn, hat merkwürdig schnell Anschluß an den neuen Herrn Louis-Napoleon, den Widersacher der Orléans, gefunden. Wenn ich Pauline recht verstand, hat er schon 1846, als Jérômes Sohn hier war, mit diesem in geheimer Verbindung gestanden und ist seitdem im stillen für die Bonapartes tätig gewesen. Hatte Madame de Laborde auch da ihre Hand im Spiel, um für jede Möglichkeit gerüstet zu sein? Schob sie mir durch Pauline die Nachricht von der geplanten Hausdurchsuchung beim Prinzen zu, damit ich sie an ihn weitergäbe? Jetzt, da ich mir alles mit kühlem Blute nochmals überlege, bin ich davon überzeugt. Auch damals also war ich fremder Leute Spielball, während ich mir einbildete, über sie zu herrschen. Ich hatte seit Zarzuela trotz aller Anstrengungen nicht den geringsten Fortschritt gemacht.

Gehöre ich vielleicht zu jenen hoffnungslos Mittelmäßigen, deren Hirn weder wächst, noch sich verfeinert? Die ihr ganzes Leben lang auf derselben Stelle bleiben, niemals über sich hinaus können?

Mein Instinkt, der sich gegen ein Wiedersehen mit Pauline sträubte, hat recht behalten. Abermals habe ich in meinem Selbstbewußtsein eine tödliche Wunde empfangen. Jede Berührung mit anderen wird für mich zu einem Krieg gegen mich selbst, aus dem ich geschlagen, niedergedrückt, verzweifelnd zurückkehre.

Warum habe ich nicht Alba oder Alcañizès geheiratet! Ich wäre jetzt wie Pacca, glücklich in einem Puppendasein ohne Kampf und Qual.

28. August.

Wozu eigentlich bin ich nach Paris gekommen?

Die Gräfin wollte die Ereignisse aus der Nähe sehen, drängte mich, mitzureisen. Ich habe mich in diesen sechs Jahren von ihr über die halbe Erde schleppen lassen; sie hoffte wohl, mich doch noch an den Mann zu bringen. Warum nun nicht auch nach Paris? Die Pariser behaupten, ihre Stadt ist die einzige der Welt, in der ein zivilisierter Mensch leben kann. Mir ist's gleichgültig, wo ich lebe. Daß ich lebe.

Die Gräfin besuchte mich vorhin, um mir gute Nacht zu sagen. Sie hat Mérimée gebeten, uns bei Jérômes Tochter, der Prinzesin Mathilde Bonaparte, einzuführen, die seinerzeit in Florenz dem Fürsten Demidow, ihrem Manne, davonlief. Seit ihr Vetter und ehemaliger Verlobter auf den Präsidentenstuhl der Republik gelangt ist, spielt sie hier die erste Rolle, repräsentiert bei den Festen in den Tuilerien die Dame vom Hause, soll mit Louis-Napoleon wieder so eng liiert sein, daß man von einer zukünftigen Heirat spricht. In ihrer Sommervilla in St.-Gratien übt sie fürstliche Gastfreundschaft, beherbergt ihre Freunde oft wochenlang, wird von Gesandten, Staatsmännern, Dichtern, Künstlern, distinguierten Fremden überlaufen. Sie führt das Leben, das ich einst für mich erträumte.

Auf Mérimées Bitte, uns ihr zuführen zu dürfen, hat sie sehr liebenswürdig geantwortet. Sie brennt darauf, "la belle Andalouse" - das bin ich - "kennenzulernen".

Ich habe wohl ein ziemlich widerwilliges Gesicht gezeigt, denn die Gräfin wurde nicht müde, mir die Tragweite dieses Besuches klarzumachen. Wenn alles eintrifft, was sie voraussieht, werden wir durch die Prinzessin Eingang in die intimen Kreise der Bonapartes finden, hinter die Kulissen der neuen Staatsgewalt blicken, zu allen Festen und feierlichen Aktionen offizielle Einladungen erhalten. Eine Galerie von Ausnahmemenschen werden wir in allernächster Nähe studieren können, jene Männer des Staatsstreichs kennenlernen, die, aus dem Nichts emportauchend, das unerhörteste Abenteuer inszeniert haben, das jemals die Welt in Staunen setzte.

Und ihrer Lust an pikanter Verleumdung die Zügel schießen lassend, nannte sie die Namen, gab jedem eine Art Steckbrief mit.

Napoleon III., Kaiser der Franzosen
Nach einer Lithographie von L. E. Soulange-Teissier

Louis-Napoleon Bonaparte, Sohn der Königin Hortense von Holland aus ihrem Ehebruch mit dem niederländischen Admiral Verhuel, Schüler des Gymnasiums von Augsburg, Mitglied des revolutionären italienischen Geheimbundes der Carbonari, Kapitän der Schweizer Milizartillerie, Held der Possenputsche von Straßburg und Boulogne, Märtyrer von Ham, ausgehaltener Geliebter der Londoner Halbweltdame Miß Howard, Deputierter der Nationalversammlung, Präsident der französischen Republik, Urheber des Staatsstreichs. Augenblicklich Diktator, in Zukunft Kaiser von Frankreich ...

Charles Demorny, Sohn der Königin Hortense von Holland aus ihrem Ehebruch mit ihrem Großstallmeister, dem Grafen Flahault, Adoptivsohn des Grafen Morny, Ulanenleutnant in Algerien, bankrotter Runkelrübenzuckerfabrikant, orléanischer Deputierter, Minister des Inneren während des Staatsstreiches. Augenblicklich Privatmann und ausgehaltener Geliebter der Frau des belgischen Grafen Lehon ...

Graf Walewski, Sohn Napoleons I. aus dessen Ehebruch mit einer polnischen Gräfin, polnischer Freiheitskämpfer, politischer Journalist in Paris. Augenblicklich Gesandter der Republik in London ...

Fialin de Persigny, Sohn des Bauern Fialin, Baron de Persigny aus eigener Ernennung, verabschiedeter Husarenunteroffizier, Reporter des "Temps", Agent Louis-Napoleons, Arrangeur der Putsche von Straßburg und Boulogne, politischer Strafgefangener, Mitglied der Nationalversammlung. Augenblicklich Minister des Inneren, Gatte der Prinzessin de la Moskowa, einer Enkelin des Marschalls Ney ...

Jérôme Bonaparte, ehemals Schiffskapitän, später König von Westfalen, Fürst von Montfort, ausgehaltener Geliebter der Marquise Badelli, später Gouverneur des Invalidenhauses. Augenblicklich Marschall von Frankreich, Präsident des Staatsrats ...

Plon-Plon ...

Sie stockte, sah mich von der Seite mit einem heimlich ausholenden Blick an.

"Plon-Plon?" fragte ich. "Wer ist das?"

Sie heuchelte Unbefangenheit.

"Jérômes Sohn, Prinz Napoleon. Ich weiß nicht, was der Spitzname bedeutet, ganz Paris nennt ihn so. Erinnerst Du Dich, wie er uns in Florenz einen Brief zeigte, in dem Ludwig von Holland dem Papste gegenüber seinen dritten Sohn verleugnet? Mit diesem Briefe wollte der 'überzeugte Republikaner' den 'falschen Demetrius' vernichten. Und heute? Männer, Männer!"

Sie lachte, sprach noch weiter. Natürlich nur, um meinen Widerspruch zu wecken. Aber ich schwieg. Ich durchschaute sie. Plon-Plon hat nun etwas wie eine Position, und ich bin immer noch unverheiratet.

Ich werde morgen krank sein und nicht mitgehen.

29. August.

Die Nächte sind meinen Entschlüssen feind. Wie ein willenloses Schlachttier habe ich mich nun doch nach St.-Gratien schleppen lassen.

Mérimée eskortierte uns. Die Prinzessin war noch bei der Toilette, ließ uns in den Empfangssalon führen. Dort empfing uns Horace de Viel-Castel, der zusammen mit dem Bildhauer Nieuwerkerke Sommergast der Prinzessin ist. Jener Nieuwerkerke, den Demidow in Florenz des Ehebruchs mit der Prinzessin beschuldigte, während Mathilde es bestritt. Damals verschwand Nieuwerkerke nach Rom; nun, seit dem Emporkommen Louis-Napoleons, ist er Generaldirektor der französischen Museen.

Viel-Castel erinnerte sich meiner sofort als seiner besten Zuhörerin aus der Zeit des Salons Laborde. Mit wahrem Behagen machte er sich daran, ein neues Raketenfeuer pessimistischer Gesellschaftsglossen auf mich niederprasseln zu lassen. Aber als ich ihn auf den Prinzpräsidenten brachte, entpuppte er sich als idealistischer Schwärmer, nannte Louis-Napoleon den Retter und die Säule Frankreichs.

Gleich darauf stichelte er wieder. Mit einem schrägen Blick auf die Gräfin erinnerte er sie an ihre alte Freundschaft mit seinem Bruder Louis, beklagte es, daß dieser, das Genie des Diktators verkennend, sich nach dem Staatsstreich von seinem Amt als Direktor des Auswärtigen zurückgezogen habe, bat sie, ihn von seiner Opposition abzubringen. Es kitzelte den Zyniker wohl, sie in meiner Gegenwart in Verlegenheit zu setzen. Aber diese Frau läßt sich nicht überraschen. Ich beobachtete sie scharf, sie zuckte leicht unter dem Nadelstich, lächelte liebenswürdig, versprach alles, was er wollte.

Hut und Stock in der Hand, kam dann ein alter Herr herein. Ich sah ihn zum erstenmal, erkannte ihn jedoch sofort. Jérôme Bonaparte, "König Lustick". Ein verweichlichter, aufgedunsener Napoleon I. Er ähnelt dem großen Kaiser wie ein matter Bildabzug, der an das Original nicht heranreicht.

Als Mérimée uns vorstellte, sah er mich an. Mit jenem entkleidenden Blick, der mich bei seinem Sohn in Florenz empört hatte und der die erste Ursache meines Unglücks war. Verwirrt wich ich zurück. Er lächelte geschmeichelt, kam mir nach, streichelte mir die Wange.

"Fürchten Sie sich vor mir, mein Kind? Aber so sehen Sie mich doch an! Bin ich wirklich so schrecklich?" Und da ich so albern war, kein Wort zu finden, wandte er sich mit der Miene eines Siegers zu den anderen, küßte sich die Fingerspitzen. "Mein Kompliment, Gräfin! Sie ist charmant, deliziös, superb! Ein Meisterwerk! Wie bedaure ich nun, daß ich diese Perle Andalusiens nicht schon in Florenz bewundern konnte!"

Sich neben der Gräfin niederlassend, begann er, mit

ihr und Mérimée Erinnerungen an meinen Vater auszutauschen.

Viel-Castel führte mich ein wenig beiseite.

"Fürchten Sie sich wirklich vor ihm, Komtesse?" flüsterte er mir zu. "Unbesorgt, aus dem alten Sünder ist ein ungefährlicher Hanswurst geworden! Die Präsidentschaft seines Neffen nämlich hat ihn wohl von seinen Gläubigern befreit, nicht aber von der boshaften, hysterischen Giustine Badelli. Sie rächt das weibliche Geschlecht an ihm. Sie wissen ja, diese Korsen sind abergläubisch wie Indianer. Was tut sie? Sie läßt sich von einer Geisterseherin prophezeien, daß sie drei Tage vor ihm an einem Mückenstich sterben wird. Seitdem hütet er sie wie seinen Augapfel, ist während des Sommers vor Mückenfurcht mehr tot als lebendig. Sie glauben mir nicht? Soll ich ihn einmal tanzen lassen?"

Ohne die Lippen zu bewegen, ahmte er das feine Zischen einer Stechfliege nach. Jérôme horchte auf, riß ein großes, seidenes Schnupftuch aus der Tasche, sprang empor, fing an umherzustapfen, die Luft zu schlagen.

"Ah, Canaille infame!" keuchte er wütend. "Ich werde dich lehren! Erwischen werde ich dich, Canaille, erwischen!"

Mit undurchdringlichem Gesicht beteiligte sich Viel-Castel an der Jagd. Eine Zeitlang liefen beide wie rasend im Zimmer umher. Dann griff Viel-Castel plötzlich ins Leere, schloß schnell die Hand, als habe er das Insekt gefangen, ging zu einem Fenster, tat, als werfe er etwas hinaus.

"Majestät wollen sich beruhigen!" sagte er ernst, sich verbeugend. "Die Canaille ist tot. Möge es den übrigen Canaillen in Frankreich ebenso ergehen!"

"Danke, mein lieber Graf! Danke, danke!" stammelte Jerôme erschöpft, wischte sich den Schweiß von der Stirn. "Austilgen müßte man sie. Alle, alle!"

Er wollte sich wieder in seinen Sessel werfen.

Aber in diesem Augenblick meldete der Diener den Prinzpräsidenten. Ein verkniffener Zug erschien in Jérômes Gesicht. Hastig wandte er sich zur Gräfin, zog sie in eine Fensternische, begann ein lebhaftes Gespräch. Ostentativ kehrte er der Tür den Rücken, während Viel-Castel und Mérimée dem Diktator entgegeneilten. Ich wäre in der Mitte des Salons allein geblieben, wenn Viel-Castel sich nicht auf seine Ritterpflicht besonnen hätte und zu mir zurückgekehrt wäre.

Sich mit Mérimée unterhaltend, trat Louis-Napoleon ein, blieb gleich neben der Tür stehen, machte uns eine leichte Verbeugung, ließ seine Augen verstohlen über unsere Gesichter schweifen.

1840, als ich den "Helden von Straßburg und Boulogne" in die Präfektur einliefern sah, war es Nacht, und die Laterne des eskortierenden Gendarmen flakkerte im Wind. Nun aber war es Tag, und der "Retter

Frankreichs" präsentierte sich mir im hellen Licht der Sonne.

Er ist unter Mittelgröße, mit langem Oberkörper, kurzen Beinen. Sein blaßgraues Gesicht ist ohne jeden Ausdruck. Wenn man sich den Bart fortdenkt, der ihm seit Ham wieder gewachsen ist, begreift man, daß die Wachtposten ihn für den Maurergesellen Badinguet nahmen. Seine Hand, die unaufhörlich mit diesem Barte spielt, ist die derbe, gedrungene Hand eines Parvenu; die braungelbe Farbe an seinen Fingern zeigt, daß er sich seine Zigaretten selbst dreht. Daß er diesen Schmutz nicht sorgfältiger entfernt, verrät Mangel an Geschmack. Ich hatte ihn mir in der Erinnerung brünett vorgestellt. Er ist aber blond, hat graue, stumpfe Augen, über denen etwas wie ein Schleier liegt.

Und dieser apathisch blickende, bleichgesichtige Mensch hat den Staatsstreich gemacht, sich mit eiserner Stirn über Eid und Gesetz hinweggesetzt, Hand an die Hüter der Volksrechte gelegt, das Blut von Tausenden vergossen?

Ich kann es nicht glauben. Auch Mérimée, der von ihm immer nur als von "unserem armen Präsidenten" spricht, behauptet ja, daß ihn die anderen Abenteurer, Morny, Persigny, St.-Arnaud, Mocquard, Fleury, Magnan und die Howard, zu dem kühnen Vabanque-Spiel gezwungen haben. Hat Prinz Napoleon nicht recht, wenn er ihn haßt? Ein Feuergeist kann nicht ruhig bleiben, wenn er sich von der Mittelmäßigkeit verdrängt sieht.

Der Vergleich zwischen dem falschen und dem echten Bonaparte kam mir, während ich den falschen studierte. Und plötzlich ...

Ach, ich erkannte, daß ich diese letzten sechs Jahre hindurch einen fruchtlosen Kampf gekämpft habe. Nicht willenlos habe ich mich nach St.-Gratien schleppen lassen, unter dem Druck eines inneren Zwanges bin ich hingefahren. Ich hoffte, dort den Mann zu finden, den ich immer noch liebe.

Von Viel-Castel erfuhr ich, daß die Rachel den Prinzen nach seiner Rückkehr aus der Verbannung wieder in Besitz genommen hat.

Ich müßte diese Frau hassen wie ich Isabella haßte. Statt dessen beneide ich sie ...

Ich besitze keine Scham, keine Würde mehr. Mein Wahnsinn ist unheilbar ...

Zwanzigstes Kapitel

29. August. Nachts.
Pepa fand mich ohnmächtig. Sie weiß mit meinen Zuständen schon Bescheid, hat mich kalt gewaschen, mit ihren magnetischen Händen neu belebt. Dann bin ich mit ihr zwei Stunden lang in den Straßen umhergefahren, und nun fühle ich mich frisch und stark, möchte am liebsten über meinen exaltierten Unsinn lachen.

Was folgte, war auch sehr komisch.

Von Mérimée begleitet, kam der Prinzpräsident langsam näher. Dabei sah er mich ununterbrochen an. Als Mérimée mich vorgestellt und sich mit Viel-Castel diskret zurückgezogen hatte, begann er ein Gespräch mit mir. Ich hatte etwas Besonderes, Originelles erwartet, es kamen aber nur Belanglosigkeiten über England, Spanien, die Königinnen, den Hof heraus.

Wenn die Männer einer hübschen Frau begegnen, reißen sie gewöhnlich ihre Augen auf, mühen sich, feurige Blitze zu schleudern. Louis-Napoleon scheint zu wissen, daß sein matter Blick dazu nicht imstande ist. Er macht sein Auge feucht, sentimental, zwinkert öfters mit den Lidern, damit es doch einen gewissen Schimmer bekommt. Um so besser weiß er seine Stimme zu gebrauchen, es gelingt ihm vorzüglich, ihr einen sonoren, weichen, süß-schmeichelnden Ton zu geben.

Es schien ihm wohl der Mühe wert, mit mir zu flirten. Mir aber ist nichts widerlicher als dieses schmachtende Liebesgesäusel weibischer Salonlöwen. Ich reagierte darum nicht. Und als er den Wunsch äußerte, die Gräfin kennenzulernen, führte ich ihn unhöflich eilig zu der Fensternische, in der sie sich mit der Ruine "König Lustick" unterhielt.

Aber Jérôme versperrte den Zugang. Noch immer kehrte er dem Zimmer deutlich den Rücken, tat, als seien wir anderen nicht da. Offenbar wollte er seinen Neffen ignorieren.

Viel-Castel erzählte mir später den Grund. Um sich Geld zu verschaffen, hatte der alte Verschwender seine Sinekure als Marschall von Frankreich zum Vorwand einer Inspektionsreise in die befestigten Häfen genommen, dem Prinzpräsidenten dann eine hohe Kostenrechnung übersandt. Dieser aber hatte sie zurückgewiesen. Amtsreisen des Marschalls seien aus seinem Jahresgehalt von 300 000 Franken zu decken. Seitdem wütet Jérôme, stößt dunkle Drohungen gegen seinen Neffen aus, schneidet ihn bei jeder Gelegenheit.

Louis-Napoleon wartete einen Augenblick, dann klopfte er dem Alten sacht, fast schüchtern auf die Schulter. "Verzeihung, lieber Onkel! Darf ich mir gestatten, Ihnen guten Tag zu wünschen und mich nach Ihrem Befinden zu erkundigen?"

Langsam wandte Jérôme sich um, übersah die ihm dargebotene Hand, suchte sich eine würdevolle Haltung zu geben.

"Guten Tag", sagte er gereizt. "Mein Befinden?

Warum fragen Sie? Wie soll ein alter Mann sich befinden, der seine gerechten Ansprüche an den Staat durch das Oberhaupt dieses Staates mißachtet sieht!"

Peinlich berührt trat ich hastig zurück. Aber die Szene spielte sich so schnell und so laut ab, daß wir alle wider Willen Zeugen wurden.

"Aber, lieber Onkel", erwiderte der Prinzpräsident sanft, fast bittend, "ich schrieb Ihnen doch, daß gerade mein Verantwortlichkeitsgefühl dem Staate gegenüber ... Sie haben in dieser kurzen Zeit doch bereits ..."

"Ach, die Bagatelle!" schrie Jérôme dazwischen. "Ist es Ihr Amt, um jeden Sou zu feilschen? Woran ist Louis-Philippe zugrunde gegangen? An seiner Knauserei! Die Nation wünscht einen Grandseigneur, mein Lieber, nicht einen Rechnungskontrolleur! Nehmen Sie sich ein Beispiel an meinem Bruder! Niemals hätte er ..."

Ein mitleidig-spöttisches Lachen unterbrach ihn. Aufgereckt, ein Monokel im Auge, die Arme hinter dem Rücken verschränkt, Pose Napoleon I., stand Plon-Plon in der Tür zum Vorraum.

"Napoleon?" sagte er. "Mit dem großen Napoleon vergleichst du den Herrn Präsidenten der dritten Republik? Du bist ungerecht, Vater. Wie kann er ihm gleichen? Er hat ja nichts von ihm!"

Herausfordernd fixierte er den Präsidenten, sein ganzes Gesicht war in Verachtung getaucht.

Ein schwüles Schweigen herrschte. Von einer Truppenschau in Satory gekommen, trug Louis-Napoleon noch die Generalsuniform. Würde er nicht den Degen ziehen, sich auf den Beleidiger stürzen?

Aber er schien die Anspielung nicht verstanden zu haben. Sein Gesicht blieb regungslos, maskenhaft.

"Nichts?" wiederholte er langsam, als überlege er. "Ich habe nichts vom Kaiser? Sie irren, Vetter. Ich habe seine Familie!"

Plon-Plon ließ das Monokel fallen, machte eine heftige Bewegung gegen den Verhaßten. Glücklicherweise trat in diesem kritischen Moment Prinzessin Mathilde ein. Man hatte sie wohl von dem entbrannten Streit benachrichtigt, denn sie wandte sich sofort mit einer bittenden Gebärde zu ihrem Bruder. Aber sie kam nicht zum Sprechen. Die Tür öffnete sich von neuem. Kläffend, sich überkugelnd jagte eine kleine weiße Pudelhündin herein, sprang an der Prinzessin empor, begrüßte sie toll vor Freude.

Ärgerlich wehrte diese ab.

"Biche! Zurück, Biche, du bist ein ungezogenes Tier! Ich mag dich nicht mehr leiden! Hörst du, Biche? Fort mit dir!"

Mit einem heftigen Schlag ihrer Hand scheuchte sie Biche unter ein Sofa. "Eine hinterlistige kleine Teufelin, diese Biche! Schleicht sich gestern in mein Schlafzimmer ein, bettelt, bis ich sie bei mir behalte. Und dann, was glauben Sie, tut sie? Kaum bin ich im Bett, so fängt sie an zu kläffen, umherzujagen, alles durcheinanderzuwerfen. Sobald ich aber aufstehe, um sie zu fangen, verkriecht sie sich. Eine schreckliche Nacht! Natürlich hab' ich verschlafen und bin nun gezwungen, mich zu entschuldigen, weil ich Sie habe warten lassen. Werden Sie mich amnestieren, oder muß ich Buße tun?"

Mit einem schelmischen Lächeln grüßte sie in die Runde, machte einen Kleinmädchenknicks. Nach Art der Naiven auf dem Theater. Aber diese wundervolle Biche gab noch nicht Ruhe. Plötzlich stürzte sie wieder unter ihrem Sofa hervor, auf einen Herrn los, den der Diener eben einließ.

Auch der Herr schien von der stürmischen Begrüßung nicht sonderlich erbaut.

"Ach bitte, Prinzessin, möchten Sie Biche nicht zurückrufen?" stieß er heraus, sich gegen das unaufhörlich kläffende, attackierende Tier wehrend. "Ich weiß nicht, was sie gegen mich hat! Bei jeder Gelegenheit fällt sie über mich her. Erst diese Nacht ... jemand muß sie in mein Schlafzimmer gelassen haben ... nicht eine Minute Ruhe habe ich vor ihr gehabt ..."

Er brach jäh ab, starrte betroffen auf Plon-Plon, der mit wütendem Gesicht das indiskrete Tier ergriff, hinaustrug und nicht zurückkam.

Hastig zog Louis-Napoleon den Ankömmling zur Seite, begann mit ihm über ein Reiterstandbild des Kaisers zu sprechen, das in Lyon errichtet werden soll. Jérôme aber brach in ein kicherndes Gelächter aus.

Und Prinzessin Mathilde lachte mit.

Nachher stellte sie uns jenen Herrn vor: "Graf Nieuwerkerke, Generaldirektor der Staatsmuseen ..."

Sie ist also wie die anderen. Der einzige Mensch von Ehre in dieser Familie ist der Prinz. Und ich habe ihn verurteilt, weil er in Florenz nicht für seine Schwester eintrat! Ach, damals kannte er die Wahrheit wohl schon.

Nun, als er fortging, das Herz von Scham zerrissen, ging ich in meinen Gedanken mit ihm, litt, was er litt ...

2. September.

Pepa hat Pollet getroffen. Er steht noch immer bei dem Prinzen im Dienst, ist in dessen Verhältnis zu der Rachel völlig eingeweiht, macht zwischen ihnen den Postillon d'amour. Dies scheint ihm jedoch nicht viel einzubringen, denn er klagte vor Pepa über schlechte Zeiten, deutete an, daß er mir gern wieder gefällig sein möchte. Und, wohl als Köder, erzählte er ihr, daß er morgen früh mit seinem Herrn zu einer Truppenschau des Prinzpräsidenten nach Satory müsse.

Trotz Pepas lüsternen Augen habe ich jede Verbindung mit dem Menschen abgelehnt. Ich will mich derartiger unreiner Mittel nicht mehr bedienen. Auch sind sie zu unsicher und ...

Genug!

Nous verrons!

4. September.

Gestern vormittag machte ich mit Antonio einen Spazierritt nach Satory. Dabei stieß ich auf die Kavalkade des zurückkehrenden Prinzpräsidenten. Schon von weitem erkannte ich Plon-Plon.

Er macht zu Pferde keine besonders brillante Figur, Louis-Napoleon dagegen sieht überraschend gut aus.

Ich glaube nun zu erraten, warum er während seiner Gefangenschaft in Ham eine vollständige Manege unterhielt, täglich stundenlang ritt. Er weiß, daß ein Thronspekulant in dem prunkliebenden Frankreich ein tadelloser Reiter sein muß. Ein besserer Beobachter als Louis-Philippe hätte daraus seine Schlüsse gezogen.

Als ich mich der Kavalkade näherte, tat ich ahnungslos, setzte Almansor in Galopp. Meine Kunst wollte ich zeigen, und - nun ja, ich dachte an die Rachel.

Worin besteht die Verführungskunst der Schauspielerinnen? Sie dürfen ihre Schönheit zeigen, ohne in den Verdacht der Unweiblichkeit zu geraten. Dadurch reizen sie die Sinnlichkeit und vor allem die Eitelkeit der Männer. Einer sucht den anderen auszustechen, ein Konkurrenzkampf entsteht, bei dem keiner zurückbleiben will.

Und wir anderen, die wir nicht Schauspielerinnen sind - müssen wir zurücktreten, weil wir über jene gierspornende Öffentlichkeit nicht verfügen? Sind Sport, Tanz, Spiel nicht auch eine Öffentlichkeit?

Um einen Wettlauf zu entfachen, müssen wir nur

ein möglichst großes Feld konkurrierender Favoriten um uns sammeln. Das war mein Kalkül. Und der Ausgang beweist seine Richtigkeit. Selbst der alte Antonio strahlte vor Entzücken. Schwärmte nachher wie ein Knabe.

"Komtesse sahen aus wie eine goldene Flamme, die in der Nacht über die dunkle Erde dahingleitet."

Nach ein paar Augenblicken war die ganze Männerkavalkade um mich her. Louis-Napoleon begrüßte mich, verschlang mich mit den Blicken, ritt neben mir weiter, setzte den unterbrochenen Flirt fort. Als er Abschied nahm, hatte er rote Glut auf dem Gesicht, feuchten Glanz in den Augen ...

Später.
Eben überbrachte Kolonel de Toulongeon, Ordonnanzoffizier des Prinzpräsidenten, eine Einladung für die Gräfin und mich zu den Parforcejagden in Fontainebleau. Auch Plon-Plon wird dort sein ...

Ah, mein Prinz, gestern, als der andere von mir Abschied nahm - warum starrten Sie finster auf ihn? Nur, weil er Ihrem Ehrgeiz im Wege steht? Nicht auch ein wenig, weil er ein schnellerer Wettläufer der Liebe ist?

Plon-Plon liebt Sie, Madame Rachel?
Prenez garde, Madame! Prenez garde!

14. September.

Ich war in Fontainebleau. Gestern abend bin ich zurückgekehrt. Heute ist der Prinzpräsident in die Südprovinzen gereist, die letzte Hand an die Wiedererrichtung des Kaiserthrons zu legen.

Die Jagd ist aus. Halali! Und meine Beute? ...

Der Prinzpräsident hatte uns durch Herrn de Toulongeon Pferde zur Verfügung gestellt. Die Gräfin aber wollte wegen ihres Asthmas die Jagd nicht mitreiten und blieb zu Haus, während ich es vorzog, durch Antonio meinen Almansor hinausführen zu lassen. Ich habe ihn aufgezogen, kenne ihn wie mich selbst.

Frühmorgens kam ich in Fontainebleau an, fuhr direkt zum Schlosse. In der Cour des Adieux, dem Rendezvousort der Jagdgäste, fand ich ein buntes Durcheinander von Herren und Damen der Gesellschaft, Hausoffizieren des Präsidenten, Jägern, Bedienten. Die Damen aufgeregt, mit Schmuck überladen, als ginge es zu einem Balle.

Ein Gefühl des Bangens beschlich mich. Von allen diesen Hofgängern des nahenden Kaiserreichs kannte ich niemanden. Und mein Kostüm ...

Eine lange Weste im Schnitt der Jagduniform Ludwigs XV., aber dunkelgrün, in der Lieblingsfarbe des ersten Napoleon. Kragen und Aufschläge von roter Seide, die Brust verschnürt mit goldenen und silbernen Litzen, dieselben Galons auf den Seitennähten des dunkelgrünen Reitrocks. Goldene Knöpfe mit dem erhöhten Wappen der Montijo, glanzlederne Halbstiefel, ein breitkrempiger schwarzer Hut, über der Stirn emporgeschlagen, eine weiße Feder in der silbernen Schnurschlinge. Endlich, an einem Gürtel von weichem, rötlichem Leder ein Jagdmesser mit maurischem Griff.

Eigens für diesen Tag hatte ich das Kostüm erfunden. War beim Anprobieren zufrieden gewesen. Nun erschien es mir nichtssagend, ärmlich.

Niemand beachtete mich. Endlich entdeckte ich im Hintergrund des Hofes, in einem Gewühl von Pferden und Reitknechten, Antonio mit Almansor. Froh, meiner Isolierung zu entrinnen, ging ich hinüber. Aber ich hatte mein edles Tier kaum begrüßt, als Herr de Toulongeon eilig herbeikam. Er entschuldigte sich, mich nicht am Schloßtor empfangen zu haben, bat, mich mit General Magnan bekannt machen zu dürfen, dem Leiter der offiziellen Jagden des Prinzpräsidenten. Er deutete auf einen alten, komisch aufgeputzten Herrn mit weißem Schnurr- und Backenbart, der in der Mitte des Hofes im Gespräch mit einem eisgrauen, verwitterten Jäger auf und ab ging; dem Koppelmeister, wie mir Herr de Toulongeon sagte.

Der General sprach noch, als wir schon nahe bei ihm waren. Diskret warteten wir, bis er sich zu uns wenden würde.

"Eure Exzellenz wollen verzeihen, aber ich glaube, mich nicht zu irren!" sagte der Koppelmeister. "Ich hoffe, alles genau zu kennen, was zur Parforcejagd gehört. Herr de la Varberie, der beste Jäger Ludwigs XVI., war mein Lehrmeister und ..."

"Ich weiß es, mein lieber La Trace, ich weiß es!" unterbrach Magnan verdrießlich. "Ich zweifle ja auch nicht an Ihrer Erfahrung. Aber wenn wir, wie das letztemal, wieder verkehrten Fußstapfen folgen ..."

La Trace zuckte unter dem Wort zusammen wie unter einem Nadelstich.

"Einer falschen Fährte? Das letztemal war ich krank, habe die Jagd nicht geführt. Diesmal aber habe ich selbst die Suche geleitet, die Zeichen geprüft. Und ich hoffe, einen jagdbaren Hirsch verbrochen zu haben."

Der General war rot geworden.

"Die Suche ... hm ... jagdbar ... verbrochen ... Sehr gut, La Trace, sehr gut!"

"Nach der Losung glaubte ich zuerst, ihn als Spießer ansprechen zu sollen ..."

"Losung? Soso. Spießer ... ansprechen ..."

"Aber nach der Fährte vermute ich einen Zehnender bestätigen zu sollen, Exzellenz!"

"Nach der Fährte", wiederholte der General verlegen. "Um so besser, um so besser! Ich werde es Seiner Majestät - äh, Seiner Kaiserlichen Hoheit, berichten. Ich danke Ihnen, lieber La Trace!" Er winkte verabschiedend. Und während er dem alten Koppelmeister nachsah, wetterte er in sich hinein. "Sacrebleu, das Kauderwelsch versteht ja kein Mensch! Und die Kerls bilden sich noch was darauf ein! Bande!"

Hatte mir die Gräfin nicht gesagt, daß General Magnan der Oberjägermeister des zukünftigen Kaisers werden sollte? Erstaunt sah ich Herrn de Toulongeon an. Der Kolonel aber verzog keine Miene, stellte mich seinem Vorgesetzten vor.

Der General würdigte mich kaum eines Blickes,

"Die Dame nimmt auch an der Jagd teil?" fragte er mürrisch. "Alles erfährt man erst im letzten Augenblick! Wo soll ich nun noch einen Kavalier für sie auftreiben?"

Toulongeon versteckte ein Lächeln.

"Pardon, mein General. Der Jagdherr wünscht, Komtesse persönlich in die Geheimnisse der Parforcejagd einzuführen. Vorausgesetzt, daß Komtesse ihn als Kavalier akzeptieren wollen!"

Er verbeugte sich gegen mich. Überrascht fuhr Magnan zu mir herum, musterte mich neugierig von der Spitze meiner Reiherfeder bis zu dem silbernen Sporn am Absatz meines Halbstiefels.

"Parbleu, er hat recht! Sie ist verteufelt hübsch, diese Novize!" platzte er in glucksenden Tönen heraus. Dann schlug er sich lachend auf den Mund. "Nehmen Sie mir meine Sprache nicht übel, Komtesse. Wir alten Jäger, wir sind Rauhbeine, nicht wahr? Rauhbeine! Aber ganz gute Kerls! Ganz gute Kerls! Wollen Sie mit mir gehen, Komtesse? Der Maître muß gleich kommen! Gleich kommen!"

Der "rauhbeinige Jäger" reichte mir den Arm, führte mich zu der hufeisenförmigen Schloßtreppe, über die der Prinzpräsident herabsteigen würde. Das Gewühl der Gäste umdrängte uns. Man sah nun nicht mehr über mich hinweg.

Gab mir dieser komische alte General ein Relief? Mein Weg ging durch ein Kreuzfeuer neugieriger Blicke.

Wir waren eben angelangt, als die Wachen ins Gewehr traten, die Tambours Generalmarsch schlugen. Louis-Napoleon erschien auf der Treppe.

Alle wandten sich ihm zu. Winkten mit Hüten und Händen. Schrien "Vive l'empereur!" Für seine Anhänger ist er schon Kaiser.

Er lächelte, warf eine Zigarette fort, an der er geraucht hatte, lüftete seinen Jagdhut, ließ seine matten Augen über die Menge schweifen. Als sie den meinen begegneten, verzog sich sein Mund ein wenig. Wie zu einem verstohlen grüßenden Wort.

Nun kam Plon-Plon eilig, als habe er sich verspätet, aus dem Portal, näherte sich dem Prinzpräsidenten. Sah Louis-Napoleon ihn nicht? Schnell stieg er die Treppe hinab, ergriff die Zügel seines bereitstehenden Jagdpferdes, schwang sich in den Sattel.

Wir folgten seinem Beispiel. Ein wirres Durcheinander entstand. Vergebens suchte ich in die Nähe des Prinzen zu gelangen; ich fand ihn nicht. Und Toulongeon blieb an meiner Seite!

Dann setzte sich La Trace, gefolgt von Louis-Napoleon und Magnan, an die Spitze des Zuges. Lachend, plaudernd verließen wir den Hof, strebten dem Walde zu ...

Unter den ersten Bäumen empfing uns eine Hörnerfanfare: das Zeichen zum Regemachen des Hirsches. Die Meute wurde losgekoppelt, begann zu jagen. Ein wundervolles, aufregendes Schauspiel!

Trunken von Freiheit und Wildheit, das Haar gesträubt, die Läufe lang ausgereckt, Feuer in den Gesichtern, stürmten die windschnellen Bracken dahin. Bald sich zu einer unentwirrbaren Leibermasse aneinanderpressend, bald sich wieder verstreuend, in riesigen Bogensprüngen nach vorn schnellend, folgten sie mit tiefgestellten Nasen der Fährte des edlen Wildes, suchten einer den anderen zu überholen. Vor ihnen her, in der Ferne, flog der Hirsch. Leicht und schattenhaft wie ein Phantom.

Hoho! Hoho!

Hinter ihnen die bunte, wimmelnde Menschheit. In rasendem Laufe. Alle wie von der einen brennenden Gier gepeitscht, jenes fliehende Phantom zu erreichen, in ihre Arme zu reißen.

Hoho! Hoho!

Ein Bild unserer Jagd nach dem Glück.

Bald aber blieben einzelne zurück. Hier ein Herr, dort eine Dame. Unter den Bäumen zur Seite verschwanden sie, hinter bergenden Gebüschen und Hecken. Nach einer Weile schimmerte dann durch das herbstliche Laub das helle Rot eines Amazonenkleides, geschmiegt an einen grünen Jägerrock.

Hoho! Hoho!

Und mein Glück, um das ich hergekommen war?

Einundzwanzigstes Kapitel

15. September.

Pauline Nadaillac störte mich gestern im Schreiben. Der Marquis, ihr Mann, hat von meiner Teilnahme an der Jagd gehört, sich als engagierter Orléanist scharf gegen mich geäußert. Nun wollte Pauline alles wissen, was ich erlebt habe. Ich habe sie mit einer breiten Schilderung der Jagd abgespeist. In dieser Sache wünsche ich keine Vertraute.

Ich will fortfahren.

Toulongeon blieb neben mir; vergebens versuchte ich alles mögliche, ihn loszuwerden. Endlich machte ich auf einem Hügel halt. Wie um das buntbewegte Bild zu betrachten. Doch mein Interesse war nur Schein. Enttäuscht war ich, wütend. Hergekommen war ich, um Plon-Plons Eifersucht auf Louis-Napoleon zu schüren, ihm endlich das ersehnte Wort zu entlocken. Nun aber dachten sie gar nicht an mich? Flohen vielleicht absichtlich vor mir? Ratlos fragte ich mich, ob ich nicht meinen Plan aufgeben, nach Paris zurückkehren solle. Plötzlich sah ich, wie drüben abermals ein Reiter zurückblieb. Während die Jagd sich in weitem Bogen nach rechts tiefer in den Wald zog, hielt er sein Pferd an, bog dann nach links in einen Weg ein, der zu einer kleinen, auf einer Lichtung zwischen niederem Gebüsch hervorlugenden Hütte zu führen schien.

Der Prinz?

Ich konnte ihn mit dem bloßen Auge nicht erkennen. Dennoch wußte ich: Er war es! Eine innere Stimme sagte es mir. Oder trieb nur mein Wunsch diese Illusion in mir empor? Unruhe quälte mich. Endlich bat ich Toulongeon um das Fernglas, das er über der Brust trug.

Widerstrebend reichte er es mir.

"Die Jagd entfernt sich, Komtesse!" wandte er ein. "Wenn wir uns noch länger hier aufhalten, werden wir sie nicht wieder einholen!"

Ich antwortete nicht. Toulongeons beobachtenden Blick fühlend, richtete ich das Fernglas auf die Jagd, drehte es dann unmerklich, daß jener Reiter in der Linse erschien.

Er war es. Und er war allein. Nun hielt er an, saß ab. Das Pferd am Zügel hinter sich herführend, näherte er sich langsam der Hütte auf der Lichtung.

Ich wurde ganz ruhig, vermochte zu überlegen. Toulongeons Pferd mit einem geringschätzigen Blicke streifend, gab ich das Fernglas zurück.

"Nicht wieder einholen?" knüpfte ich an seine Mahnung an. "Sie scheinen Ihrem Gaul nicht viel zuzutrauen, Kolonel! Heimische Zucht, nicht wahr?"

Sofort regte sich in ihm der Franzose.

"Komtesse spotten? Unsere Gestüte sind allerdings ein wenig herabgekommen. Aber das wird sich bald geändert haben. Der Prinzpräsident ist Kenner. Sofort nach dem Staatsstreich hat er Fleury und mich nach

England geschickt, um auserlesenes Zuchtmaterial anzukaufen. Der Hunter hier zum Beispiel ist reinstes Vollblut!"

Ich betrachtete das Pferd noch einmal, lächelte noch stachelnder.

"Wirklich, Kolonel? Ich will Ihrem kavalleristischen Urteil nicht zu nahe treten. Aber ich kenne meine englischen Freunde. Fremden führen sie ihr Bestes überhaupt nicht vor. Auch Ihr Hunter - ist er nicht etwas schwach in den Fesseln?"

Was ich wollte, geschah. Er erhitzte sich.

"Nicht schwächer als Ihr Schimmel, Komtesse!"

Überlegen zuckte ich die Achseln.

"Mein lieber Herr de Toulongeon, Almansor ist edelstes arabisches Blut. Die Königin Isabella schenkte ihn mir vor sechs Jahren, am Tage ihrer Hochzeit, bei der ich Brautführerin war. Ich selbst habe ihn aufgezogen. Er sieht vielleicht schwächlich aus, aber fragen Sie nur Ihren Freund Fleury. Er war in Afrika und wird Ihnen bestätigen, daß diese hechtköpfigen Araber den Engländern mindestens ebenbürtig, wenn nicht überlegen sind!"

Toulongeon erregte sich noch mehr.

"Ich weiß, daß Sie reiten können, Komtesse. Ich sah Sie neulich, als Sie uns vor Satory begegneten. Mein Kompliment! Aber trotzdem - wetten wir, daß mein Hunter Ihren Almansor schlägt?"

Ich stellte mich, als geriete ich nun auch in Feuer.

"Auf Almansors Vater hat der Kammerherr Marfori die berühmten Engländer meines Schwagers Alba zweimal besiegt ..."

"Der Vater! Aber hier handelt es sich um den Sohn, Komtesse, den Sohn! Wetten wir? Wetten wir?"

Ich faßte meine Reitpeitsche fester.

"Gut! Wetten wir! Um was?"

Ein seltsames Licht blitzte in seinen Augen auf.

"Siegt mein Hunter, so gestatten Sie mir, Ihnen etwas zu offenbaren, ein Geheimnis, das Sie sicherlich interessieren wird ..."

"Und siegt Almansor?

"Bestimmen Sie selbst, Komtesse!"

Ich überlegte: Toulongeon ist der Vertraute Louis-Napoleons. Er wird mir also offenbaren, daß Louis-Napoleon in mich verliebt ist und daß ich mir den Dank der Nation verdienen werde, wenn ich den "Retter des Vaterlandes" erhöre.

Eine Lust wandelte mich an, mit diesen weibertollen Männern zu spielen. Lachend warf ich den Kopf zurück.

"Nun denn, wenn Almansor siegt, so gestatte ich Ihnen, mir Ihr Geheimnis trotzdem zu offenbaren! Topp, Kolonel?"

Ich hielt ihm die Hand hin, hastig schlug er ein.

"Topp, Komtesse!"

"Nur eine Bedingung habe ich!" sagte ich dann sehr ernst. "Ich will Ihnen jeden späteren Einwand vorwegnehmen. Es muß zugehen wie bei einem regelrechten Rennen, das Gewicht muß ausgeglichen werden. Sie sind schwerer als ich, wir haben jedoch nichts, um Almansor zu belasten. Also muß ich Ihnen fünfzig Längen vorgeben."

Lachend zuckte er die Achseln.

"Warum nicht? Mein Gott, ich werde Sie dann eben um mindestens einundfünfzig Längen schlagen! - Und das Ziel, Komtesse? Der Prinzpräsident? Soll der Prinzpräsident das Ziel sein?"

Auch ich lachte.

"Sehr gut, Kolonel! Schade, daß Sie keine Frau sind! Wir könnten unser Rennen dann die Jagd nach dem Mann betiteln!"

Er hatte seinen Hunter bereits in Bewegung gesetzt. Begann, die Längen zu zählen. "Eins ... zwei ... drei ... vier ..."

Ich prüfte das Terrain.

Zwei Wege kreuzten die Jagdroute. Beide mündeten in die Lichtung der Hütte ein. Den ersten, den des Prinzen, durfte ich nicht einschlagen. Unser Zusammentreffen mußte ihm ganz zufällig erscheinen. Jenseits des zweiten hatte sich die Jagd nach rechts in den Wald gezogen, ihr würde Toulongeon natürlich folgen. Nahm ich also den zweiten, so war ich dem Kolonel sofort aus den Augen.

"Fünfzig!" zählte Toulongeon.

"Achtung!" schrie ich. "Los!"

Toulongeon preschte los. Mit jenem französischen Elan, der auf kurzen Entfernungen siegt, auf weiten dagegen Roß und Reiter auspumpt, zurückfallen läßt.

Sicherlich hätte Almansor triumphiert. Aber als er sich streckte, nachziehen wollte, verhielt ich ihn, beobachtete Distanz. Bei der zweiten Kreuzung warf ich ihn herum, bog in den Waldweg ein. Gab ihm einen zärtlichen Klaps auf seinen weißen, glänzenden Hals.

Ich war wie toll, brach in ein lautes, triumphierendes Gelächter aus.

Ventre-à-terre! Über den grünen, hufschlagdämpfenden Rasen! Hoho! Hoho!

Mir voran, schneller als Almansor, lief mein Herz.

Mein Plan war, die Lichtung vor dem Prinzen zu erreichen, mich wie zufällig von ihm finden zu lassen. Aber als ich ankam, war er schon dort. Auf Almansors Schnauben wandte er sich zurück ...

Wie nur bin ich in diesem Augenblick auf den Einfall gekommen, das alte, oft von mir geübte Kunststück unserer Picadores nachzuahmen? Während der Stier dem Klepper das Horn in die Brust stößt, lassen sie sich blitzschnell vom Rücken des Pferdes in den Sand gleiten. Dasselbe tat ich. Als der Prinz sich nach mir umwandte, stieg Almansor hoch in die Luft, als wollte er sich überschlagen. Einen Schrei ausstoßend, fiel ich hinter ihm zu Boden, blieb regungslos liegen.

Der Ohnmachtstrick ist seit Evas Zeiten weltbekannt, trotzdem fallen die Männer immer wieder auf ihn herein. Jede Generation glaubt nur an die Erfahrungen, die sie selbst gemacht hat.

Auch brachte ich eine neue Nuance: den Sturz vom Pferde, den sich sonst nur Kunstreiterinnen gestatten können. Es muß sehr gefährlich ausgesehen haben.

Was ich wünschte, geschah. Der Prinz kam zu mir gestürzt, starrte mir ins Gesicht, horchte an meiner Brust, suchte mich aufzurichten. Ich stieß einen tiefen Seufzer aus, schlug die Augen auf, blickte wirr um mich. Da fiel er vor mir auf die Knie, küßte mir die Hände, das Haar, den Mund ...

Nun befreite ich mich aus seinen Armen, dankte ihm für seine Hilfe, erhob mich, wie um Almansor aufs neue zu besteigen. Aber ich war doch noch sehr schwach, bedurfte einer Erholung, Erfrischung.

Er band die Pferde hinter der verschlossenen Hütte fest, sprengte die Tür, führte mich hinein. Wir fanden einen Tisch, ein paar Stühle, ein Bett. Einen Herd mit einem schwelenden Holzfeuer. In einem Schrank Brot, Milch, etwas gebratenes Fleisch, eine Tasse, einen Teller, ein Eßbesteck. Die Hütte eines Waldwärters.

Der Prinz nahm mir Hut und Jagdmesser ab, löste mir den Gürtel. Süß war mir die Berührung. Aber als er mich wieder küssen wollte, entzog ich mich ihm. Schürte das Feuer, stellte die Milch daran, brachte Brot, Fleisch und Eßbesteck auf den Tisch.

"Ich bin nicht übermäßig prüde, mein Prinz", sagte ich ruhig, vorsichtig. "Aber ich habe geschworen, nur dem Manne Zärtlichkeiten zu gestatten, den ich liebe."

Er verschränkte seine Hände hinter dem Rücken, wie um ihre Gier zu bändigen. Sah zu, wie ich hin- und herging.

"Wen lieben Sie?" stieß er plötzlich heraus.

"Wen? Wen?"

Ich lachte ihm ins Gesicht.

"Sie sind drollig, Prinz! Wenn ich jemand liebte - glauben Sie, ich würde es Ihnen sagen?"

Wie von seinem glühenden Blicke verwirrt, schlug ich die Augen nieder, murmelte. "Aber ich liebe niemanden! Niemanden ..."

Er wandte sich ab. Jäh fuhr er dann wieder zu mir herum.

"Dann ... aber wie muß dann der Mann sein, den Sie lieben würden?"

Ich sah ihn an, wie erschreckt, wie traurig. "Warum fragen Sie? Es ist zwecklos, darüber zu sprechen."

"Zwecklos? Wenn ich Sie bitte, inständigst bitte ..."

"Ach, mein Prinz, der Mann, den ich mir erträume, muß mich lieben. Mich allein. Muß mir gehören für immer. Ein Mann muß er sein, der nur ein Wort hat. Ein Wort, an dem nicht zu drehen, zu deuteln ist. Das er zur Tat macht, koste es auch Gut, Leben, Ehre!"

Ich spielte nun nicht mehr. Meinte, was ich sagte. Sah ihm voll in die Augen.

In sein Gesicht schoß dunkle Röte. Seine Hände fuhren hervor, als wollten sie etwas packen, erwürgen.

"Hören Sie auf, Komtesse!" stieß er heiser heraus. "Ich weiß, was Sie meinen. Damals in Florenz - ich schwor, in Frankreich die Republik aufrechtzuerhalten, den falschen Demetrius zu vernichten, wenn er gegen sie konspiriere. Ich log, nicht wahr? Habe mein Wort gebrochen? Und sehe untätig zu, wie er meine Überzeugungen in den Staub tritt? Das meinen Sie. Ach, wenn Sie wüßten! Jene Papiere, die Sie bei der Hausdurchsuchung im Hôtel Hollande vor Louis-Philippes Polizisten retteten, erraten Sie, was sie enthielten? Ein Bündnis zwischen den Republikanern und mir; Leiter der Bewegung sollte ich sein, wenn ich ihnen die Bonapartisten zuführe. Am Tage vor Louis-Philippes Flucht kamen sie zu mir, erneuerten den Vertrag.

Plötzlich aber ließen sie mich fallen, verschrieben sich aus London den Helden von Straßburg und Boulogne. Warum? Hören Sie gut zu, Komtesse! Unter den von Louis-Philippe im Stich gelassenen Papieren hatten sie ein Schriftstück gefunden, in dem mein Vater seine Ansprüche den Orléans verkaufte. Für die Pairswürde und für ein Gnadengehalt, das nach seinem Tode auf mich übergehen sollte. Und neben der Unterschrift meines Vaters stand auch die meine. Verstehen Sie, Komtesse? Ich, ich hatte unterschrieben! ... Was nützten mir alle Beteuerungen meiner Schuldlosigkeit? Niemand glaubte mir."

Keuchend hielt er inne, rang nach Atem.

Entsetzt starrte ich ihn an.

"Mein Gott, Prinz, welch ein Schicksal! Und Ihr Vater tat nichts, Sie zu entlasten?"

Ein unbeschreiblich bitteres Lächeln grub sich um seinen Mund.

"O, nun es einen Vorteil zu erhaschen galt, schreckte er nicht vor dem Eingeständnis zurück! Aber gerade dieser Vorteil machte es verdächtig. Und dann - war sein ganzes Leben bis dahin nicht eine einzige große Lüge gewesen? Unterbrechen Sie mich nicht!" schrie er wild auf, da ich ihm etwas Tröstendes sagen wollte. "Ich weiß, daß er in einer verzweifelten Lage war und nie gelernt hatte, sich einzuschränken. Diese Untreue gegen mich könnte ich ihm darum auch verzeihen. Das andere aber ... Warum habe ich den falschen Demetrius nicht vernichtet? Besaß ich nicht dreiunddreißig Dokumente für die Unechtheit seiner Geburt? Zeigte ich Ihnen nicht den Brief an den Papst, in dem Ludwig von Holland selbst ihn verleugnete? Und doch habe ich nichts getan, nicht wahr? Ein Prahler bin ich, Lügner, Schwindler? So fragen Sie mich. Ah, fragen Sie lieber den alten Mann, meinen Vater, was aus meinen Beweisen geworden ist! Entwendet hat er sie mir, gestohlen! Verkauft sie nun, Stück um Stück, an meinen Feind! Ich aber - Sie haben recht, Komtesse, wenn Sie mich verachten. Ich bin ein Mann, der wohl ein Wort hat, aber keine Tat. Hätte ich sonst diesen alten Hund nicht schon längst erschlagen?"

Seine Zähne knirschten aufeinander. In seinen

Augen war ein brennendes Meer. Schrecklich schön sah er aus, wie ein Dämon der Verzweiflung.

Sein Schmerz zerriß mir das Herz. Dieses Elend - hatte auch ich es nicht einst erfahren? Ich wollte zu ihm hingehen, ihn trösten. Aber ich wagte es nicht, ich fürchtete mich vor ihm. Seinem großen Leid gegenüber fand ich nur ein einziges, nichtssagendes, gestammeltes Wort.

"Prinz ... mein armer Prinz ..."

Er lachte grell auf.

"Ein armer Prinz, ja! Und dieser Prinz wagt es, Sie zu lieben! Welcher Wahnsinn, nicht wahr!!! Welche Frechheit!"

Seine düsteren Augen bohrten sich in die meinen, als warteten sie auf eine Antwort.

Hätte er doch sanfter, bittender mit mir gesprochen! So aber wandte ich mich ab. Schwieg.

Er warf den Kopf zurück, trat an das Fenster des kleinen Raumes, starrte hinaus. Peinliche Stille herrschte.

Angst befiel mich. Sollte sich das Unheil von Florenz wiederholen? Wenn dies so weiterging, würden wir uns nie zueinander finden. Geduldiger mußte ich sein, leichtblütiger! Aber wie den zerrissenen Faden wieder anknüpfen?

Ratlos sah ich mich in dem kleinen Raum um. Dabei kam mir ein Einfall. Den Topf vom Feuer nehmend, goß ich Milch in die Tasse, stellte sie neben den Teller mit dem Brot und dem Fleisch. Dann ging ich zum Prinzen ans Fenster, berührte seinen Arm. Und als er sich umwandte, lächelte ich ihm zu, deutete auf den bereiteten Tisch, machte einen kleinen Knicks.

"Das Frühstück ist angerichtet! Wollen Euer Gnaden geruhen?"

Auch er lächelte, ging auf den Scherz ein.

"Nur wenn die schöne Dame teilnimmt!"

"Wie der schöne Herr befiehlt!"

Er bot mir den Arm. Ich nahm ihn. Und wir stolzierten miteinander zum Tisch. Dort gab es einen Zank, wer sich zuerst setzen solle. Ich entschied ihn, indem ich auf die Pflicht der Wirtin pochte, Brot und Fleisch vorzuschneiden. Nun setzte er sich. Starrte auf meine Hände, während ich ihm vorlegte. Aber als er nach ihnen haschte, um sie zu küssen, entwischte ich ihm auf die andere Seite des Tisches.

Es war reizend. Nie werde ich diese glücklichen Minuten vergessen.

Doch, ach, es war nur eine Tasse da! Abermals ein Streit um den Vorrang. Diesmal gab ich nach, trank zuerst. Dann er. An diesebe Stelle setzte er seinen Mund, die meine Lippen berührt hatten ...

Jäh aber verdüsterte sich sein Gesicht wieder. Als steige ein peinvoller Gedanke in ihm auf. Er stieß die Tasse auf den Tisch, daß die Milch überfloß. Sah mich starr an, mit durchbohrendem Blicke ...

"Sagen Sie mir, Komtesse", stieß er schneidend heraus, "wen hat Magnan Ihnen zum Jagdkavalier bestimmt?"

"Magnan?" fragte ich verwundert zurück. "Magnan hat mir niemanden bestimmt. Der Prinzpräsident selbst wollte mich in die Geheimnisse der Parforcejagd einführen!"

Er nickte.

"Er selbst! Und ist es bereits geschehen?"

Eine unselige Erinnerung schoß mir durch den Kopf. Hatte ich ihn nicht auf Louis-Napoleon eifersüchtig machen wollen? Nun war er es schon, nur nachzuschüren brauchte ich, um den Leidenschaftlichen ganz in Flammen zu setzen.

"Noch nicht, mein Prinz!" erwiderte ich wichtig, kokett. "Ich erwarte es jedoch noch für heute. Einstweilen soll Herr de Toulongeon mich ein wenig orientieren."

Wieder nickte er.

"Toulongeon? Natürlich! Und das hat er denn auch getan, nicht wahr? Er hat Ihnen gesagt, hier auf ihn zu warten, während er den Maître holt?"

Sein Ton war so seltsam, so voll beißender Ironie, daß ich unwillkürlich auf meinem Stuhl zurückwich.

"Ich verstehe nicht, Prinz!" stammelte ich. "Soll dies ein Verhör sein?"

Er ließ mich nicht aus den Augen.

Die Ellbogen auf den Tisch gestützt, das Gesicht in die auseinander gespreizten Hände gepreßt, starrte er mich mit unheimlichem Blicke an.

"Ein Verhör?" sagte er langsam, jedes Wort mit galligem Spott durchtränkend. "Dazu haben Sie mir leider noch kein Recht gegeben, Komtesse! Ich kam nur zufällig hinzu, als Zeus seinen Liebesboten instruierte. Den Namen der begehrten Nymphe allerdings erfuhr ich nicht. Aber da ich nachher jenen Eros Sie umschwärmen sah, auch die romantische Bestimmung dieser unscheinbaren Hütte von früheren Verwandlungen des Göttervaters her kenne - wundern Sie sich, daß ich hier bin? Mein Gott, Liebe ist größtenteils Neugierde. Ein Liebender sucht diese Neugierde zu stillen um jeden Preis, selbst wenn die Erkenntnis ihn aus dem erträumten Himmel stürzt." Er ließ die Hände sinken, stand auf, nahm seinen Hut. "Glücklicherweise ist der Sturz nicht immer lebensgefährlich. Wenn die Neugierde gestillt ist, wird meistens auch die Liebe still. Das ist mein Fall, Komtesse. Gestatten Sie, daß ich Ihnen für die Belehrung meinen Dank ausspreche. Leben Sie wohl!"

Mit einem schrecklichen Lächeln nickte er mir zu, wandte sich zur Tür.

Sprachlos, wie betäubt, hatte ich das Furchtbare auf mich herniederprasseln lassen. Nun schrie ich auf, jagte empor, eilte ihm nach.

"Es ist nicht wahr! Was Sie da sagen - o, das Schmachvolle, Gemeine! - es ist nicht wahr, nicht wahr! Wie können Sie wagen, mir dieses Niedrige ins Gesicht zu schleudern? Als ich herkam ..."

Sein hohnvolles Gelächter unterbrach mich.

"Sie leugnen? Natürlich leugnen Sie! Selbst die Pompadour, die Dubarry hätten ihren Weg durch den Hirschpark niemals eingestanden!"

Verständnislos starrte ich ihn an. Dann, die ungeheuerliche Beleidigung begreifend, sank ich in die Knie. Brach in Tränen aus.

Plötzlich - mit einem Sprunge war er bei mir. Seine Hände rissen mich empor, umschlangen mich, trugen mich fort. Stammelnd, bittend, drohend drang seine Stimme auf mich ein. Wilde, wahnsinnige Küsse überfluteten mich ...

Wie zerbrochen war ich. Lähmung überfiel mich ...

Mein Fuß stieß hart gegen die scharfe Kante des Bettes. Aufschreiend sah ich, wie es sich hinter mir dehnte.

O, der Kampf! Der keuchende, ekle, tierische Kampf!

Dieses zuckende, mit roten Flecken übersäte, wutverzerrte Gesicht da vor mir - war es das Gesicht des Mannes, den ich liebte?

Niemals! Niemals!

Mich der Umklammerung entwindend, durch die aufeinanderknirschenden Zähne heulend, stieß ich meine geballten Hände mit aller Wucht in dieses gemeine, gierstarrende Bestiengesicht.

Im nächsten Augenblick hatte ich einen Brand vom Herde gerissen, auf das Bett geschleudert. Eine

Flamme züngelte auf. Hut und Jagdmesser zusammenraffend entfloh ich ...

Ich war so voll Zorn, daß ich geradewegs nach Fontainebleau reiten, von dort ohne weiteres nach Paris zurückkehren wollte. Dann dachte ich an das Aufsehen, das dieser Schritt erregen würde, an den unausbleiblichen Klatsch. Am nächsten Kreuzweg warf ich Almansor herum, trieb ihn, mich nach dem Hörnerklang richtend, quer durch den Wald der sich nähernden Jagd entgegen.

Eine Viertelstunde später sah ich den verfolgten Hirsch plötzlich vor mir aus einem Dickicht brechen. Die Hunde waren ihm dicht auf den Fersen. Mich erblickend wandte er sich, machte einen wilden Satz mitten in die Meute hinein. Heulend wich sie zurück, zwei, drei der stärksten Hunde aber griffen ihn an. Mit ein paar fegenden Stößen seines stolzen Geweihs durchbohrte er sie, schleuderte sie hoch in die Luft. Dann schien er seine Flucht fortsetzen zu wollen, aber ein Zittern rann durch seinen Leib, seine Läufe knickten ein, erschöpft blieb er auf seiner Stelle. Und während aus seiner Kehle das rasselnde Geräusch seiner gehetzten Lungen emporstieg, senkte er, sich in sein Schicksal ergebend, das mächtige Haupt.

Gleich darauf erschien La Trace an der Spitze der Jagdgesellschaft, blies das "Hallali debout!" Dann sprang er vom Pferde, umschlich vorsichtig den Hirsch, durchhieb ihm mit zwei kräftigen Schlägen seines Jagdmessers die Achillessehnen der beiden Hinterläufe. Wie vom Blitz gefällt, stürzte der Hirsch nieder. Nun trat der Prinzpräsident an ihn heran, gab ihm den finalen Stich. Einen Blick vorwurfsvoller Trauer warf der König des Waldes auf seinen Henker, dann starb er.

Die Jäger sagen, daß dieser letzte Blick nur ein mechanischer Vorgang in der Körpermaschine ist, ähnlich dem Lächeln auf den Gesichtern der Gestorbenen. Dennoch hat er mich immer mit Schrecken erfüllt, dunkle Fragen in meiner Seele erweckt. Als sei es der Todesblick eines armen, gehetzten, Schöpfer und Welt anklagenden Menschen.

"Bravo! Bravo!" schrien die Jäger, Herren und Damen klatschten in die Hände. Und La Trace blies das lustige, triumphierende "Hallali couché" ...

Während der Heimkehr verstreute sich die Gesellschaft im Walde. Ich ritt allein. Plötzlich war der Prinzpräsident an meiner Seite. Toulongeon folgte in einiger Entfernung.

"Wie hat Ihnen die Jagd gefallen, Komtesse?" redete Louis-Napoleon mich an. "Ich hätte Sie gern auf einige Unterschiede zwischen den französischen und englischen Gebräuchen aufmerksam gemacht, sah mich aber vergebens nach Ihnen um. Kolonel de Toulongeon sprach mir von einem Wettritt. Ich kenne ja Ihre unvergleichliche Reitkünste, aber trotzdem - Sie dürfen mir glauben, daß ich Toulongeon nicht sehr liebenswürdig empfangen habe. Ausdrücklich hatte ich Sie seinem Schutze anvertraut, und er wagte es, so viel Schönheit und Grazie in Gefahr zu bringen! Ein pflichtvergessener Leichtsinn! Wenn Ihnen etwas zugestoßen wäre ... ach, Komtesse, wenn Sie wüßten, welche Sorgen ich mir um Sie gemacht habe!"

Er setzte seine Worte, als lese er sie aus einem Buch ab. Gekünstelt, papieren kamen sie mir vor, wie Kundgebungen eines Menschen, der gewohnt ist, von aller Welt gehört, kritisiert zu werden.

"Kaiserliche Hoheit sind sehr gütig!" erwiderte ich, und ich glaube, ich habe ihn dabei ein wenig persifliert. "Ich bedauere lebhaft, Ihnen Unruhe verursacht zu haben. Ehe wir unseren Wettritt antraten, hatte ich mir die Gegend genau eingeprägt. Nachher aber, als Herr de Toulongeon unter den Bäumen verschwunden war und sich ein Wirrwarr von Wegen vor mir auftat, merkte ich, daß die Frauenverächter recht haben, die uns jedes Orientierungsvermögen absprechen. Natürlich wählte ich falsch und hätte mich wohl nicht wieder zurechtgefunden, wenn mein musikalisches Gehör mir nicht zu Hilfe gekommen wäre." Lachend bog ich mich im Sattel zurück, sah ihn mit koketter Schelmerei an. "Werden Kaiserliche Hoheit unversöhnlich sein? Kann ich nichts tun, damit Sie mir verzeihen?"

Seine Augen gaben meinen Blick zurück. Ein feuchter, weicher Schimmer spielte in ihnen.

"Verzeihen? Sie spotten, Komtesse. Aber wenn ich

Sie um etwas bitten darf - geben Sie mir nicht diesen Titel! Wenigstens nicht, wenn wir unter uns sind! Er klingt so kalt, ich höre ihn von so vielen gleichgültigen Menschen! Ich aber - ja, ich sehne mich nach ein wenig Wärme, Komtesse! Nach ein wenig Freundschaft!" Er nickte vor sich hin, mit verschattetem Gesicht. "Es ist wahr, viele schon haben mir Freundschaft gezeigt, Persigny, Conneau und andere. Wer sagt mir aber, ob es nicht geschehen ist, weil sie ihr Glück von mir erwarteten? Wirklich liebgehabt hat mich wohl nur meine Mutter. Obwohl ich zuweilen auch an ihr gezweifelt habe, wenn sie ihre ehrgeizigen Pläne mit mir zu sehr betonte. Aber dann wieder gab es Stunden, in denen sie nur Mutter, nur Weib war. Ist es nicht so? Steckt in der Mutterliebe nicht auch etwas von der Liebe der Gattin? In jenen Stunden nannte sie mich Lou ... Lou ..."

Erstaunt hatte ich ihm zugehört. Nun wollte ich ihm mit irgendeiner Phrase antworten. Aber ich vermochte es nicht. In seinem leisen, traurigen Ton war etwas gewesen, das wie mit sanften, streichelnden Fingern zu mir herübergriff. Und ich dachte an meine Jugend im Sacré Cœur, da ich einsam gewesen war, mich nach meiner Mutter gesehnt hatte.

"Lou ...", wiederholte ich. "Lou ..."

Er fuhr zusammen, drängte sein Pferd an das meine, sah starr auf meinen Mund.

"Noch einmal, Komtesse! Bitte, sagen Sie es noch einmal!" Und da ich ihm gehorcht hatte, ergriff er behutsam meine Hand, küßte die Stelle, wo zwischen Handschuh und Ärmel der Ansatz des Armes hervortrat. "My darling!" flüsterte er zärtlich. "Oh, my sweetheart-darling!"'

Seufzend ließ er meine Hand aus der seinen, trieb sein Pferd an.

Zitterten die Schrecken jenes Überfalls in mir nach? Griff mir die liebkosende Sanftmut dieses Bonaparte im Gegensatz zu dem brutalen Herrentum des anderen ans Herz? Ich war in einer unbeschreiblichen Verwirrung, hätte am liebsten geweint ...

Schweigend ritten wir weiter. Plötzlich merkte ich, daß wir auf dem Weg waren, der zu jener Waldhütte führt. Schon schimmerte zwischen den kahlen Stämmen der Bäume hindurch das helle Grün der Lichtung.

Meine weiche Stimmung verflog, Mißtrauen ergriff mich. Alles, was der Prinz mir über diese Hütte, über Toulongeon, über Louis-Napoleon gesagt hatte, kam mir wieder in Erinnerung. Unwillkürlich griff ich nach dem Jagdmesser in meinem Gürtel, mich zu vergewissern, daß ich im Notfall über eine Waffe verfügte.

In diesem Augenblick hielt der Prinzpräsident sein Pferd an, rief Toulongeon herbei.

"Mein lieber Kolonel", sagte er in einem leichten, scherzhaften Ton, "ich muß Ihnen ein gefährlichwichtiges Staatsgeheimnis verraten: Ich habe seit dem frühen Morgen nichts zu mir genommen. Warum sorgen Sie nicht ein wenig für mich? Auch unsere schöne

Dame hier wird eine kleine Erfrischung nicht verschmähen!"

Blitzte etwas im Auge des Kolonels auf?

"Wenn Kaiserliche Hoheit und Komtesse mit einem ländlichen Stück Brot und einem Schluck Milch vorliebnehmen wollen?" sagte er, sich zeremoniös im Sattel verbeugend. "Ich glaube, mich zu entsinnen, daß hier irgendwo in der Nähe die Hütte eines Waldwärters ..."

"Gérards Hütte?" unterbrach ihn der Prinzpräsident lebhaft. "Richtig! Ich habe ja schon einmal ein wundervolles kleines Jagdfrühstück dort eingenommen! Schnell, mein lieber Toulongeon, führen Sie uns hin, wenn Sie nicht wollen, daß wir hier vor Ihren Augen den doppelten Tod des Verhungerns und Verdurstens sterben!"

Der Kolonel salutierte, ritt uns voran, der Lichtung zu. Wir folgten. Louis-Napoleon blieb hart an meiner Seite, plauderte, scherzte, lachte über das lukullische Mahl, das uns erwartete. Ich antwortete in demselben Ton. Heimlich aber setzte ich mich im Sattel zurecht, nahm meine Reitpeitsche fester in die Hand.

Sollte ich in jener Hütte die Szene von vorhin noch einmal durchkosten? Diesmal würde ich ihr kaum entrinnen.

Dennoch war ich ruhig, kalt. Sobald die Lichtung sich vor mir öffnete und freie Bahn gab, würde ich Almansor, den nie geschlagenen, mit einem Hieb meiner Reitpeitsche zur Raserei bringen, irgendwohin entfliehen.

Aber als wir unter den Bäumen hervorkamen, gab ich meinen Vorsatz auf, beobachtete mit heimlichem Lächeln die verdutzten Gesichter der beiden Verschworenen.

Wo die Hütte gestanden hatte, erhob sich jetzt ein schwelender Aschehaufen. Umlagert von einer Menge neugieriger Jagdgäste, die dem Erlöschen des Feuers zuschauten ...

In meiner Seele kniete ich vor Gott. War er es nicht, der mich so wunderbar geführt hatte? Den Geliebten ließ er mich zurückstoßen, um mich vor dem Ungeliebten zu retten.

Magnan war der erste, der den Prinzpräsidenten erblickte. Gefolgt von den anderen, kam er eilig herbei, ihm Bericht zu erstatten. Ich blieb mit Toulongeon am Waldrand, sah zu, wie drüben Jäger und Diener die Reste des neuen "Hirschparks" auseinanderwarfen. Niemals wieder wird der edle Maître von Fontainebleau dort ein "wundervolles kleines Jagdfrühstück" einnehmen.

"Und unser Wettritt, Kolonel?" fragte ich Herrn de Toulongeon nach einer Weile. "Ich habe ihn verloren, muß zahlen. Erinnern Sie sich des Preises? Ich sollte Ihnen gestatten, mir ein Geheimnis mitzuteilen, nicht wahr? Nun, ich gestatte es. Schießen Sie los!"

Er zögerte. Dann sich zu mir beugend, deutete er auf den Prinzpräsidenten, der eben mit Magnan und dem Troß der Brandstätte zuritt.

"Das Geheimnis? Sollten Sie es nicht bereits erraten haben?"

Eine unwiderstehliche Lust prickelte mich, diesen Heuchlern zu zeigen, daß ich sie durchschaute.

"Das Geheimnis der Hütte?" fragte ich spöttisch zurück. "Ach, mein armer Kolonel, darum hätten Sie Ihren Hals nicht zu riskieren brauchen. Das süße Geheimnis der Hütte war mir schon vorher bekannt!"

Er fuhr zusammen, wurde verlegen. "Komtesse mißverstehen mich. Ich meine ..."

"Das Geheimnis des Maître? Ehrlich, mein Kolonel! Ist es nicht dasselbe?"

Ich nickte ihm zu, wartete seine Antwort nicht ab. Ließ ihn stehen, wo er stand, nahm auch von "Lou" keinen Abschied, jagte lachend nach Fontainebleau zurück.

Und nun sitze ich wieder in Paris vor meinem Schreibtisch, starre in das Gold, das die aufgehende Sonne auf das Blatt vor mir malt. Und lache nicht mehr.

Was nun? Was wird nun werden?

Fort mit dir, Sonne! Ich will schlafen, vergessen. Wozu grübeln und Pläne machen, wenn alles doch ganz anders geschieht!

Zweiundzwanzigstes Kapitel

18. September.
Louis-Napoleon ist in den Südprovinzen. In seinem Auftrage war Toulongeon vorhin bei mir, mich um Überlassung meines Jagdkostüms auf ein paar Tage zu bitten. Es hat dem Maître so gefallen, daß es als Modell für die Uniform der zukünftigen kaiserlichen Hofjagd dienen soll. Nichts daran soll geändert werden, mit Ausnahme der Knöpfe, die das Wappen des Kaisers zeigen werden. Auch will der Kaiser selbst als einzige Auszeichnung vor den übrigen weiße Beinkleider und eine weiße Feder tragen.
Der "Knopf", also das Recht, diese Uniform anzulegen und ungeladen zu den kaiserlichen Jagden zu erscheinen, soll nur an eine geringe Zahl auserlesener Persönlichkeiten verliehen werden, deren Wahl sich Louis-Napoleon vorbehalten hat.

Ich war erstaunt, daß der Prinzpräsident auf einer Agitationsreise, die unter Umständen über seine ganze Zukunft entscheidet, die Zeit zu derlei Lappalien findet. Toulongeon lächelte, erzählte ein paar Anekdoten, aus denen hervorgeht, daß auch der große Napoleon sich selbst während seiner gewagtesten Schlachten mit solchen Dingen beschäftigt hat. Und dann überreichte er mit einer kleinen, fast feierlichen Rede eine Garnitur jener goldenen Knöpfe als "Zeichen der besonderen Wertschätzung" des Maître für mich. Ich bin also hinfort allerhöchst ernanntes Mitglied des privilegierten Kaiserlichen Hofjagdklubs in spe.

Als Toulongeon fort war, beglückwünschte mich die Gräfin, wollte alles mögliche von mir wissen über meine Erlebnisse in Fontainebleau, das Benehmen des Prinzpräsidenten gegen mich usw. Ich habe sie mit ein paar Redensarten abgespeist. Ihre Neugierde ist mir lästig. Auch bin ich alt genug, meine Angelegenheiten selbst zu führen, brauche keine anderen, die doch nur alles verpfuschen.

Und endlich ist mir dieser sentimentale Bonaparte zu gleichgültig. Was der andere mit brutaler Gewalt nicht erzwang, glaubt er auf weichen Katzensohlen erschleichen zu können. Mein Gott, ja, bei Licht besehen sind die Nachstellungen der Männer ebensoviel Schmeicheleien für uns Frauen. Jede möchte sich am liebsten von allen begehrt sehen, die ihr begegnen. Aber ...

Ach, wozu darüber nachdenken! Dieser Louis-Napoleon kann für mich doch nur Mittel zum Zweck sein.

27. September.

Plon-Plon hat mit der Rachel gebrochen!

Seit jenem Tage in Fontainebleau hat es wiederholt Szenen zwischen ihnen gegeben, sie soll wahnsinnig eifersüchtig sein, ihm überall nachspionieren. In der letzten Nacht hat sie ihm wieder einen Auftritt gemacht. Das Ende war, daß er sie aus seinem Zimmer warf, sie halbnackt draußen stehenließ, die Tür vor ihr verriegelte.

Pollet hat es Pepa erzählt. Er war es, der die Rachel auf dem Korridor fand, notdürftig mit Kleidern versorgte, in einem Wagen nach Haus brachte. Unterwegs hat sie sich weinend beklagt, daß der Prinz sie nicht mehr liebe, sich definitiv von ihr losgesagt habe. Dann wollte sie von Pollet wissen, ob sein Herr sich vielleicht in eine andere verliebt habe ...

Das arme Weib tut mir leid. Aber das Schicksal ihrer Vorgängerinnen hätte sie warnen sollen. Ein solcher Mann ist nur zu fesseln, wenn man ihm alles versagt.

Was sagte ich ihm in Fontainebleau?

"Der Mann, den ich mir erträume, muß mich lieben, mich allein. Muß mir angehören für immer!"

Ja, so sagte ich. Hat er mich verstanden? Ist dieser Bruch mit der Rachel sein erster Schritt auf einem offenen, geraden Wege zu mir, nachdem er die Nutzlosigkeit der krummen, versteckten erkannt hat?

Ich habe Pollet durch Pepa fünfzig Franken geschickt.

12. Oktober.

Die Reise des Prinzpräsidenten nähert sich ihrem Ende. Überall, in Marseille, Toulon, Bordeaux hat man ihn mit Enthusiasmus, mit begeisterten Kundgebungen für das Kaiserreich empfangen. Und dieselben

Leute stimmten nach seinen Streichen von Straßburg und Boulogne ein vernichtendes Spottgelächter gegen ihn an. Nun stimmen sie für ihn. Herr Thiers wird umlernen müssen. Auch in Frankreich scheint die Lächerlichkeit nicht mehr zu töten. Louis-Napoleon wenigstens hat die seinige in Reklame umgewandelt.

Auch ich komme allmählich von meinem früheren Vorurteil gegen ihn zurück. Seine Rede in Bordeaux war wirklich ausgezeichnet. Feste, klare, scharf umrissene Sätze.

"Sobald in Frankreich Friede herrscht, ist Europa ruhig!" Und: "Das Kaiserreich - das ist der Friede!"

Als ich dies las, mußte ich wieder an Herrn Thiers denken. Wenn Louis-Napoleon das Wort von Bordeaux wahr macht, was wird dann aus jener Politik der Wiedergewinnung der Rheingrenze? Das Volk träumt nicht mehr von Wiedervergeltung und kriegerischen Abenteuern. Selbst die Gegner des neuen Mannes jubeln seinem Friedensprogramm zu.

Nächsten Sonnabend kommt er nach Paris zurück. Man plant einen feierlichen Empfang. Der Staatsrat bereitet einen Senatsbeschluß vor, der Senat wird ihn annehmen und dem Prinzpräsidenten unterbreiten, dieser wird eine allgemeine Volksabstimmung anordnen.

Das alles ist natürlich nur äußere Form. Das Kaiserreich ist fertig.

Einzug des Prinzpräsidenten Louis-Napoleon in Paris nach seiner Reise durch die südfranzösischen Departements, 16. Oktober 1852

Nach einer zeitgenössischen Darstellung

15. Oktober.
Plon-Plon hat Pollet beauftragt auszukundschaften, ob und mit wem ich Liaisons unterhalte. Warum fragt er mich nicht direkt? Glaubt er, ich lüge? Dieses Mißtrauen ist beleidigend.

Ich habe durch Pepa antworten lassen, daß ich an niemanden gefesselt bin, aber viel umworben werde. Und um seine Eifersucht zu schüren, habe ich ein Dutzend Namen genannt. Das ist keine Übertreibung. Seit Fontainebleau sind zu meinen alten orléanistischen Verehrern ungezählte bonapartistische hinzugetreten. Ich ermuntere diese Leute nicht, stoße sie aber auch nicht zurück. Wer in Paris beachtet werden will, muß sich ein Relief zu geben wissen.

Die schönste, geistvollste, edelste Frau wird übersehen, wenn sie nicht im Verdacht geheimer Liebschaften steht. Darum ...

Nun ja, Plon-Plons Mißtrauen ist begreiflich. Der Arme hat wohl noch niemals eine reine Frau kennengelernt.

16. Oktober.
Bei dem herrlichen Wetter bin ich mit der Gräfin und Mérimée zum Orléans-Bahnhof gefahren, auf dem der Prinzpräsident um zwei Uhr ankommen sollte.

Eine unermeßliche Menschenmenge bedeckte die Boulevards. Die Nationalgarde, die Armee, Arbeiterkorporationen, Vereine mit ihren Fahnen bildeten Spalier.

Zahllose Triumphbogen waren errichtet. Alle trugen in Riesenlettern die Inschrift: "Louis-Napoleon, dem Kaiser!" Straßenhändler überfluteten das Volk mit Medaillons des "Kaisers Napoleon III.", fanden überall reißenden Absatz. Bauern, Bürger, Deputationen aus allen Provinzen waren herangeströmt, die Zahl der Fremden enorm.

Auf dem Bahnhof wurde der Prinzpräsident von den Senatoren, den Deputierten, Staatsräten, Diplomaten, Mitgliedern der Justizhöfe feierlich empfangen. Alle jubelten ihm zu, schrien unaufhörlich "Vive l'empereur!" Die Kanonen donnerten, alle Glocken von ganz Paris läuteten. Niemals, glaube ich, hat ein Fürst einen ähnlich begeisterten Empfang gehabt.

Dank der Passierkarte, die Toulongeon mir im Namen des Prinzpräsidenten zugestellt hatte, habe ich alles gesehen. Kurz vor den Tuilerien ritt Louis-Napoleon mit großem Gefolge an uns vorüber. Mit seinem tadellosen Sitz im Sattel repräsentierte er sehr gut. Wir erhoben uns im Wagen, winkten mit unseren Taschentüchern, stimmten in das betäubende "Vive l'empereur!" des Volkes ein. Er grüßte, seinen Generalshut schwingend.

Lächelte er mir zu? Wem hätte er in dieser Stunde nicht zugelächelt?

Meine Augen suchten in der glänzenden Suite einen anderen. Er war nicht da. Mérimée sagte mir nachher, die "kaiserliche Familie" empfange nach dem Programm den neuen Herrn Frankreichs im großen Prunksaal der Tuilerien.

Ein größerer Augenblick kann keinem Menschen beschieden sein als dieser, den der "Märtyrer von Ham" heute durchlebt hat. In ihm hat Hortense Beauharnais über Frankreich triumphiert. Ob der Sohn an das "Lou" seiner Mutter gedacht hat?

23. Oktober.
Gestern waren wir im "Théâtre français". Es wurde "Cinna" gegeben. Der Prinzpräsident wohnte in der großen Staatsloge der Vorstellung bei.

Als er eintrat, erhob sich das ganze Haus, brachte ihm begeisterte Ovationen. Während man noch klatschte und "Vive l'empereur!" schrie, erschien in der Nebenloge Miß Howard, trat an die Brüstung, nickte dem Gefeierten mit einem vertrauten Lächeln bedeutungsvoll zu. Plötzlich schwieg alles. Eine lautlose Stille herrschte. Dann ging ein dumpfes Geräusch, einem Murren ähnlich, durch das Haus.

Louis-Napoleon verdankt sein Emporkommen zum größten Teil dem Geld seiner Mätresse. Ohne ihre Millionen hätte er niemals den Kampf gegen seine Feinde auch nur beginnen können. Und ihm jubelt alle Welt zu, während sie für seine Helferin nur Verachtung hat. So sind die Menschen.

Miß Howard richtete sich hoch auf, warf einen geringschätzigen Blick durch den Saal, wartete, bis die

Opposition verstummt war. Dann setzte sie sich herausfordernd unmittelbar an die Brüstung ihrer Loge, zeigte das Feuer ihrer Diamanten, mit denen sie buchstäblich bedeckt war. Sie soll aus den untersten Schichten der Londoner Bevölkerung hervorgegangen sein, ist aber ohne Zweifel sehr schön und hat in ihrer Haltung sogar etwas Siegerhaftes, fast Königliches. Englisches Blut.

Man sagt, Louis-Napoleon habe ihr die Ehe versprochen. Das würde ihr selbstbewußtes Auftreten erklären. An ihrer Stelle würde ich mich jedoch ein wenig zurückhaltender, politischer benehmen. Allerdings ist es mir unmöglich, mich an ihre Stelle zu denken. Ich wäre niemals die Mätresse eines Mannes geworden, auch nicht des Höchstgestellten.

Als sie sich setzte, erschien hinter ihr die Gestalt eines kleinen, bartlosen Herrn mit verschlagenem Gesicht. Er nahm neben ihr Platz, unterhielt sich in den Pausen der Vorstellung mit ihr aufs lebhafteste. Mocquard, ehemals Advokat und Redakteur des bonapartistischen "Journal de Commerce", später Teilnehmer am Staatsstreich, nun vertrauter Sekretär des Prinzpräsidenten. Louis-Napoleon muß also mit dem öffentlichen Erscheinen seiner Mätresse einverstanden gewesen sein. Will er das Publikum vielleicht an den Anblick seiner künftigen Kaiserin gewöhnen?

Die Gräfin glaubt nicht, daß er dieser "Kopflosigkeit" fähig ist. Sie will von ihren englischen Freunden erfahren haben, daß er sich durch den französischen Botschafter in London, den Grafen Walewski, um die Hand der Prinzessin Adelaïde von Hohenlohe bewirbt, einer Nichte des Prinzgemahls Albert von England. Auch sollen von Herrn Delacour, dem Wiener Gesandten Frankreichs, Verhandlungen wegen einer Heirat mit der Prinzessin Wasa eingeleitet sein. Wer aber vermag aus allen diesen Gerüchten auf die Wahrheit zu schließen? Louis-Napoleon ist nicht der Mann, seine Pläne voreilig zu verraten, und sein lächelndes Gesicht ist undurchdringlich.

"Cinna" wurde ausgezeichnet von Beauvalet gespielt, "Emilia" ganz wundervoll von der Rachel. Als Rivalin ist sie mir verhaßt, aber das hindert nicht, daß ich die Künstlerin in ihr anbete.

Nach der Tragödie rezitierte sie eine Huldigung in Versen für Louis-Napoleon, die der Direktor des Theaters, Arsène Houssaye, gedichtet hat. Es fiel auf, daß sie sich dabei zwar nach der Loge des Prinzpräsidenten wandte, diesen aber nicht ansah, sondern ihren Blick starr in eine kleine, halbdunkle Bühnenloge richtete, die der unsrigen gegenüberlag. Bitten, Drohen, Beschwören, Flehen, alle Stufen der Leidenschaft spiegelten sich in diesem Blick.

Aus dem Parkett, den Rängen suchten viele den Gegenstand dieser stummen Huldigung zu erspähen, aber der Einblick in die Bühnenloge war nach dieser Seite durch den halb zugezogenen Vorhang versperrt.

Ich aber konnte von meinem Platze aus hineinsehen. Im Hintergrund stand der Prinz.

Er beachtete die Rachel nicht. Hielt sein Glas auf mich gerichtet. Ließ es sinken, als er meinem Auge begegnete. Verneigte sich tief, mit blassem Gesicht.

Dann, wie um mir zu zeigen, daß er nur meinetwegen gekommen, ging er.

Donnerstag, 5. November.
Der Senat hat sich gestern versammelt und die Botschaft des Prinzpräsidenten über die Wiederherstellung des Kaiserreichs mit begeisterter Zustimmung aufgenommen. Dann hat man zehn Kommissionen zur Beratung der Einzelheiten, des Plebiszits, der Thronfolge usw. gewählt.

Mérimée sagt, in neun von diesen Kommissionen sei man entschlossen, Jérôme und seine Nachkommen von der Anwartschaft auf den Thron auszuschließen. Daß der schreckliche alte Libertin beseitigt werden soll, begreife ich. Aber sein Sohn - was hat er verbrochen, daß man ihn für die Sünden seines Vaters büßen lassen will?

Ich kann es nicht glauben. Alles in mir empört sich gegen diese Ungerechtigkeit. Sobald er mir begegnet, werde ich vor aller Welt zu ihm treten, ihm die Hand drücken.

Sonntag, 7. November.
Die Vorsitzenden der Senatskommissionen sind in St.-Cloud gewesen, haben dem Prinzpräsidenten ihre Ergebenheit bezeugt, zugleich aber auch die Antipathie des Landes gegen eine Erbfolge Jérômes und des Prinzen betont.

Es ist also wahr!

Kardinal Donnet, Erzbischof von Bordeaux, war Sprecher. Er soll unglaubliche Dinge gegen beide vorgebracht haben. Und als er einmal fortzufahren zögerte, weil er zu verletzen fürchtete, hat Louis-Napoleon ihn im Gegenteil noch ermuntert.

"Sagen Sie alles, Eminenz, alles! Ich wünsche, unter allen Umständen die Wahrheit zu hören."

Wahrheit! Der Sohn des Admirals Verhuel wünscht Wahrheit!

Aber wenn diese Wahrheit in seine Pläne paßt? Ich sehe sein maskenhaftes Gesicht, seine unergründbaren, toten Augen ...

Montag.
Jérôme hat seine Stellung als Präsident des Senats niedergelegt. Aus allen seinen Ämtern will er sich zurückziehen. "Um", wie er sagt, "als Bettler auf dem Grabe des Kaisers zu sterben!"

Phrase! Warum wehrt er sich nicht? Hat er nicht eine furchtbare Waffe? Jene Beweise seines Sohnes für Louis-Napoleons unechte Geburt?

Aber vielleicht hat er sie bereits verkauft wie er alles verkauft. Vielleicht bedeuten seine Rücktrittsdrohungen auch nur, daß er Geld haben will.

Freitag, 19. November.
Von unbekannter Seite erhalte ich durch die Post die letzte Nummer der "Indépendance Belge". Ein Artikel ist rot angestrichen: Die Veröffentlichung jenes Briefes Ludwigs von Holland an Papst Pius VIII.!

Das ist die Kriegserklärung. Und übermorgen beginnt das Plebiszit ...

Sonnabend, 20. November.
Granier de Cassagnac ist gestern als Chefredakteur in den "Pays" eingetreten. Er veröffentlicht heute an der Spitze des Blattes das Testament Ludwigs von Holland.

"Alle meine übrigen Güter", heißt es am Schluß, "mein Palais in Florenz, meine Besitzung in Civita-Nova usw. usw., meine bewegliche und unbewegliche Habe, mein Aktienvermögen, meine Forderungen, kurz, alles, was bei meinem Tode meinen Nachlaß bildet, mit Ausnahme der obengenannten Legate, vermache ich meinem Universalerben Napoleon-Louis, dem einzigen Sohne, der mir geblieben ist. Demselben Sohne und Erben hinterlasse ich, als Zeichen meiner Liebe, den Dunkerque, der in meiner Bibliothek steht, mit allen meinen Auszeichnungen und Andenken, die er enthält. Als ganz besonderes Zeugnis meiner väterlichen Zuneigung aber überantworte ich ihm zu seinem ausschließlichen Eigentum alle die Gegenstände, die einst meinem Bruder, dem Kaiser Napoleon, angehört haben und die ich aus St. Helena erhalten habe. Sie befinden sich in einen besonders zu diesem Zweck angefertigten Schranke.

Geschehen zu Florenz, am 1. Dezember 1845.
Ludwig Bonaparte, Graf von St.-Leu.

Ich wußte schon, daß Ludwig von Holland den dritten Sohn Hortenses nicht enterbt hat. Dies Testament aber war mehr als eine schweigende Duldung. Eine öffentliche, feierliche Anerkennung im Angesicht des Todes!

Aber jener Brief an den Papst? Wer hat den Sterbenden von seinem Unrecht gegen den Sohn überzeugt? Wer dem Gelähmten die Hand geführt?

Die Gräfin triumphiert, daß sie damals in Florenz recht gehabt hat. Ich weiß nicht, was ich denken soll. Der Artikel der "Indépendance Belge" ist jedenfalls widerlegt. Wenn die übrigen Beweise des Prinzen nicht besser sind ...

Mittwoch, 24. November.

Es ist zwei Uhr morgens, ich komme von einer großen Soirée bei Prinzessin Mathilde zur Einweihung ihres neuen Hotels, Rue de Courcelles 24, das sie von Maria Christina gekauft hat.

Alle ihre Freunde und Freundinnen waren da. Von

ihrer Familie Plon-Plon und Louis-Napoleon. Jérôme fehlte. Die Rachel sprach vor Tisch ein reizendes Gedicht Mérimées zur "Weihe des Hauses".

Plon-Plon, Louis-Napoleon, die Rachel, ich - lauter feindliche Gegensätze! Aber diese Franzosen besitzen ein außerordentliches Taktgefühl. Niemand hätte von feindlichen Rivalitäten etwas wahrgenommen.

Übrigens scheint die Rachel die wahre Ursache ihres Bruchs mit Plon-Plon noch immer nicht zu kennen. Sie plauderte lange und ganz unbefangen mit mir, bewunderte meine "klassische" Schönheit voll Enthusiasmus. Ein Beweis, daß ich mein Geheimnis gut gewahrt habe.

Nach Tisch hatte ich einen kleinen Hof von Kurmachern. Graf Morny, Horace de Viel-Castel, Fleury, Magnan, Edgar Ney, Nieuwerkerke. Man erdrückte mich mit Schmeicheleien. Nieuwerkerke entdeckte die "wunderbare Linie" meines "Schwanenhalses" und mein "edles, hellenisches Profil", bat mich, ihm ein paar Sitzungen für eine Porträtbüste zu gewähren. "Aus Liebe zur Kunst." Ich habe zugesagt, aus Neugierde, ob etwas Annehmbares dabei herauskommt. Bis jetzt ist es noch keinem gelungen, ein wirklich ähnliches Bild von mir herzustellen. Die Künstler behaupten, ich habe in meinen Augen etwas Undefinierbares, das sich mit Menschenwerkzeugen nicht wiedergeben lasse. Um so besser!

Plon-Plon ging ein paarmal an unserer Gruppe vorüber, sah mich an, als ob er mich ansprechen wolle.

Aber ich tat, als bemerke ich ihn nicht. Einen so gewaltsamen Menschen wie ihn kann man nur durch kaltblütige Reserve bändigen.

Nachher kam Louis-Napoleon zu uns. Er war in heiterster Laune, überhäufte mich mit Liebenswürdigkeiten. Aber die anderen schienen ihn zu genieren. Plötzlich sagte er, er habe von Mérimée gehört, daß ich rauche. Lachend bot er mir den Arm, führte mich in einen großen, zum Wintergarten umgewandelten Marmorsaal, ließ Kaffee und Zigaretten bringen, zog sich mit mir in einen lauschigen Palmenwinkel zurück. Wir plauderten über eine Stunde miteinander. Überall umher hatten sich kleine Gruppen gebildet, uns aber störte niemand. Wie durch hohe Mauern von der Welt getrennt, saßen wir allein.

Nur einmal machte Plon-Plon den Versuch, sich zu uns zu gesellen. Gleich darauf aber kam Graf Morny, flüsterte ihm ein paar Worte zu. Widerwillig, mit finsterem Gesicht, mir einen seltsamen Blick zuwerfend, erhob sich der Prinz, verließ mit dem Grafen den Saal.

Louis-Napoleon plauderte ruhig weiter, aber in seinen Mienen glaubte ich etwas Angestrengtes, Mühsames zu bemerken, als schweiften seine Gedanken in der Ferne.

Später kehrte Morny zurück, blieb wie wartend in unserer Nähe stehen. Fragend blickte der Prinzpräsident zu ihm auf.

"Nun, lieber Graf?"

Morny lächelte mit leichtem Spott. "Ja, Sire!"

Louis-Napoleon nickte. Auch er lächelte. Und mit diesem dunklen Lächeln wandte er sich zu mir, sah mir gerade in die Augen.

"Sie ahnen wohl nicht, Komtesse, daß Sie soeben einen sogenannten historischen Moment erlebt haben? Und doch ist es so. Mein Vetter hat - einen günstigen Ausfall des Plebiszits vorausgesetzt - seine Ernennung zum Kaiserlichen Prinzen mit dem Recht der Thronfolge angenommen. Wenn Sie ihn nachher sehen, Komtesse, so vergessen Sie nicht, ihm Glück zu wünschen!"

Erstaunt wollte ich etwas erwidern. Aber Morny kam mir zuvor.

"Um Verzeihung, Sire! Komtesse de Montijo wird dazu heute kaum noch Gelegenheit haben. Seine Kaiserliche Hoheit sind bereits fortgegangen."

"Allein?"

Morny beugte sich ein wenig zu ihm nieder, dämpfte seine Stimme.

"Allein? Ich glaube nicht, Sire. Ich glaube, mit der Rachel!"

Mir war's, als habe ich einen Schlag empfangen. Dennoch lachte ich hell auf, wie belustigt.

"Mit der Rachel? Ach, das ist zu reizend! Die Dichter haben recht: On revient toujours ..."

Nun bin ich mit mir allein. Wundere mich über mich selbst. Woher ich die Kraft genommen habe, mich aufrechtzuerhalten, heiter zu erscheinen. Während alles um mich her wie in einem Nebel durcheinanderwogte.

Nachher, als man im Musiksaal einen kleinen Hausball improvisierte, hab' ich, wenn ich mich recht erinnere, mit dem "schönen" Fleury sogar einen Bolero getanzt ...

Freitag, 26. November.

Ich habe Pepa zu Pollet geschickt. Ich muß wissen, was vorgegangen ist.

Louis-Napoleon hat mir einen Strauß prachtvoller Rosen gesandt und mir dann einen Besuch gemacht. Ich war natürlich sehr kokett zu ihm, er betete mich an. Als Nieuwerkerke kam, um unsere erste Sitzung abzuhalten, war er noch da. Aber ehe ich mich für die Büste dekolletierte, jagte ich ihn fort, obwohl ich merkte, daß er hauptsächlich deswegen gekommen war. Die feinste Koketterie besteht in einer gewissen natürlichen Prüderie. Rätsel, die sich leicht lösen lassen, interessieren niemanden.

Ehe Louis-Napoleon ging, nahm er der Gräfin und mir das Versprechen ab, an den Dezemberjagden in Compiègne teilzunehmen. Sie sollen bestimmt stattfinden - vorausgesetzt, daß das Plebiszit günstig ausfällt.

Nous verrons.

27. November.

Pollet hat Pepa ein langes und breites von Verhandlungen zwischen Plon-Plon und Louis-Napoleon über die Thronfolge erzählt. Aber da sie brieflich geführt worden sind und der Prinz mit niemandem darüber gesprochen hat, kann Pollet keine Auskunft geben. Er weiß nur, daß die Rachel wieder in Gnaden aufgenommen ist.

Ich habe Pepa abermals hingeschickt, Pollet tausend Franken für sichere Nachrichten bieten lassen. Er hat geantwortet, er werde das mögliche tun. Nur müsse ich ihm Zeit lassen.

Wird es diesen tausend gehen wie den hunderttausend Louis-Philippes?

Mittwoch, 1. Dezember.

Der Gesetzgebende Körper veröffentlicht in einer feierlichen Kundgebung das Resultat des Plebiszits vom 21. und 22. November: 7 824 189 Stimmen für das Kaiserreich, 253 145 dagegen, 63 326 ungültig.

"Das französische Volk fordert die Wiederherstellung der Kaiserwürde in der Person Louis Bonapartes, mit Erblichkeit in direkter Linie durch legitime Geburt oder Adoption. Es verleiht ihm das Recht, die Thronfolge innerhalb der Familie Bonaparte selbständig zu ordnen, wie dies auch in dem Senatsbeschluß vom 7. November 1852 gewünscht worden ist.

Geschehen im Palais des Gesetzgebenden Körpers, in öffentlicher Sitzung, am 1. Dezember 1852."

Der Held von Straßburg und Boulogne ist unumschränkter Kaiser der Franzosen!

Ganz Paris, ganz Frankreich schreit: "Vive l'empereur!"

Soll auch ich einstimmen? Ach, mein armer Prinz!

Donnerstag, 2. Dezember.
Fleury, mein Bolero-Tänzer, brachte gestern eine Einladung zu dem großen Empfang heute abend im Schloß. Außerdem Blanko-Einladungen zu allen offiziellen Festen. Wir brauchen nur unsere Namen hineinzusetzen. Der Kaiserliche Jagdklub hat seine Uniform nach meinem Kostüm erhalten. Alles drängt sich nach der Verleihung der Mitgliedschaft; überhaupt, sagt Fleury, hat sich ganz Paris in eine einzige, gierige Meute von Amtsjägern verwandelt. Die Jagd nach dem Glück, das sich Louis-Napoleon nennt.

Am 2. Dezember 1804 wurde Napoleon I. zum Kaiser gekrönt, am 2. Dezember 1805 gewann er die Schlacht von Austerlitz. Am 2. Dezember 1851 gewann der neue Napoleon den Staatsstreich, heute, am 2. Dezember 1852 zieht er als Kaiser in Paris ein.

Alles nur Zufall? Von den Invaliden her erdröhnt der erste Kanonenschuß. Der Kaiser kommt ...

Freitag, 3. Dezember.
Gestern abend im Schlosse großer Empfang, großes Diner usw. Der Kaiser führte seine Kusine, die Prin-

zessin Mathilde, zu Tisch. Hinter unseren Gedecken stehend, warteten wir, daß er sich setze. Einen Augenblick herrschte tiefes Schweigen.

"Meine liebe Mathilde", sagte Louis-Napoleon plötzlich mit erhobener Stimme, "Sie sind unter den Damen hier die Erste. Und ich hoffe, Sie stets an meiner Rechten zu finden, bis - nun ja, bis ich mich verheirate!"

Er warf einen lächelnden Blick ringsum, nötigte die Prinzessin, Platz zu nehmen, setzte sich neben sie.

Während des ganzen Abends war überall nur von diesem Wort die Rede. Bedeutet es eine Antwort auf den Wunsch des Senats, die Linie Jérôme von der Thronfolge auszuschließen? Wenn der Kaiser heiratet, einen Sohn erhält, ist dieser Wunsch von selbst erfüllt.

"Aber ich bitte Sie, verehrte Baronin", soll Jérôme nachher verdrießlich zu der Baronin de Talleyrand gesagt haben, "was wollen Sie denn? Sie sprechen mir immer von der Notwendigkeit, den Bestand der Dynastie zu sichern. Sehen Sie denn nicht, daß eine Heirat des Kaisers den Rechten meines Sohnes schaden würde?"

Auch diese Äußerung, von der Talleyrand eifrig verbreitet, hat Sensation erregt. Niemand hatte etwas von den geheimen Verhandlungen zwischen den feindlichen Vettern gewußt, alle Welt hatte angenommen, daß der Prinz endgültig beseitigt sei. Und nun sprach Jérôme von "Rechten"...

Auf der anderen Seite wiederum erzählte mir

Horace de Viel-Castel, mein Tischherr, von einem Ausspruch der Howard gestern während des Einzugs.

"Louis-Napoleon heiraten? Mein Gott, ich bin nicht eifersüchtig, drücke über seine kleinen Seitensprünge die Augen zu. Ich weiß ja, daß kein Weib ihn länger als eine Nacht fesseln kann, daß er immer zu mir zurückkehrt. Mehr aber werde ich ihm nicht gestatten. Und ohne meine Zustimmung wird er niemals wagen, sich durch eine Heirat zu binden!"

Was meint sie damit? Womit kann sie ihn hindern? Überhaupt - was bedeutet dies alles? Was geht vor? Warum läßt Pollet nichts von sich hören?

Wenn diese Ungewißheit noch länger dauert, werde ich ersticken.

Sonntag, 5. Dezember. Abends 7 Uhr. Pepa war gestern mit Pollet zusammen an ihrem gewöhnlichen Rendezvousplatz, einer Handwerkerkneipe nahe bei der Wohnung des Prinzen. Pollet hat den Ort entdeckt, wo der Prinz seine Korrespondenz aufbewahrt, und die Briefe gefunden, die dieser in letzter Zeit mit seinem Vetter gewechselt hat. Aber seit der Affäre mit den Dokumenten über Louis-Napoleons Geburt ist der Prinz mißtrauisch geworden.
Pollet wagt es nicht, die Briefe für längere Zeit aus der Hand zu geben. Er will nachts, wenn sein Herr schläft, in jener Kneipe mit mir zusammentreffen, damit ich die Briefe dort lese und ihm gleich zurückgeben kann.

Natürlich werde ich hingehen. Pepa ist fort, Pollet für diese Nacht 2 Uhr zu bestellen. Endlich werde ich alles wissen!

11 Uhr.

Eben ist die Gräfin von mir gegangen. Sie beklagte mein "seltsames, scheues Wesen". Fragte, ob ich etwas zu verbergen habe.

Mérimée hat sie auf Gerüchte aufmerksam gemacht, die in der Gesellschaft umlaufen. Ich soll in Fontainebleau mit dem Kaiser heimlich in der Hütte eines Waldwärters zusammengetroffen sein, die dabei durch unsere Unachtsamkeit in Brand geraten ist ...

Und dann fragte sie mich bekümmert, ob der Klatsch von Zarzuela, der meinen Ruf in Spanien ruinierte, sich hier wiederholen solle.

Sie weiß doch am besten, wo dort die Schuld lag. Aber so sind die Menschen. Ihr Gedächtnis oder ihr Wille ist so schwach, daß sie heute als schlecht und gemein verdammen, was sie gestern als gut und tadellos anerkannt haben.

Ich habe es für unter meiner Würde gehalten, ihr zu antworten. Atmete auf, als sie ging. Pepa muß gleich kommen, mich abzuholen.

Ich will meinen Dolch mitnehmen. Wenn der Prinz im Einverständnis mit Pollet wäre, das Attentat von Fontainebleau wiederholte ...

Freitag, 10. Dezember. Morgens.
Ich war krank, habe die letzten vier Tage im Bett zugebracht. Ich wollte schreiben, aber meine Hände zitterten fortwährend. Ich war nicht imstande, die Feder festzuhalten.

In der Nacht vom Sonntag zum Montag war ich mit Pollet zusammen. Ich weiß nun alles. Jérôme hat den Brief Ludwigs von Holland an den Papst in die "Indépendance Belge" lanciert, um den Kaiser zu zwingen, dem Wunsche des Senats zuwider Jérômes Erbfolgerecht anzuerkennen. Der Kaiser hat sich hierzu verpflichtet und außerdem bereit erklärt, für die Herausgabe jedes einzelnen Dokuments je fünfhunderttausend Franken zu zahlen und zwar im Laufe der nächsten fünf Jahre. Da Jérôme dreiunddreißig Dokumente besitzt, so hat er an dem Geschäft 16½ Millionen verdient. Die Verhandlungen sind im Auftrage des Kaisers von Morny geführt worden, in so vorsichtiger Form, daß selbst bei einer Entdeckung des Briefwechsels alles abgeleugnet werden kann.

Alles schien bereits erledigt, als eine neue Schwierigkeit auftauchte. Prinz Plon-Plon richtete an den Kaiser als den Chef der Familie, ohne dessen Genehmigung keine Personalveränderungen vorgenommen werden dürfen, das Gesuch, sich um die Hand der Komtesse Eugenie de Montijo bewerben zu dürfen!

Der Kaiser hat Jérôme benachrichtigt, in einem gemeinsamen Schreiben haben beide das Gesuch abgeschlagen, den Prinzen vor die Wahl gestellt, entweder auf die Heirat oder auf alle Rechte seiner Geburt zu verzichten.

Und da der Prinz sich noch nicht gefügig zeigte, haben sie ihm eine Bedenkzeit von drei Tagen gegeben. Nach Ablauf dieser Frist werde sein Ausschluß von der Thronfolge im "Moniteur" veröffentlicht werden.

Zu dem Schreiben hat Louis-Napoleon mit eigener Hand einen Zusatz gemacht.

"Eine Komtesse de Montijo kann man wohl lieben, aber man heiratet sie nicht!"

Ich kann nicht weiter ...

Später.
Mir fällt ein, mit welcher Unruhe der Prinz auf jenem Einweihungsfeste bei Prinzessin Mathilde um mich herumging. Damals hielt ich's für Eifersucht, tat alles, um sie zu schüren. Es war aber der letzte Tag der Bedenkzeit, und er wollte wohl mit mir sprechen. Als es ihm nicht gelang und Morny ihn bedrängte, hat er sich in einem seiner gewohnten Wutanfälle gegen mich entschieden. Ist mit der Rachel fortgegangen, mir seine Verachtung zu beweisen.

Dieser Mensch ist ... Nein, ich will ihm nicht fluchen! Er ist ein Schwächling, mit dem ich Mitleid haben muß.

Aber der andere ...

Ah, ich sehe ihn vor mir, wie er zu dem zurückkehrenden Morny aufblickte ... "Nun, lieber Graf?"

Wie Morny spöttisch lächelte ...

"Ja, Sire!"

Wie jener nickte, mir in die Augen sah, von dem "historischen Augenblick" sprach, die Ernennung des Prinzen zum Thronfolger ankündigte ...

"Wenn Sie ihn nachher sehen, Komtesse, so vergessen Sie nicht, ihm Glück zu wünschen ..."

Ich will nicht weinen! Ich will nicht weinen!

Mittags.

Toulongeon war hier, an die Einladung nach Compiègne zu erinnern. Der Hof übersiedelt schon morgen. Der Kaiser erwartet uns bestimmt, wünscht, daß wir uns auf mindestens vierzehn Tage einrichten.

Wir haben zugesagt, werden uns dem Hof anschließen.

Die Zeit der Illusionen ist vorbei. Ich bin still und kalt.

Eine Komtesse de Montijo kann man wohl lieben, aber man heiratet sie nicht!

Ein Kaiserwort, Sire? Ohne Drehen und Deuteln?

Dreiundzwanzigstes Kapitel

Compiègne, Sonntag, 12. Dezember. Seit gestern abend sind wir hier. Der Kaiser war vorausgefahren, empfing uns sehr liebenswürdig. Er bewohnt die Zimmer, die einst Napoleon I. innehatte. Nicht weit von ihnen entfernt, an demselben Korridor liegen die unsrigen. Zwei Schlafzimmer, das eine für die Gräfin, das andere für mich, durch einen großen Salon voneinander getrennt. Neben mir schläft Pepa in einem kleineren Raum, der an die Schloßkapelle stößt. Ohne über den Korridor zu gehen, kann sie direkt in mein Zimmer gelangen. Sie sollte in den Gesindezimmern untergebracht werden, ich habe aber gewünscht, sie in meiner Nähe zu haben. Seit Wochen schlafe ich sehr schlecht, habe schreckliche Träume, wache oft mitten in der Nacht von meinem eigenen Schreien auf. Pepa versteht es, mein Angstgefühl zu beruhigen, mich wieder einzuschläfern. Auch fürchte ich mich seit dem Erlebnis in Fontainebleau vor dem Alleinsein. Pepa stirbt lieber, ehe sie jemand gegen meinen Willen zu mir läßt.

Heute morgen wohnten wir der Messe in der Schloßkapelle bei. Wir saßen auf derselben Empore wie der Kaiser. Bei den Hofschranzen scheint dies Aufsehen erregt zu haben.

Die Glasmalerei in dem großen Kirchenfenster über dem Altar zeigt eine Frau in violettem Kleide, die ein

Buch mit der Inschrift "Ama!" in der einen Hand hält, während sie mit der anderen einen kreuztragenden, zum Himmel aufblickenden Jüngling leitet. Nach der Messe fragte mich der Kaiser, ob ich das Bild bemerkt habe. Und da ich bejahte, sah er mir flirtend in die Augen.

"Und was sagen Sie zu der Inschrift? Sie wissen doch, was 'Ama!' bedeutet? Es ist der Imperativ, heißt: 'Liebe!'."

Was sollte ich erwidern? Ich schlug die Augen nieder, heuchelte Verwirrung, Erröten. Er lächelte, schien mit der Antwort zufrieden.

Abends nach dem Souper tanzten wir nach einem mechanischen Klavier. Als galanter Wirt machte er mit jeder Dame eine Tour. Mit mir drei. Madame Fortoul, die Frau des Ministers, scheint mir dies übelgenommen zu haben. Jedesmal, wenn sie mir begegnete, zog sie die Unterlippe herab.

Während ich mit Fleury tanzte, glitt ich auf dem Parkett aus, sank in die Knie. Sofort ließ der Kaiser seine Tänzerin los und kam zu mir gestürzt. Sein Gesicht war noch blasser als sonst, in seinen Augen war ehrlicher Schreck.

Ist sein Spiel mit mir mehr als ein leichter Flirt?

Montag, 13. Dezember.
Parforcejagd. Alle trugen zum erstenmal die Uniform des Kaiserlichen Jagdklubs. Niemand aber ahnt, daß sie

nach meinem Kostüm gearbeitet ist. Der Kaiser machte mich mit einem Augenzwinkern darauf aufmerksam. Es scheint ihm Vergnügen zu bereiten, ein kleines Geheimnis mit mir zu teilen.

Während der Jagd ließ er mich hinter La Trace die Spitze nehmen, er selbst blieb immer eine halbe Pferdelänge hinter mir zurück. So konnte er mich mit den Augen verschlingen, ohne daß die anderen es merkten.

Nach dem Halali ließ er mir durch La Trace die "Honneurs du pied" erweisen, was allgemeine Sensation erregte. Ich dankte wiederum durch verlegenes Erröten. Dieses Erröten scheint er besonders zu lieben. Er starrt mich jedesmal wie fasziniert an. Es ist wohl etwas Neues für ihn. Bei der Howard und seinen übrigen "Eroberungen" wird er es kaum kennengelernt haben.

Dienstag, 14. Dezember.

Seine Kaiserliche Hoheit Prinz Jérôme Bonaparte, Marschall von Frankreich, sind angekommen. Er begrüßte uns mit ganz besonders süßer Höflichkeit, fing sofort an, der Gräfin den Hof zu machen, erklärte sich für die Dauer seines Aufenthaltes zu ihrem "Dienenden Kavalier". Der Zweck ist durchsichtig. Er wird von den Vorgängen hier gehört haben, ist gekommen, sich zu orientieren, sucht nun die Gräfin auszuhorchen. Ach, mein verehrter Herr Marschall, sparen Sie sich die Mühe! Die Gräfin weiß selbst nichts, die Zeiten, da wir nur am mütterlichen Schürzenband laufen konnten, sind vorüber.

Seltsamerweise ist Pollet mitgekommen. Was hat dies zu bedeuten? Ist er nicht mehr beim Prinzen? Pepa wird es erfahren.

Mittwoch, 15. Dezember.
Jérôme wirkt lähmend auf die Geselligkeit. Er hat lange Konferenzen mit dem Kaiser, ist immer zur Stelle, wenn dieser sich einmal ein paar Minuten mit jemandem unterhält. Mit mir scheint Louis-Napoleon überhaupt kein Gespräch mehr zu wagen. Nur seine Augen verraten mir, daß seine Gedanken bei mir sind.

Pollet ist mitgekommen, um Pepa über mich auszuhorchen. Über Jérômes Pläne hat er mich "beruhigt". Es ist dem Alten vollkommen gleichgültig, wer Mätresse des Kaisers ist, wenn dieser nur nicht heiratet. Er wünscht sogar, daß ich die Stelle der Howard einnehme, damit Plon-Plon endlich von seiner Leidenschaft für mich kuriert wird, an der er trotz der Rachel noch immer laboriert.

Die Konferenzen mit dem Kaiser betreffen hauptsächlich dessen Verheiratung. Prinzessin Wasa sowohl wie Prinzessin Hohenlohe haben unter allerlei Vorwänden abgelehnt. Nun sucht man nach einer neuen Kandidatin. Diesmal will Jérôme die Verhandlungen leiten.

Sehr gut, mein Herr Diplomat! Aus Ihren Händen,

dessen bin ich sicher, wird Louis-Napoleon niemals eine Kaiserin empfangen!

Intrigieren Sie also ruhig weiter! Vor sechs Jahren tat ich's für Ihren Sohn und darum auch für Sie. Wäre es nicht an der Zeit, daß Sie sich revanchierten und nun, wenn auch unbewußt, ein wenig für mich arbeiteten?

Donnerstag, 16. Dezember.

Man sucht mich zu isolieren. Vor allem sind die Damen gegen mich. Sobald ich irgendwo erscheine, gehen sie fort oder tun, als sähen sie mich nicht. Selbstverständlich ignoriere ich das alles.

Die Weiber sind dumm. Erstens zeigen sie mir, daß sie mich für gefährlich halten, daß ich also beim Kaiser Terrain gewinne. Zweitens vergessen sie die angeborene Ritterlichkeit des Mannes, die ihn drängt, sich der Verfolgten anzunehmen. Besonders, wenn diese Verfolgten hübsche, junge Mädchen sind. Das sicherste Mittel, einen Mann in eine Frau verliebt zu machen, besteht darin, daß man ihn vor ihr warnt.

Die einzige, die sich liebenswürdig zu mir zeigt, ist die Marquise de Contades. Weiß sie ihre wahre Gesinnung besser zu verhehlen? Oder hat sie besondere Absichten? Ich weiß es nicht. Übrigens hat Pepa gestern gesehen, wie sie sich von dem "schönen" Fleury küssen ließ, als er ihr zu einem Spazierritt aufs Pferd half.

Freitag, 17. Dezember. Mittags 1 Uhr. Meine Isolierung macht mir doch Sorge. Es ist leicht möglich, daß die Howard dahintersteckt. Mit flatterhaften Männern muß man täglich in direkter Berührung bleiben, wenn sie nicht davonflattern sollen.

Ich habe mich zum Diner wegen Kopfschmerzen entschuldigen lassen ...

2 Uhr.
Dr. Conneau, intimster Freund und erster Leibarzt des Kaisers, hat mir in Louis-Napoleons Auftrag den Puls gefühlt, Mangel an Bewegung als Ursache meines "Leidens" konstatiert, als schnellstes Heilmittel bei dem schönen, frühlingsähnlichen Wetter einen täglichen Morgenspaziergang im Park verordnet. Verboten hat er mir, mich über irgend etwas zu erregen, viel zu sprechen. Am besten sei es, ich mache die Spaziergänge allein; oder vielleicht auch mit der Marquise de Contades zusammen, die ebenfalls an Kopfschmerzen leide und dieselbe Kur gebrauche.

Ich habe verstanden. Ich werde spazierengehen. Allein.

Abends.
Um meine Kopfschmerzen zu betonen, bin ich bereits um sechs Uhr zu Bett gegangen. Um sieben meldete Pepa mir die Marquise de Contades. Ich ließ mich entschuldigen, sie aber drang trotzdem bei mir ein.

Dr. Conneau hat auch ihr das viele Sprechen verboten. Sie gehorchte ihm, indem sie unaufhörlich schwatzte. In tausend Ausrufen des Entzückens bewunderte sie meine Schönheit, prüfte die Echtheit meines "märchenhaften" Haares, den "Schmelz" meiner Wangen, den "karrarischen Marmor" meines Nackens, die "rosige Schlankheit" meiner Füße. Kurz, sie war sehr zärtlich, sehr enthusiasmiert und hat sich überzeugt, daß ich weder falsche Haare noch falsche Zähne trage, daß ich mich nicht schminke, meine Augenbrauen nicht färbe, meine schlanke Fülle nicht einem wattierten Korsett verdanke, nicht verwachsen bin.

Nachdem wir noch unseren ersten gemeinschaftlichen Spaziergang für morgen früh verabredet hatten, ging sie. Eilig. Weil sie der Gesellschaft unten nur "heimlich entschlüpft" sei.

Ich habe verstanden. Ich werde spazierengehen. Nicht allein. Mit der Contades.

Ich fürchte nur, daß der Kaiser in dieser Nacht von allerlei "märchenhaften Schönheiten" träumen und mit Kopfschmerzen aufwachen wird. Vielleicht verschreibt ihm Dr. Conneau ebenfalls einen Morgenspaziergang.

Sonnabend, 18. Dezember. 9 Uhr morgens.
Eben bin ich von der ersten Etappe der Conneauschen Kur heimgekehrt. Sie scheint anzuschlagen, wenigstens fühle ich, daß mein Kopf "freier" geworden ist.

Als wir, die Contades und ich, in den Park traten, wurde er hinter uns abgesperrt. Weil "Bäume gefällt werden sollen". Allerdings ist dies für gewöhnliche Menschen zuweilen gefährlich. Uns beide scheint man jedoch nicht zu den gewöhnlichen Menschen zu rechnen. Ebensowenig wie den Kaiser und Fleury, die uns bald nach dem Eintritt "zufällig" begegneten. Mit meiner Furcht gestern abend habe ich divinatorischen Blick bewiesen. Louis-Napoleon leidet wie ich an Kopfschmerzen aus Mangel an Bewegung.

Er und ich - wir bewegten uns dann miteinander, Fleury und die Contades taten für ihren Teil dasselbe. Die beiden Parteien wiederum bewegten sich so stark auseinander, daß sie sich bald aus den Augen verloren hatten.

Natürlich erwartete ich nun einen Liebessturm. Aber Louis-Napoleon ist vorsichtiger als sein Vetter. Oder vielleicht feiner, zartsinniger. Mit keinem Wort berührte er seine Leidenschaft für mich, ließ nur seine melancholischen Augen sprechen. Was er sagte, hätte jeder Fremde hören können.

Er erzählte mir die Geschichte seiner Jugend. Den Abschied von Napoleon I., das Umherirren mit Hortense, die Gymnasialjahre in Augsburg, das Leben in der neuen Heimat zu Arenenberg.

Bis dahin sind wir gekommen. Morgen soll Fortsetzung sein. Und ich muß mir selbst gestehen, daß ich darauf gespannt bin und anfange, mich für den Mann zu interessieren. Er spricht nicht, wie ein Franzose, mit geistreichelnden Aperçus, eher wie einer dieser deutschen Dichter, die auch das Nüchternste mit einer gewissen sentimentalen Poesie vermischen. Jedenfalls hat er mir so gefallen. Schon daß er es für nötig hält, mich für sich einzunehmen, ehe er weitergeht, beweist, daß er Achtung vor meiner Persönlichkeit hat.

Und doch ... Eine Komtesse de Montijo kann man wohl lieben, aber man heiratet sie nicht?

Sonntag, 19. Dezember. Vormittags.

Zweiter Spaziergang.

Fortsetzung der Selbstbiographie bis Ham. Es ist nicht wahr, daß er nach dem Putsch von Straßburg seine Freunde im Stich gelassen, mit Louis-Philippe heimlich paktiert, vor der Abfahrt nach Amerika Geld von ihm genommen hat. Jene 16 000 Franken waren sein Eigentum, das man bei seiner Verhaftung beschlagnahmt hatte und ihm nun zurückgab.

Ich glaube ihm. Hat man nicht auch mich seit Zarzuela unausgesetzt mit Lügen und Verleumdungen verfolgt?

Nachmittags.

Mein Tischherr war heute Dr. Conneau. Neben uns saß Fleury mit der Contades. Uns gegenüber der Kaiser mit Madame Fortoul. Nach der Suppe trank er dem Leibarzt bedeutungsvoll zu.

"Mein lieber, alter Conneau", sagte er mit erhobener Stimme, "Ihr Hausmittel wirkt Wunder. Haben Sie bemerkt, wie gesund Ihre Patientinnen schon nach den ersten beiden Fußtouren aussehen? Auch ich fühle mich außerordentlich erfrischt. Setzen Sie morgen die Kur fort, Marquise? Auch Sie, Komtesse? Und werden Sie gestatten, daß ich mich Ihnen wieder anschließe?"

Ohne unsere Antwort abzuwarten, wandte er sich zu der Fortoul, erzählte unser "zufälliges" Zusammentreffen, pries den stillen Zauber der winterlichen Morgenstunden. Die Fortoul, blaß, verwirrt, wagte ihn nicht anzusehen. Auch meine übrigen Gegnerinnen schienen verlegen.

Nachher gab mir die Contades die Erklärung.

Die Fortoul hat uns nachspioniert und Jérôme alles erzählt. Und Jérôme hat den Kaiser bei dessen Rückkehr ins Schloß mit seinem zynischen Kichern empfangen.

"Nun, Don Montijote, hast du endlich reüssiert? War sie nett, deine kleine Dulzinea von Granada?"

Und das in Gegenwart Fleurys und der Marquise! Der Kaiser, außer sich, hat ihm eine Szene gemacht und dann, bei Tisch, der Klatschbase eine Lektion erteilt.

Ich habe ihn richtig eingeschätzt. In der Politik mag er Intrigant sein, in der Liebe ist er jedenfalls Ritter.

Meine Gegnerinnen sollen vor Erbitterung über mich rasen. Neid, meine Damen! Blasser Neid!

Montag, 20. Dezember.
Dritter Spaziergang.

Der Kaiser hat mir sein Leben in Ham geschildert. Er war einsam, unglücklich, wurde so schlecht behandelt, daß man sich nicht entblödete, ihm das Zimmer des Fieschi als Wohnung zu geben. Was ihm, gewöhnt an Hortenses Zärtlichkeit, am meisten fehlte, war weiblicher Umgang. Da ist es denn zu einem Liebesverhältnis mit einer hübschen jungen Person gekommen, der Tochter seiner Wäscherin, die bei ihm ein und aus ging. Sie ist jetzt versorgt, Thélin hat sie kürzlich geheiratet, der schon vor Ham Kammerdiener bei ihm war und nun die kaiserliche Privatschatulle verwaltet. Sie hat dem Kaiser vier Söhne geschenkt, die in London erzogen werden. Nach der Flucht hat Miß Howard die Kinder nach England geholt, Louis-Napoleon alle Sorgen der Erziehung abgenommen ...

Dachte sie hieran, als sie beim Einzug des Kaisers auf ihre Rechte an ihn pochte?

Ich hatte den Mut, ihn darum zu befragen. Er wurde erregt, ruhte nicht, bis ich ihm den Vorgang erzählte, wie ich ihn von Viel-Castel gehört hatte. Dann versank er in Nachdenken, kürzte den Spaziergang ab. Nachher ist sein Sekretär Mocquard nach Paris gefahren.

Dienstag, 21. Dezember.
Der Kaiser ist nicht zum Morgenspaziergang erschie-

nen, nur Fleury kam. Er und die Contades suchten mich über mein Gefühl für den Kaiser auszuforschen. Als ich reserviert blieb, deckte Fleury die Karten auf.

Louis-Napoleon hat sich über meine liebenswürdige Zurückhaltung ihm gegenüber beklagt und offen eingestanden, daß er mich liebe, wie er nie zuvor ein Weib geliebt habe. Ich müsse sein werden um jeden Preis. Er sei bereit, mit der Howard zu brechen, mir allein zu gehören, mir eine erste Stellung am Hofe zu schaffen, meine Zukunft in jeder Weise sicherzustellen.

Ich habe geantwortet, daß ich mich durch die Zuneigung des Kaisers geehrt fühle, in meinem Herzen nichts finde, was gegen ihn spreche. Aber eine Sache von solcher Tragweite bedürfe reichlichster Überlegung.

Dann habe ich mir Bedenkzeit vorbehalten.

Eine Komtesse de Montijo kann man wohl lieben, aber man heiratet sie nicht! Glauben Sie, Sire, daß die Komtesse de Montijo Ihnen dies jemals vergißt? Und Sie wagen es, mir das Bett einer Howard anzubieten?

Mittwoch, 22. Dezember.

Ich bin nicht zum Morgenspaziergang gegangen.

Nun läßt er mich durch die Contades flehentlich bitten, morgen wieder zu erscheinen. Er fürchtet, daß ich ihm etwas übelgenommen habe, verzweifelt bei dem bloßen Gedanken, ich werde mich ihm entziehen, verspricht, daß er die zwischen uns schwebende Angelegenheit mit keinem Worte berühren wird, bis ich selbst ihm die Erlaubnis dazu erteile.

Soll ich ihn noch länger warten lassen?

Die Zeitungen schreiben, daß Mocquard sich mit der Howard gestern öffentlich in der Großen Oper gezeigt hat. In der Staatsloge.

Ich werde morgen wieder spazierengehen.

Donnerstag, 23. Dezember. Vormittags.

Die Contades kam, mich zu holen. Der Kaiser hatte sie geschickt. Er war lange vor der bestimmten Zeit am verabredeten Orte, fürchtete, ich werde abermals ausbleiben.

Als wir allein miteinander durch den stillen Park schritten, wollte er mir die Geschichte des Staatsstreiches erzählen. Ich aber hielt ihn davon ab.

"Ich weiß die hohe Ehre zu würdigen, die Eure Majestät mir mit Ihrem Vertrauen erweisen!" sagte ich, mich tief verneigend, in ernstem Tone. "Was Eure Majestät mir bis jetzt mitgeteilt haben, betraf vergangene Dinge, die keinen Einfluß mehr auf die Zukunft besitzen. Weiterzugehen aber würde ich in Eurer Majestät eigenstem Interesse für bedenklich halten."

Er sah mich an, schüttelte den Kopf.

"Sie sind zu delikat, Komtesse! Ich kenne Sie genug, um zu wissen, daß Sie einer Indiskretion niemals fähig sein werden!"

"Sehr liebenswürdig, Sire! Aber sagen Sie selbst,

würden Sie es gern sehen, wenn - nun, wenn beispielsweise Miß Howard um alle Geheimnisse des 2. Dezember wüßte?"

"Sie kennt sie ja, Komtesse! Nichts ist ihr verborgen geblieben!"

Ich blickte ihm gerade ins Gesicht.

"Und sind Sie bereit, Sire, Ihre Hand dafür ins Feuer zu legen, daß Sie niemals, niemals von ihr verraten werden?"

Er biß sich auf die Lippen.

"Mein Gott ... vielleicht haben Sie recht, Komtesse! Vielleicht ..."

"Ist es nicht auch viel hübscher, Sire, uns ein wenig an diesem wundervollen Morgen zu freuen, statt graue Politik zu diskutieren?"

Er lächelte schon wieder, stimmte lebhaft zu.

Der Park war aber auch wirklich schön. Während der Nacht hatte es gefroren, eine leichte Reifdecke war über die Erde gebreitet, an Büschen und Bäumen hingen feine Eiskristalle, die in der klaren, sonnendurchleuchteten Luft blinkten und glitzerten.

Wir schweiften umher wie spielende Kinder, machten uns gegenseitig auf neue Reize aufmerksam, bewunderten die unerschöpfliche Mannigfaltigkeit der Natur. Er hat einen feinen Sinn für das Zarte, Liebliche, wurde in seiner Schwärmerei sogar beredt. Ach, ich glaube, er hat in all dem Schönen nur mich gesehen.

Plötzlich entdeckte ich unter einem Baum einen

kleinen Platz, dicht mit Klee bewachsen. Ein Gedanke schoß in mir auf.

"Zeichen des Guten Geistes!" rief ich. "Wollen Sie mir helfen, Sire, ein Zeichen des Guten Geistes zu suchen?"

Ich kniete nieder, begann vorsichtig die einzelnen Blättchen auseinanderzubiegen.

"Zeichen des Guten Geistes?" fragte der Kaiser erstaunt. "Ich verstehe nicht, Komtesse ..."

"Glauben Sie an Vorherbestimmung, Sire? An geheimnisvolle Winke, die das Schicksal seinen Auserwählten erteilt?"

Er wurde sehr ernst.

"Wäre ich Kaiser geworden, wenn ich daran zweifelte? Schon als Knabe habe ich an meinen Stern geglaubt. Und einmal habe ich sogar eine direkte Frage an das Fatum gerichtet. Damals, während meiner Flucht aus Ham, als mir im Angesicht des Wachtpostens meine Maurerpfeife entfiel. Wie gelähmt stand ich vor Schreck, wußte nicht, was tun. Da, Komtesse, habe ich zum erstenmal in meinem Leben mit Bewußtsein inbrünstig gebetet: 'Hilf mir, mein Herrgott!' betete ich. 'Wenn du willst, daß ich Kaiser werde, so hilf mir!' Wissen Sie, was geschah? Ich hatte noch nicht vollendet, als ich mich schon bückte, die Pfeife auflas, wieder entzündete. Alles das ganz mechanisch, ohne eigene Überlegung!"

"Und nun sind Sie Kaiser von Frankreich ..."

Er nickte.

"... und bin fester als je überzeugt, daß nichts auf der Welt ohne einen höheren Willen geschieht!"

"Wirklich, Sire? Wirklich? Dann müßte ja auch ich ..."

Ich hielt inne, wie vor dem nächsten Wort zurückbebend. Er wurde neugierig, kniete neben mir nieder, suchte mir in die Augen zu blicken.

Kurz, ich wollte, daß er mir die Lösung des Rätsels vom "Zeichen des Guten Geistes" entlocke.

Und er entlockte sie mir. Er erfuhr, daß mir bestimmt ist, Kaiserin zu werden.

Ein gefährlicher Augenblick! Wenn er eine Absicht bei mir argwöhnte, war mein Spiel verloren. Aber er argwöhnte nichts. Weil ich gut spielte. Und ich spielte gut, weil ich selbst - nun ja, ich glaube an meine Bestimmung! Fest, unerschütterlich. Wie er an seinen Stern.

Er bat mich, ihm den Talisman zu zeigen. Ich holte die Kapsel hervor, hielt sie ihm geöffnet hin. Er betrachtete sie, preßte sie an die Lippen, küßte sie voll Gier.

In seinen Gedanken küßte er die weiße Wärme meines Leibes.

Zögernd gab er mir die Kapsel zurück. Am liebsten hätte er sie wohl behalten.

Dann suchten wir gemeinsam weiter. Und - o Wunder! - seitwärts von der großen Menge der dreiblättrigen wie eine Herrscherin in stolzer Einsamkeit thronend, mit glitzernden Kristallen wie mit einem Diadem geschmückt, entdeckten wir ein vierblättriges Kleeblatt! Gleichzeitig streckten wir beide die Hände nach ihm aus ...

Ein Streit erhob sich, wem es gehöre. Ich blieb Siegerin. Behutsam, daß der zarte Reif nicht abfalle, pflückte ich es, trug es in der Hand mit fort. Nachher, beim Abschiednehmen, ließ ich es in seiner Hand zurück.

Er küßte es, beugte sich dann plötzlich zu mir vor, mit heißem Blick.

"Fleury hat mit Ihnen gesprochen", flüsterte er. "Haben Sie sich noch nicht entschieden, Komtesse? Sehen Sie nicht, wie ich nach Ihrer Antwort schmachte? Eine Antwort, Eugenie! Eine Antwort!"

Zum ersten Male nannte er mich Eugenie ...

Ich sah, wie er litt. Und auch ich - seltsam! - ich fühlte, daß auch ich leide.

"Meine Antwort, Sire? Heute abend ..."

Mittags.
Die Gräfin brachte mir die heutige Nummer des "Moniteur".

Für den Fall, daß Louis-Napoleon keinen eigenen oder adoptierten Sohn hinterläßt, sind Jérôme und dessen männliche Nachkommen durch kaiserliches Dekret zur Thronfolge berufen.

Er hat sich also entschieden. Gegen mich. Ach, an dem wilden Zucken meines Herzens merke ich, daß ich ihn immer noch liebe. Daß ich mich, ohne es selbst zu wissen, während dieser ganzen Zeit an eine ferne, verschwommene Hoffnung geklammert habe.

Ich will Pepa rufen. Ich muß ruhig werden. Heut' abend ...

Nachts.
Nach dem Souper spielten wir Karten. Jérôme, geldgierig wie immer, schlug ein "Vingt-et-un" vor, legte eine Bank auf. Er gewann fortwährend, verlor nicht ein einziges Mal.

Bei der ersten und zweiten Runde verlor auch ich. Wenn er dann mein bescheidenes Zwanzigfrankenstück einzog, grinste er mich an. Als ob er sich innerlich über mich lustig mache. Ich kam in eine schreckliche Stimmung, beherrschte mich nur mit Mühe, daß ich ihm die Karten nicht ins Gesicht warf.

Als bei der dritten Runde die Reihe an mich kam, zog ich die Kette mit meinem Talisman hervor, legte sie vor mich auf den Tisch, sah die Karte, die Jérôme mir gab, nicht an, sagte laut: "Va banque!"

Es waren 3 200 Franken in der Bank.

Alle blickten erstaunt zu mir hin, der Kaiser stand auf, kam zu mir, stellte sich hinter mich, sah zu, wie ich nun die Karte aufhob. Herz-Dame.

"Das sind Sie, Komtesse!" flüsterte Louis-Napoleon mir zu.

Die zweite Karte war Herz-König.

"Das sind Sie, Sire!" flüsterte ich zurück.

Ich glaube, wir hatten beide in diesem Augenblick denselben Gedanken, das Schicksal über uns zu befragen.

Ich kaufte eine dritte Karte.

Herz-Zwei, die Hochzeitskarte.

Eine vierte.

Herz-Bube, ein Sohn.

Eine fünfte.

Herz-Neun, Reichtum.

Herz! Herz! Alles Herz!

"Aber, Komtesse, Sie werden doch nicht weiter kaufen?" fragte der Kaiser laut, erregt, da ich zögerte, "Schluß" zu erklären. "Ihre Chance kann ja gar nicht ausgezeichneter sein! Man muß vom Glück nicht zu viel verlangen!"

Ich wandte mich auf meinem Stuhl zu ihm herum.

"Zu viel, Sire? Wollen Sie meine Antwort?" sagte ich scharf, betont, und sah, daß er mich sofort verstand. "Nun denn, ich fordere das Glück heraus! Alles oder nichts!"

Und damit warf ich die Karte herum, die Jérôme mir zuschob.

Herz-As, der Thron.

Gewonnen! Gewonnen!

Wütend übergab mir Jérôme seine Bank. Mit ihr auch den von ihm und seinem Sohne so heiß begehrten Thron?

Die Karten sagen es, mein Talisman sagt es. Ich

glaube daran. Und der Kaiser - ich las es in seinem betroffenen Gesicht: Auch er glaubt nun daran.

Und hätte ich verloren? Mein Gott, wir hätten gelacht. Und versucht, die Karten Lügen zu strafen!

Freitag, 24. Dezember. Vormittags. Der Kaiser und Fleury fehlten beim Morgenspaziergang.
Ich ging mit der Contades allein. Sie ist stets sehr offen zu mir, erzählt mir alles, was sie von Fleury erfährt, dessen heimliche Geliebte sie ist. Sie gibt sich als meine aufrichtige Freundin. Vielleicht geschieht es aber nur aus Berechnung, weil sie an meine Chance glaubt und sich beizeiten einen guten Platz bei der zukünftigen Kaiserin sichern will.

Und warum soll ich mich ihr später nicht dankbar erweisen? In meiner jetzigen Situation ist sie für mich unbezahlbar.

Die Ärmste hat diesmal lange auf Fleury warten müssen. Er hat bis spät in die Nacht hinein mit dem Kaiser konferiert. Louis-Napoleon ist entschlossen, mir seine Hand anzubieten!

Heute in aller Frühe hat Fleury die Minister, Magnan, Morny, Conneau zu einer Beratung in das Arbeitszimmer des Kaisers zusammengerufen. Jérôme und die anderen sind ausgeschlossen, weil man Indiskretionen von ihnen befürchtet. Allen ist strengstes Stillschweigen anbefohlen, jede, auch die leiseste Verletzung des

Geheimnisses soll mit sofortiger Verabschiedung und Entfernung vom Hofe bestraft werden.

Nun warte ich.

Mittags.

Jérôme und die Fortoul mit ihrer Clique haben Pollet zu Pepa geschickt. Er soll sie bestechen, daß sie in der nächsten Nacht nicht in ihrem Zimmer neben dem meinen schläft, meine Tür zum Korridor nicht verschließt. Pepa fragte mich, was sie Pollet antworten solle.

Ich habe geantwortet, sie solle das Geld nehmen und tun, was man von ihr wünscht.

Ich durchschaue diese Leute. Sie glauben, daß die Leidenschaft des Kaisers für mich sich abkühlen wird, sobald er mich besitzt. Und nun werden sie ihm zureden, die Gelegenheit zu nutzen.

Gut! Ich werde sehen, ob er der ehrenhafte Mensch ist, für den ich ihn halte.

Nachts 2 Uhr.

Um elf ging ich zu Bett, um zwölf schlich Pepa sich fort, ließ meine Tür unverschlossen. Die brennende Lampe auf dem Tisch am Kopfende meines Bettes umhüllte ich, so daß Dämmerung herrschte, legte die entblößte Klinge meines Jagdmessers neben mich unter die Decke. Streckte mich aus, schloß die Augen, horchte.

Überfiel er mich, so war ich entschlossen, ihn und mich zu töten.

Gegen ein Uhr hörte ich leise Schritte auf dem

Korridor. Eine Hand tastete an meiner Tür, öffnete sie vorsichtig.

Langsam, langsam ...

Nun war alles still. Nur das mühsam unterdrückte Geräusch keuchender Atemzüge ...

Plötzlich kehrte er um ... schlich hinaus ...

Draußen aber blieb er wieder stehen. Kam zurück. Zog die Tür hinter sich zu. Näherte sich meinem Bette.

Mit einem Schrei richtete ich mich auf. Riß die verdunkelnde Hülle von der Lampe.

Zwei Schritte von mir entfernt stand er, wagte sich nicht zu bewegen, sah mich an ...

Bis dahin hatte ich gespielt. Nun aber - jäh kam das Furchtbare meiner Lage über mich. Atemlos, entsetzt, aus weit aufgerissenen Augen starrte ich zu ihm hinüber. Nicht an meinen Entschluß dachte ich, nicht an die Waffe neben meiner Hand. Wie gelähmt war ich. Stürzte er sich auf mich, so war ich verloren.

"Sire ...", stammelte ich, "Sire ..."

Und dann brach ich in ein lautloses, krampfhaftes Kinderweinen aus. Fühlte, wie unaufhaltsam Tränen aus meinen Augen flossen.

Er kämpfte mit sich. Kam näher. Ging wieder zurück.

"Verzeihung, Eugenie!" murmelte er endlich. "Verzeihung!"

Und mir einen letzten, traurigen, abbittenden Blick zuwerfend, ging er hinaus.

Noch immer weine ich. Und sollte doch froh sein. Ich weiß nun, daß ich Kaiserin sein werde. Daß ich einen guten, zartfühlenden Gatten haben werde.

Aber werde ich ihn jemals lieben können? Lieben ...

Vierundzwanzigstes Kapitel

Sonnabend, 25. Dezember.
Es regnet in Strömen. Die Contades kam, mir zu sagen, daß der Kaiser nicht ausgeht, abermals Konferenzen abhält. Persigny, alle Minister, mit Ausnahme des Finanzministers Fould, sind gegen mich, sämtliche Militärs für mich. Conneau und Morny sind neutral. Man kann sich nicht einigen, gerät oft hitzig aneinander. Louis-Napoleon hört jede Meinung ruhig an, schweigt. Niemand weiß bis jetzt, wie die Entscheidung ausfallen wird.

Um elf Uhr traf Nieuwerkerke aus Paris ein. Der Kaiser scheint ihn erwartet zu haben. Er hob die Sitzung sofort auf, zog sich mit Nieuwerkerke in sein Arbeitszimmer zurück.

Was mag dieser gebracht haben? Man sagt, daß Prinzessin Mathilde für ihren Vetter eine russische Heirat vermitteln will ...

Später.
Ich wurde unterbrochen. Thélin, Louis-Napoleons vertrauter Diener, schlüpfte zu mir ins Zimmer, tat sehr geheimnisvoll, bat mich, auf einen Augenblick mit ihm zu kommen.

Er führte mich geradewegs zum Kaiser.

Der Kaiser war allein, empfing mich verlegen mit einer stummen Verbeugung, winkte Thélin, zu bleiben.

Dann zog er von einem Gegenstand auf seinem Schreibtisch den verhüllenden Stoff hinweg, trat zurück, so daß ich freien Blick erhielt.

Dort stand in Lebensgröße die Porträtbüste, die Nieuwerkerke von mir verfertigt hat.

Der Kaiser wartete, bis ich sie betrachtet hatte.

"Nieuwerkerke ist ein hellseherischer Schmeichler!" sagte er dann mit einem feinen Lächeln. "Er hat in meiner Seele gelesen, ehe ich selbst erkannte, was in ihr geschrieben steht. Und nun will er mir mit dem, was er las, ein Geschenk machen. Ich wage jedoch nicht, es anzunehmen, bevor mir das Urbild selbst die Erlaubnis dazu gegeben hat. Darf ich es behalten, Komtesse?"

Er fragte so zart, daß ich gerührt wurde.

"Wenn Sie es wünschen, Majestät ..."

Wie warnend erhob er die Hand.

"Noch einen Augenblick!" Er deutete auf die Büste. "Vergessen Sie nicht, dieses Bild sind Sie, Komtesse, Sie! Wenn Sie mir erlauben, es zu nehmen, so bedeutet das für mich, daß Sie sich mir geben. Verstehen Sie? Daß Sie sich mir geben!"

Er wiederholte es langsam, jedes Wort betonend. Sah mir dabei tief in die Augen.

Ruhig gab ich den Blick zurück.

"Nehmen Sie es, Sire!"

Er atmete tief auf, blieb regungslos stehen, als träume er. Dann machte er eine Bewegung zu mir hin, wie um mich in seine Arme zu reißen. Gleich darauf aber besann er sich, seufzte, ging zu meinem Abbilde, beugte sich zu ihm hinab, küßte es sanft, zärtlich auf die kalten weißen Marmorlippen.

Bittend wandte er sich zu mir zurück.

"Verzeihen Sie mir, Komtesse?"

Ich wußte, was er damit meinte. Lächelte ihm zu.

"Ich verzeihe Ihnen, Sire!"

Und lächelnd ging ich zu ihm hin, schloß die Augen, bot ihm meinen Mund.

Seine Hände berührten mich nicht. Er küßte mich, wie er mein Bild geküßt hatte.

Mittags.

Fleury und die Contades haben mich beglückwünscht. Die Entscheidung ist gefallen. Der Kaiser hat die Konferenz nochmals berufen, seinen Willen verkündet, jede Einwendung mit denselben festen Worten abgeschnitten.

"Meine Herren, es gibt keine Bemerkungen mehr zu machen. Meine Heirat ist eine beschlossene Sache. Komtesse de Montijo wird Kaiserin!"

Aber auch jetzt noch soll alles geheimgehalten werden, bis das Verhältnis zur Howard gelöst ist. Man sieht Schwierigkeiten voraus.

Bin ich des Denkens müde? Ich glaube an diesen Mann wie ich noch niemals an einen anderen außer Mérimée geglaubt habe. Und doch befällt mich Bangen.

In dieser Sache habe ich alles allein getan, aus eigener Entschließung, ohne fremde Hilfe. Nun aber werden sich andere einmischen. Feinde und Freunde. Vor dem Tage von Notre-Dame werde ich meines Sieges nicht sicher sein ...

Abends.

Vor dem Diner gab es einen Zwischenfall.

Als ich mit der Gräfin in das Vorzimmer zum Speisesaal kam, starrten meine Gegnerinnen mich mit einem beleidigenden Lächeln an. Auf allen Gesichtern las ich meine Verurteilung wegen des nächtlichen Besuchs des Kaisers.

Ein unglücklicher Zufall wollte, daß beim Eintritt in den Speisesaal an der Tür ein kleines Gedränge entstand. Die Vorschriften der Etikette wurden daher nicht genau befolgt. Ich wurde mit dem Kolonel de Toulongeon, meinem Tischherrn, nach vorn geschoben, während Madame Fortoul mit Herrn Troplong, dem Präsidenten des Senats, hinter uns zurückblieb.

Plötzlich hörte ich ihre laute, scharfe Stimme fast unmittelbar an meinem Ohr.

"Wie, mein Herr Präsident, Sie lassen es zu, daß diese spanische Kokotte vor mir den Vortritt nimmt?"

Ich fuhr zusammen, wollte mich nach ihr umdrehen, und ich weiß nicht, was passiert wäre, wenn Herr de Toulongeon mich nicht schnell mit sich fortgezogen hätte. Ich dankte ihm nachher für seine Besonnenheit, war aber während des Diners so aufgeregt, daß ich sonst kein Wort hervorbrachte, nichts zu genießen vermochte.

Nach der Tafel kam der Kaiser zu mir, betrachtete mich besorgt.

"Sie sind blaß, Komtesse. Ist Ihnen nicht wohl?" Kalt richtete ich mich auf.

"Mir ist wohl, Sire!"

"Aber bei Tisch ... Sie haben nichts gegessen, sahen traurig, niedergeschlagen aus ..."

"Ich wiederhole Eurer Majestät, ich bin nicht krank. Aber wenn man mich hier, in Eurer Majestät Hause, auf das tödlichste beleidigt ..."

Er zuckte auf, hob unwillkürlich die Hand. "Wer hat gewagt, Ihnen zu nahe zu treten? Wer?"

Zitternd, fiebernd vor Zorn erzählte ich ihm den Vorfall.

"Majestät werden einsehen", schloß ich beinahe weinend, "daß es mir unmöglich ist, noch länger hierzubleiben. Majestät wollen gestatten, daß ich noch diesen Abend Compiègne verlasse!"

Der Kaiser nickte. Seine Augen suchten die meinen. Ein seltsames, fast scherzendes Lächeln umzog seine Lippen.

"Sie wünschen nach Paris zurückzukehren? Nicht wahr, Komtesse, Sie sind überzeugt, daß es mir sehr schwerfallen wird, ohne Sie zu sein? Trotzdem gebe ich zu, daß es besser ist, wenn wir uns für einige Zeit trennen. Verstehen Sie? Nur für ein paar Tage. Aber heute abend entlasse ich Sie noch nicht. Sie müssen erst in meinem neu hergerichteten Wintergarten eine Tasse Kaffee mit mir trinken. Morgen, Komtesse, morgen! Versprechen Sie es mir? Dann verspreche ich Ihnen für meinen Teil, daß nach dieser Tasse Kaffee niemand in Frankreich mehr wagen wird, Sie auch nur mit einem Hauch zu verletzen!"

Ich versprach es ihm. Er machte mir eine tiefe Verbeugung, grüßte mich mit zärtlichem Blick, trat zurück.

Ach, er scheint Geheimnisse und Überraschungen zu lieben. Mein Zorn ist verflogen, aber meine Unruhe ist geblieben. Ich werde in dieser Nacht vor Erwartung nicht schlafen können.

Paris, Sonntag, 26. Dezember. Abends. Um 11 Uhr machte Fleury in voller Uniform der Gräfin einen Besuch, überreichte ihr ein Schreiben mit der Unterschrift des Kaisers und beigedrücktem Staatssiegel.

Louis-Napoleon Bonaparte, Kaiser der Franzosen, hielt bei Maria-Manuela, Condesa di Teba y Montijo, in feierlichster Form um die Hand ihrer Tochter Eugenia, Condesa di Teba y Montijo, an.

Die Gräfin verlor vor Überraschung völlig die Herrschaft über sich selbst. Sie schrie, lachte, weinte, brachte Fleury und mich mit ihren Fragen fast um. Dann wünschte sie Bedenkzeit, fing an, von dem tragischen Schicksal der französischen Königinnen und Kaiserinnen zu sprechen, vertiefte sich in düstere Betrachtungen über das blutige Ende Marie-Antoinettes, das jeder Fremden auf dem Thron des wetterwendischsten aller Völker des Erdballs drohe. Endlich, nach dreistündigem Hin und Her ließ sie sich herbei, in ihrem eigenen wie im Namen ihrer Tochter den kaiserlichen Antrag anzunehmen.

Als sie hörte, daß alles vorläufig noch geheimgehalten werden müsse, war sie nicht zu bewegen, am Diner teilzunehmen, weil sie sich zu verraten fürchtete. Sie brannte darauf, nach Paris zurückzukehren; dort war doch wenigstens Mérimée, mit dem sie ohne die Gefahr einer Indiskretion reden konnte. Unter allen Umständen mußte er unterrichtet werden. Hunderterlei wichtige Dinge gab es zu überlegen, Verträge zu schließen, Urkunden herbeizuschaffen, die Brautausstattung zu besorgen; das alles würde Mérimée bereitwillig übernehmen, seiner Erfahrung und Uneigennützigkeit konnte man blindlings vertrauen. So sprach sie und sprach, schien nur an Mérimées Staunen, an Mérimées Freude zu denken.

Unwillkürlich erinnerte ich mich dabei jener fernen Zeit, da Mérimée auch für mich mehr als ein einfacher Freund unseres Hauses gewesen war. Und wieder tauchte für einen Augenblick jene alte, schreckliche Frage in mir auf, die meine ganze Jugend vergiftet hatte. Gewaltsam schüttelte ich sie von mir ab. Wozu ein

Rätsel zu ergründen suchen, dessen Lösung wohl niemals gefunden werden würde!

Die Gräfin und Pepa bei der Vorbereitung unserer Abreise lassend, stieg ich allein zum Diner hinab. Unterwegs gesellten sich die Marquise, Fleury, Fould, Morny, Magnan, St.-Arnaud, Edgar Ney, alle meine Freunde zu mir. Einem Heere von Eroberern gleich traten wir in den Speisesaal ein, und kein Feind wagte es, mir verächtlich zu begegnen.

Nach der Tafel führte uns der Kaiser in den Wintergarten. Unter blühenden Orangenbäumen war der Kaffeetisch gedeckt. Zwanglos plaudernd setzten wir uns bunt durcheinander.

Plötzlich drang das Geräusch eines vorfahrenden Wagens herein. Gleich darauf kam Thélin mit einer Meldung für den Kaiser und mich. Die Gräfin erwartete mich in einer kaiserlichen Equipage im Schloßhof; Mantel, Pelz, Decken, alles für die kurze Reise Erforderliche war bereits dort. So, wie ich war, konnte ich ohne weiteres in den Wagen steigen.

Der Kaiser erhob sich, führte mich einmal durch den Gang zwischen den Orangenbäumen hin und her, blieb bei dem schönsten von ihnen stehen, schnitt einen blütenüberstreuten Zweig ab, flocht ihn zu einer zierlichen Krone ineinander, während er mit mir zu der Gesellschaft zurückging.

"Komtesse de Montijo, die Königin unserer kleinen Feste, verläßt uns leider, um mit ihrer Frau Mutter nach

Paris heimzukehren!" sagte er plötzlich laut. "Darf der dankbare Schloßherr der Reinsten unter den Schönen, die jemals in diesen Mauern weilten, ein kleines Zeichen der Erinnerung überreichen?"

Mit weicher Hand drückte er mir die Orangenkrone aufs Haar. "Nehmen Sie diese Krone, Komtesse, als ein Symbol meiner Verehrung - in Erwartung der anderen!"

Er küßte mir die Hand. Einen Moment herrschte lautlose Stille. Dann brach meine Garde in begeisterte Zurufe aus, folgte dem Kaiser, der mich zum Wagen führte. Der ganze Hof schloß sich an, niemand wagte zurückzubleiben.

Fünf Minuten später entführten mich die schnellen Pferde diesem unvergeßlichen Compiègne, das mir vielleicht zum Grundstein eines seltsamen, wechselvollen Schicksals bestimmt ist.

Das letzte, was ich sah, war des Kaisers lächelndes Gesicht, hinter ihm das blasse, wutverzerrte der Madame Fortoul.

Gegen zehn Uhr abends kamen wir in unserem Hotel am Place Vendôme wieder an.

Mérimée, Alba, Pacca, Antonio, telegraphisch benachrichtigt, empfingen uns am Fuß der Haustreppe.

"Meine Lieben", sagte die Gräfin in einem Atem lachend und weinend, triumphierend und betrübt, "wir erleben einen historischen Augenblick! In der jungen Dame hier hat soeben Ihre Majestät Eugenie, die zukünftige Kaiserin der Franzosen, die bescheidene Schwelle ihres mütterlichen Hauses überschritten!"

Alba, Pacca, Antonio sahen sie verständnislos an. Mérimée aber wurde blaß. Tränen traten in seine Augen ...

Paris, 18. Januar 1853.
Drei Wochen habe ich nicht mehr geschrieben. Drei Wochen waren es voll endloser Geschäftigkeit, gehetzten Trubels, unausgesetzter Konferenzen, Besuche, Anproben.

Wenn Kaiser heiraten, haben die Modistinnen zu tun.

Eben war Mocquard hier. Ein feiner, listenreicher Kopf. Er teilte mir mit, daß der Kaiser morgen unser Verlöbnis zu veröffentlichen wünscht.

Die Howard ist nicht mehr gefährlich. Sie hat eine fürstliche Besitzung in der Nähe von Paris, eine Rente von 200 000 Franken und den Titel einer Gräfin de Beauregard erhalten.

Mocquard hat den Vergleich zustandegebracht.

Welche Mittel er angewandt hat, die übermütige Person zu beugen, wollte er mir nicht verraten. Ich wage auch nicht, weiter in ihn zu dringen. Es muß Häßliches dabei geschehen sein. Und ich darf meine Nerven nicht an Dinge vergeuden, die nicht mehr zu ändern sind.

Ach, ich möchte gern leichtfertig sein! Aber es gelingt mir nur, so zu scheinen. Wenn andere zugegen sind. Sobald ich mit mir allein bin, fange ich an zu grübeln, zu forschen, zu - nun ja, zu bereuen. Ich träume oft. Und jedesmal taucht aus meinen wirren Visionen das schmerzbeschwerte Gesicht Marie-Antoinettes vor mir auf.

Louis-Napoleon kommt jeden Tag ein-, zweimal inkognito zu mir. Auch an dieser seiner Gewandtheit in Heimlichkeiten bedrückt mich etwas. Kann eine Frau glücklich sein, wenn sie weiß, daß ihr Mann geschickt genug ist, ihr alles zu verbergen, was er will?

Plon-Plon würde dies nicht können. Dazu ist er zu offen, zu heißblütig. Und ...

Ich will nicht weiterschreiben. Es ist besser, ich schreibe überhaupt nicht mehr. Wozu in sich hineinsehen wollen, wenn die nächste Minute das Bild doch wieder verwischt!

Jede Stimmung macht mich zu einer anderen, mir selbst Fremden. Alles in mir und um mich fließt ...

Montag, 24. Januar.

Mérimée hat für die Ziviltrauung am 29. ds. eine Liste meiner Titel zusammengestellt. Sie ist Legion. Auch hat der Kaiser ihm den Auftrag gegeben, in Spanien nach meinen Ahnen zu forschen. Ich verstehe nicht, wozu das gut sein soll. Wer kann nachweisen, daß dieser oder jener desselben Namens sein Ahne war?

Mit allen unseren Eitelkeiten schweben wir in der

Luft, wissen nicht, woher der Wind kommt, noch, wohin er uns treibt.

Dienstag, 25. Januar.
Ein bitterer Tropfen in den Kelch meiner heimlichen Leiden! Pauline Nadaillac nimmt nicht an meiner Hochzeit teil. Der Marquis, ihr Mann, eingefleischter Orléanist, hat ihr jeden weiteren Verkehr mit mir untersagt. Auch der Faubourg St. Germain, der mir früher so viel Liebenswürdigkeiten erwies, hat mich in Acht und Bann getan.

Wer ein neues Leben beginnen will, muß von dem alten scheiden.

Freitag, 28. Januar.
Pepa hat mir eben ihren jungen Ehemann vorgestellt. Er heißt Pollet, stand bis vor kurzem im Dienst des Prinzen Napoleon, ist jetzt vom Kaiser auf meine Bitte zum Leutnant in einem der Bureaus des Kriegsministeriums ernannt. In einem Jahre wird er wohl Kommandant oder Kolonel sein.

Sie hat also nun den "schönen Offizier", den ihr der "Gute Geist" versprochen hat. Und da sie bei mir als oberste Garderobiere angestellt ist, wird sie auf das "glänzende Schloß" auch nicht mehr lange zu warten brauchen.

Diese einfachen Menschen sind leicht glücklich zu machen. Ein wenig Geld genügt ...

Trauung des Kaisers Napoleon III. mit der Komtesse Eugenie de Montijo in der Kathedrale Notre Dame zu Paris, 30. Januar 1853

Nach einer zeitgenössischen Darstellung

Sonnabend, 29. Januar. Ziviltrauung. In den Augen der Welt bin ich nun bereits Madame Louis-Napoleon Bonaparte.

Mérimée, Pacca, die Gräfin, Antonio - alle um mich her weinen. Ich allein bin lustig und guter Dinge. Was kann mir geschehen? Und selbst, wenn mir etwas geschieht ...

Sonntag, 30. Januar. 11 Uhr vormittags. Maria Christina und Isabella haben mir Glück gewünscht. Maria Christina in Worten, aus denen hervorgeht, daß sie wirklich gerührt ist, Anteil an mir nimmt. Ich glaube, ich habe ihr zuweilen unrecht getan. Damals, als ich noch nicht wußte, was Leben heißt.

Seit zwei Stunden sitze ich nun schon hier, angekleidet. Warte, daß man mich zu der Fahrt nach Notre-Dame holt. Pünktlich um 12 Uhr soll die Zeremonie beginnen.

Ich habe gebeten, mich für eine Viertelstunde mit mir allein zu lassen. Es ist still um mich, nur Mérimée wartet in einem Winkel, daß ich ihm dieses Buch überliefere. Er ist zuverlässig, diskret, wird es mir sicher bewahren. Ich will es nicht in mein neues Leben mit hinübernehmen; alles soll ausgetilgt sein, was bis jetzt in mir und um mich war. Später einmal, wenn ich alt und müde geworden bin, will ich wieder einen Blick hineinwerfen, dann vielleicht über mich lächeln, wie ich jetzt über mich weine.

Ich weine? Warum mache ich mir selbst das Herz schwer?

Der Kaiser liebt mich. Ich achte ihn, bin voll Dankes gegen ihn. Ein Mann, der sich gegen eine Welt voll Haß und Vorurteil das Weib seines Herzens erkämpft, ist ein Edelmann, ein Held. Und ein Dichter, der ein Märchen von Schönheit und Liebe hoch über den Hohn der Spötter hinweg auf den sonnenhellen Thron der Wirklichkeit setzt.

Während der andere ...

Von Notre-Dame her klingen deine Glocken, heilige Jungfrau! Sie rufen mich, daß ich zu dir komme, mein Herz in deine milden Hände lege ...

Hilf mir, Maria, daß ich meinen Mann liebe! Hilf mir, daß ich den anderen vergesse!

Mater dolorosa ... Mater dolorosa ...

Fortsetzung folgt ...